Programmieren lernen mit Python

2. AUFLAGE

Programmieren lernen mit Python

Allen B. Downey

Deutsche Übersetzung und Bearbeitung von Stefan Fröhlich

Aktualisierung von Dinu C. Gherman

O'REILLY®

Beijing · Cambridge · Farnham · Köln · Sebastopol · Tokyo

Kommentare und Fragen können Sie gerne an uns richten:
O'Reilly Verlag GmbH & Co. KG
Balthasarstr. 81
50670 Köln
E-Mail: kommentar@oreilly.de

1. Auflage 2012
2. Auflage 2014

Die Originalausgabe erschien 2012 unter dem Titel *Think Python* bei O'Reilly Media, Inc.

Bibliografische Information Der Deutschen Nationalbibliothek
Die Deutsche Nationalbibliothek verzeichnet diese Publikation in der Deutschen Nationalbibliografie; detaillierte bibliografische Daten sind im Internet über *http://dnb.de* abrufbar.

Deutsche Übersetzung und Bearbeitung: Stefan Fröhlich, Berlin
Aktualisierung und Überarbeitung: Dinu C. Gherman, Berlin
Lektorat: Imke Hirschmann, Köln
Korrektorat: Friederike Daenecke, Zülpich
Produktion: Karin Driesen & Andrea Miß, Köln
Umschlaggestaltung: Karen Montgomery, Sebastopol & Michael Oreal, Köln
Satz: Reemers Publishing Services GmbH, Krefeld, www.reemers.de
Druck: Druckerei Kösel, Krugzell, www.koeselbuch.de

ISBN: 978-3-95561-806-3

Dieses Buch ist auf 100% chlorfrei gebleichtem Papier gedruckt.

Inhalt

Vorwort

Die seltsame Geschichte dieses Buchs

Im Januar 1999 bereitete ich mich als Dozent auf einen Einführungskurs in die Java-Programmierung vor. Ich hatte den Kurs bereits dreimal gehalten, und so langsam frustrierte er mich. Die Durchfallquote in den Kursen war zu hoch, und selbst bei den erfolgreichen Studenten waren die Leistungen immer noch schwach.

Eines der Probleme bestand meiner Meinung nach in den Büchern: Sie waren zu dick, enthielten zu viele unnötige Einzelheiten über Java und zu wenige Informationen darüber, wie man programmiert. Und sie litten alle unter dem Falltüreffekt: Die Bücher fingen einfach an, steigerten sich allmählich, und irgendwo um Kapitel 5 herum kam dann der Einbruch. Die Studenten erhielten zu schnell zu viel neues Material und verbrachten den Rest des Semesters damit, die Einzelteile zusammenzusetzen.

Zwei Wochen vor dem ersten Kurstag entschied ich mich, ein eigenes Buch zu schreiben. Meine Ziele waren:

- So kurz wie möglich: Es ist einfacher, 10 statt 50 Seiten zu lesen.
- Bewusste Wortwahl: Ich habe versucht, den Fachjargon zu minimieren und jeden Begriff bei der erstmaligen Verwendung zu definieren.
- Langsame Steigerung: Um Falltüren zu vermeiden, habe ich die schwierigen Themen in eine Reihe kleinerer Schritte aufgeteilt.
- Fokus auf der Programmierung, nicht auf der Programmiersprache: Ich habe den kleinstmöglichen nützlichen Ausschnitt aus Java erklärt und den Rest weggelassen.

Aus einer Laune heraus wählte ich als Titel *How to Think Like a Computer Scientist* (Wie Sie wie ein Informatiker denken).

Meine erste Fassung war holprig, aber sie funktionierte. Beim Lesen verstanden die Studenten genug, damit ich mich in der Unterrichtszeit auf die schwierigen und interessanten Themen konzentrieren konnte – und die Studenten Zeit zum Üben hatten.

Schließlich veröffentlichte ich das Buch unter der *GNU Free Documentation License*, nach der die Nutzer das Buch kopieren, ändern und verteilen dürfen.

Und dann kam der spannende Teil: Jeff Elkner, ein Highschool-Lehrer in Virginia, nahm mein Buch und übersetzte es in Python. Er schickte mir eine Ausgabe seiner Übertragung, und ich machte die ungewöhnliche Erfahrung, Python zu lernen, indem ich mein eigenes Buch las. Unter dem Namen »Green Tea Press« veröffentlichte ich die erste Python-Version im Jahr 2001.

2003 begann ich dann, am Olin College zu unterrichten, und gab auch zum ersten Mal Kurse in Python. Der Unterschied zu den Java-Kursen war offensichtlich: Die Studenten hatten weniger zu kämpfen, lernten mehr, arbeiteten an interessanteren Projekten und hatten insgesamt eine Menge mehr Spaß.

In den vergangenen neun Jahren habe ich das Buch weiterentwickelt, Fehler beseitigt, die Beispiele verbessert und zusätzliches Material eingefügt, vor allem neue Übungen.

Das Ergebnis ist das vorliegende Buch mit dem etwas weniger bombastischen Titel *Programmieren lernen mit Python*. Unter anderem hat sich Folgendes geändert:

- Am Ende jedes Kapitels habe ich einen Abschnitt zum Thema Debugging eingefügt. Diese Abschnitte enthalten allgemeine Techniken zum Aufspüren und Vermeiden von Bugs sowie Warnungen vor entsprechenden Stolpersteinen in Python.
- Ich habe zusätzliche Übungen eingefügt – von kurzen Verständnistests bis hin zu grundlegenden Projekten. Und für die meisten habe ich Lösungen geschrieben.
- Außerdem gibt es Fallstudien – längere Beispiele mit Übungen, Lösungen und Erläuterungen. Einige davon basieren auf Swampy, einer Reihe von Python-Programmen, die ich für meine Kurse geschrieben habe. Swampy, Codebeispiele und einige Lösungen finden Sie unter *http://thinkpython.com*.
- Die Darstellung von Entwicklungsplänen und grundlegenden Entwurfsmustern habe ich erweitert.
- Ich habe Anhänge zum Thema Debugging, Analyse von Algorithmen und UML-Diagrammen mit Lumpy eingefügt.

Ich hoffe, dass Ihnen die Arbeit mit diesem Buch Spaß macht und es Ihnen dabei hilft, zu lernen, wie Sie wie ein Informatiker programmieren und vielleicht auch ein bisschen so denken.

Allen B. Downey

Needham, MA

Typografische Konventionen

In diesem Buch werden die folgenden typografischen Konventionen verwendet:

Kursivschrift
: Wird für URLs, E-Mail-Adressen, Dateinamen, Dateiendungen, Pfadnamen und Verzeichnisse verwendet.

Fettschrift
: Wird zum Hervorheben genutzt und um die erste Verwendung eines Begriffs zu kennzeichnen.

`Nichtproportionalschrift`
: Wird für Befehle oder anderen Text, den Sie wortwörtlich eingeben müssen, sowie für Befehlsausgaben verwendet.

Nutzung der Codebeispiele

Die Beispiele und die Lösungen zu den Übungen in diesem Buch stehen zum Download zur Verfügung. Sie finden sie auf unserer Verlagswebsite: *http://examples.oreilly.de/german_examples/thinkpythonger*

Dieses Buch soll Ihnen bei der Arbeit helfen. Es ist grundsätzlich erlaubt, den Code dieses Buches in Ihren Programmen und der Dokumentation zu verwenden. Hierfür ist es nicht notwendig, uns um Erlaubnis zu fragen, es sei denn, es handelt sich um eine größere Menge Code. So ist es beim Schreiben eines Programms, das einige Codeschnipsel dieses Buches verwendet, nicht nötig, sich mit uns in Verbindung zu setzen; beim Verkauf oder Vertrieb einer CD-ROM mit Beispielen aus O'Reilly-Büchern dagegen schon. Das Beantworten einer Frage durch Zitieren von Beispielcode erfordert keine Erlaubnis. Verwenden Sie einen erheblichen Teil des Beispielcodes aus diesem Buch in Ihrer Dokumentation, ist jedoch unsere Erlaubnis nötig.

Eine Quellenangabe ist zwar erwünscht, aber nicht unbedingt notwendig. Hierzu gehört in der Regel die Erwähnung von Titel, Autor, Verlag und ISBN. Zum Beispiel: »*Programmierung lernen mit Python* von Allen B. Downey (O'Reilly). Copyright 2012 Allen B. Downey, 978-3-86899-946-4«.

Falls Sie nicht sicher sind, ob Ihre Nutzung der Codebeispiele über die hier erteilte Genehmigung hinausgeht, nehmen Sie bitte unter der Adresse *permissions@oreilly.com* Kontakt mit uns auf.

Danksagungen

Herzlichen Dank an Jeff Elkner, der mein Java-Buch in Python übersetzt, dieses Projekt auf den Weg gebracht und mich mit dem vertraut gemacht hat, was sich als meine Lieblingssprache entpuppen sollte.

Vielen Dank auch an Chris Meyers für mehrere Abschnitte in *How to Think Like a Computer Scientist.*

Ich danke der Free Software Foundation für die Entwicklung der GNU Free Documentation License, die mir die Zusammenarbeit mit Jeff und Chris erleichtert hat, sowie Creative Commons für die Lizenz, die ich jetzt nutze.

Vielen Dank außerdem an die Lektoren bei Lulu, die an *How to Think Like a Computer Scientist* gearbeitet haben.

Mein herzlicher Dank gilt außerdem allen Studenten, die mit früheren Versionen dieses Buchs gearbeitet haben, sowie allen Beitragenden für ihre Korrekturen und Vorschläge.

KAPITEL 1

Programme entwickeln

Das Ziel dieses Buchs besteht darin, Ihnen beizubringen, wie ein Informatiker zu denken. Diese Denkweise kombiniert einige der besten Eigenschaften aus Mathematik, Ingenieurswesen und Naturwissenschaft. Wie Mathematiker verwenden Informatiker formale Sprachen, um Ideen symbolisch darzustellen (genauer gesagt, Berechnungen). Ähnlich wie Ingenieure entwerfen Informatiker Dinge, setzen Komponenten zu Systemen zusammen und suchen einen Kompromiss aus mehreren Alternativen aus. Und wie Wissenschaftler beobachten sie komplexe Systeme, entwickeln Hypothesen und testen Prognosen.

Die allerwichtigste Fähigkeit eines Informatikers besteht darin, **Probleme zu lösen**. Mit Problemlösung ist die Fähigkeit gemeint, Probleme zu formulieren, kreativ über Lösungen nachzudenken und eine Lösung klar und präzise auszudrücken. Dabei zeigt sich, dass programmieren zu lernen eine ausgezeichnete Gelegenheit ist, Ihre Problemlösungsfähigkeiten zu trainieren. Deshalb heißt dieses Kapitel auch »Programme entwickeln«.

Auf einer Ebene werden Sie das Programmieren lernen – was an sich schon eine nützliche Fähigkeit ist. Auf einer anderen Ebene werden Sie die Programmierung als Mittel zum Zweck kennenlernen. Und im weiteren Verlauf dieses Buchs wird dieser Zweck immer klarer werden.

Die Programmiersprache Python

Die Programmiersprache, die Sie lernen werden, heißt »Python«. Python ist ein Beispiel für eine **höhere Programmiersprache**. Andere höhere Programmiersprachen, von denen Sie vielleicht bereits gehört haben, sind C, C++, Perl und Java.

Niedere Programmiersprachen gibt es ebenfalls. Sie werden manchmal auch als »Maschinensprachen« oder »Assembler-Sprachen« bezeichnet. Vereinfacht ausgedrückt, können Computer nur Programme ausführen, die in niederen Programmiersprachen geschrieben wurden. Entsprechend müssen Programme, die in einer höheren Programmiersprache geschrieben wurden, verarbeitet werden, bevor Sie sie ausführen können. Diese zusätzliche Verarbeitung braucht ein bisschen Zeit, was ein kleiner Nachteil höherer Programmiersprachen ist.

Ihre Vorteile sind aber enorm. Zum einen ist es wesentlich einfacher, mit einer höheren Sprache zu programmieren. In einer höheren Sprache geschriebene Programme lassen sich schneller schreiben, sind kürzer und einfacher zu lesen und sind mit größerer Wahrscheinlichkeit richtig. Außerdem sind höhere Programmiersprachen **portierbar**, d. h., Programme, die mit ihnen geschrieben wurden, können mit nur wenigen oder gar keinen Änderungen auf verschiedenen Arten von Computern ausgeführt werden. Mit niederen Programmiersprachen geschriebene Programme können nur auf einer Art von Computern ausgeführt werden und müssen für andere Computertypen neu geschrieben werden.

Aufgrund dieser Vorteile werden beinahe alle Programme in höheren Programmiersprachen geschrieben. Niedere Programmiersprachen werden nur für einige wenige spezielle Anwendungen eingesetzt.

Für die Verarbeitung von höheren Programmiersprachen in niedere Programmiersprachen sind zwei Arten von Programmen erforderlich: **Interpreter** oder **Compiler**. Ein Interpreter liest ein in einer höheren Programmiersprache geschriebenes Programm und führt es aus – macht also das, was das Programm sagt. Der Interpreter führt das Programm dabei Stück für Stück aus, liest immer wieder Zeilen und führt die entsprechenden Berechnungen durch. Abbildung 1-1 zeigt die Ausführung mit einem Interpreter.

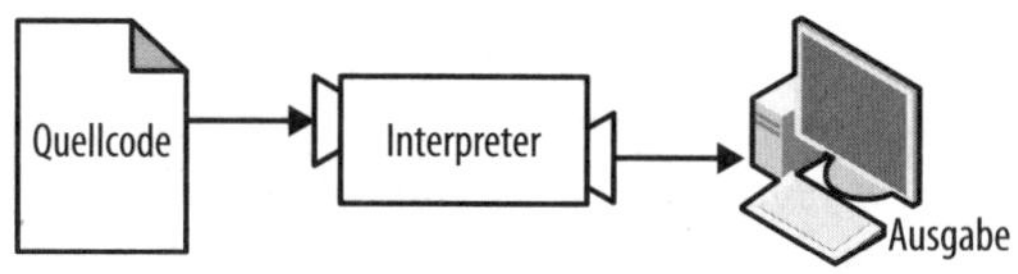

Abbildung 1-1: Der Interpreter führt das Programm Stück für Stück aus, liest immer wieder Zeilen und führt die entsprechenden Berechnungen durch.

Ein Compiler liest das gesamte Programm ein und übersetzt es vollständig, bevor es ausgeführt werden kann. In diesem Zusammenhang bezeichnet man das Programm in der höheren Programmiersprache als **Quellcode** und das übersetzte Programm als **Objektcode** bzw. **ausführbare Datei**. Ist ein Programm einmal kompiliert, können Sie es immer wieder ohne vorherige Übersetzung ausführen.

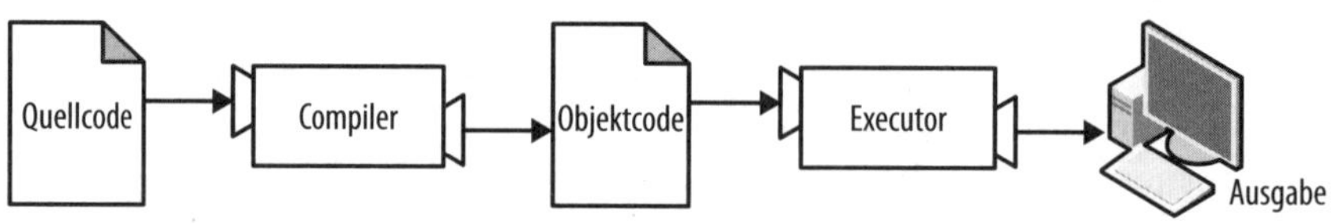

Abbildung 1-2: Ein Compiler übersetzt Quellcode in Objektcode, der von einem Executor ausgeführt werden kann.

Python wird als interpretierte Sprache bezeichnet, weil Python-Programme von einem Interpreter ausgeführt werden. Es gibt zwei Möglichkeiten, den Interpreter zu verwenden: im **interaktiven Modus** und im **Skriptmodus**. Im interaktiven Modus tippen Sie Python-Programme ein, und der Interpreter zeigt das Ergebnis an:

```
>>> 1 + 1
2
```

`>>>` ist die **Eingabeaufforderung**, mit der der Interpreter Ihnen signalisiert, dass er bereit ist. Wenn Sie `1 + 1` eingeben, antwortet der Interpreter mit `2`.

Alternativ können Sie Code in einer Datei speichern und mit dem Interpreter den Inhalt der Datei ausführen, die man als **Skript** bezeichnet. Der Konvention entsprechend enden die Namen von Python-Skripten mit *py*.

Um das Skript auszuführen, müssen Sie dem Interpreter den Namen der Datei nennen. Wenn Ihr Skript den Namen *dinsdale.py* hat und Sie in einem UNIX-Terminalfenster arbeiten, geben Sie `python dinsdale.py` ein. In anderen Entwicklungsumgebungen kann die Ausführung von Skripten unterschiedlich aussehen. Anleitungen für die jeweilige Umgebung finden Sie auf der Python-Website unter *http://python.org*.

Der interaktive Modus ist eine bequeme Möglichkeit, kleinere Codeteile auszuprobieren, weil Sie sie eintippen und sofort ausführen können. Sobald es aber um mehr als nur ein paar Zeilen geht, sollten Sie Ihren Code als Skript abspeichern, damit Sie ihn anpassen und auch künftig ausführen können.

Was ist ein Programm?

Ein **Programm** ist eine Folge von Anweisungen, die bestimmen, wie eine Berechnung durchgeführt wird. Eine solche Berechnung kann etwas Mathematisches sein, wie etwa die Lösung eines Gleichungssystems oder die Bestimmung der Wurzeln eines Polynoms. Es kann sich aber auch um eine symbolische Berechnung handeln, wenn Sie beispielsweise Text in einem Dokument suchen und ersetzen oder ein Programm kompilieren (seltsam, oder?).

Die Details sehen natürlich in jeder Programmiersprache anders aus, aber einige grundlegende Anweisungen gibt es in so ziemlich jeder Sprache:

Eingabe:
: Daten von der Tastatur, einer Datei oder einem Gerät abrufen

Ausgabe:
: Daten auf dem Bildschirm anzeigen oder an eine Datei bzw. ein Gerät senden

Mathematische Anweisungen:
: Grundlegende mathematische Berechnungen (wie etwa Addition und Multiplikation) ausführen

Bedingte Ausführung:
: Bestimmte Bedingungen prüfen und den entsprechenden Code ausführen

Wiederholung:
: Aktionen wiederholt ausführen, meistens in einer bestimmten Variation

Ob Sie es glauben oder nicht: Das ist auch schon so ziemlich alles. Jedes Programm, das Sie jemals benutzt haben – unabhängig davon, wie kompliziert es ist –, besteht aus solchen Anweisungen. Insofern können Sie sich die Programmierung als den Vorgang vorstellen, komplizierte Aufgaben in immer kleinere Teilaufgaben zu zerlegen, bis diese einfach genug sind, um sie durch eine dieser grundlegenden Anweisungen zu erledigen.

Das mag im Moment ein bisschen vage klingen. Wir kommen aber auf dieses Thema zurück, wenn wir über **Algorithmen** sprechen.

Was ist Debugging?

Beim Programmieren können sich immer mal wieder Fehler einschleichen. Aus irgendwelchen skurrilen Gründen werden solche Fehler als **Bugs** bezeichnet. Und der Vorgang, sie aufzuspüren, heißt **Debugging**.

In einem Programm finden Sie drei Arten von Fehlern: Syntaxfehler, Laufzeitfehler und semantische Fehler. Es lohnt sich, zwischen diesen drei Arten zu unterscheiden, um sie schneller aufzuspüren.

Syntaxfehler

Python kann ein Programm nur ausführen, wenn die Syntax korrekt ist. Ansonsten zeigt der Interpreter eine Fehlermeldung. Mit **Syntax** sind die Struktur eines Programms und die Regeln für diese Struktur gemeint. Beispielsweise müssen Klammern immer in passenden Paaren vorkommen. `(1 + 2)` ist korrekt, `8)` ist dagegen ein **Syntaxfehler**.

Englischsprachige Leser können die meisten Syntaxfehler tolerieren – deshalb können sie auch die Gedichte von E. E. Cummings lesen, ohne Fehlermeldungen auszuspucken. Python ist da nicht so nachsichtig. Wenn es auch nur einen einzigen Syntaxfehler irgendwo in Ihrem Programm gibt, zeigt Python eine Fehlermeldung. Die Ausführung wird abgebrochen, und Sie können Ihr Programm nicht ausführen. Während der ersten paar Wochen Ihrer Karriere als Programmierer werden Sie vermutlich eine Menge Zeit damit verbringen, Syntaxfehler aufzuspüren. Mit zunehmender Erfahrung werden Sie immer weniger Fehler machen und diese auch schneller finden.

Laufzeitfehler

Die zweite Art von Fehlern heißt **Laufzeitfehler**. Laufzeitfehler heißen so, weil sie erst sichtbar werden, nachdem die Ausführung des Programms begonnen hat. Solche Fehler werden auch als **Ausnahmen** bezeichnet, weil etwas Ungewöhnliches (und Unerfreuliches) passiert ist.

Laufzeitfehler sind in den einfachen Programmen, die Sie in den ersten paar Kapiteln dieses Buchs zu Gesicht bekommen werden, eher selten. Insofern kann es ein bisschen dauern, bis Sie auf einen Laufzeitfehler stoßen.

Semantische Fehler

Der dritte Fehlertyp ist der **semantische Fehler**. Wenn Ihr Programm einen semantischen Fehler enthält, wird es insofern erfolgreich ausgeführt, als der Computer keinerlei Fehlermeldungen zeigt. Allerdings macht das Programm nicht das, was Sie möchten.

Das Problem dabei ist, dass Sie nicht das Programm geschrieben haben, das Sie schreiben wollten. Die Bedeutung des Programms (seine Semantik) ist falsch. Es kann ziemlich verzwickt werden, semantische Fehler aufzuspüren: Sie müssen sich von hinten nach vorne durcharbeiten, sich die Ausgabe des Programms ansehen und so herauszufinden versuchen, was es eigentlich macht.

Experimentelles Debugging

Eine der wichtigsten Fähigkeiten, die Sie sich aneignen werden, ist das Debugging. Auch wenn es frustrierend sein kann, so ist das Debugging dennoch eine der intellektuell anspruchsvollsten, forderndsten und interessantesten Beschäftigungen bei der Programmierung.

In mancherlei Hinsicht ist Debugging wie Detektivarbeit. Sie erhalten Hinweise und müssen daraus ableiten, welche Vorgänge und Ereignisse zu den konkreten Ergebnissen geführt haben.

Debugging ist wie eine Experimentalwissenschaft. Sobald Sie eine Vorstellung davon haben, was schiefläuft, können Sie Ihr Programm ändern und es noch mal versuchen. Falls Ihre Hypothese korrekt war, können Sie das Ergebnis der Änderung vorhersagen und sind einem funktionierenden Programm einen Schritt näher gekommen. War Ihre Hypothese dagegen falsch, müssen Sie sich eine neue überlegen. Oder wie es Sherlock Holmes ausgedrückt hat: »Wenn man das Unmögliche ausschließt, ist das Verbleibende die Wahrheit, egal wie unwahrscheinlich es ist.« (A. Conan Doyle, *Das Zeichen der Vier*)

Für manche Menschen sind Programmieren und Debugging ein und dasselbe: Programmieren ist der Prozess, ein Programm so lange schrittweise zu debuggen, bis es das tut, was Sie möchten. Sie fangen also mit einem Programm an, das **irgendetwas** tut. Dann nehmen Sie kleine Änderungen vor und debuggen diese sofort, damit Sie immer ein funktionierendes Programm haben.

Linux ist beispielsweise ein Betriebssystem, das aus Tausenden von Zeilen Code besteht. Es begann aber als ganz einfaches Programm, mit dem Linus Torvalds den 80386-Chip von Intel 80386 erkunden wollte. Larry Greenfield meint dazu: »Eines von Linus' ersten Projekten war ein Programm, das abwechselnd AAAA und BBBB ausgeben konnte. Daraus entwickelte sich später Linux.« (Larry Greenfield, *The Linux Users' Guide*).

In den folgenden Kapiteln erfahren Sie mehr zum Debugging und zu anderen Programmiertechniken.

Formale und natürliche Sprachen

Natürliche Sprachen sind jene Sprachen, die Menschen sprechen, wie etwa Deutsch, Englisch, Spanisch und Französisch. Diese Sprachen wurden nicht von Menschen entworfen (obwohl wir Menschen versuchen, eine gewisse Ordnung reinzubringen), sondern haben sich natürlich entwickelt.

Formale Sprachen sind dagegen Sprachen, die von Menschen für bestimmte Anwendungen entworfen wurden. So ist beispielsweise die Notation der Mathematiker eine formale Sprache, die besonders gut dafür geeignet ist, die Beziehungen zwischen Zahlen und Symbolen darzustellen. Chemiker verwenden eine formale Sprache, um die chemische Struktur von Molekülen abzubilden. Und natürlich das Wichtigste:

> **Programmiersprachen sind formale Sprachen, die entwickelt wurden, um Berechnungen auszudrücken.**

Formale Sprachen haben eher strenge Syntaxregeln. Beispielsweise ist 3 + 3 = 6 ein syntaktisch korrekter mathematischer Ausdruck, 3+ = 3$6 dagegen nicht. H_2O ist eine syntaktisch korrekte chemische Formel, $_2Zz$ dagegen nicht.

Es gibt zweierlei Syntaxregeln: Die einen regeln **Tokens** und die anderen die Struktur. Tokens sind die grundlegenden Elemente einer Sprache, wie etwa Wörter, Zahlen oder chemische Elemente. Eines der Probleme an 3+ = 3$6 besteht darin, dass *$* kein zulässiges Token in der Mathematik ist (zumindest nach meinem Kenntnisstand nicht). Auf ähnliche Weise ist $_2Zz$ als chemische Formel nicht zulässig, weil es kein Element mit der Abkürzung *Zz* gibt.

Die zweite Art von Syntaxfehlern bezieht sich auf die **Struktur** einer Anweisung, also auf die Art und Weise, in der Tokens arrangiert sind. Die Anweisung 3+ = 3 ist nicht zulässig, weil + und = zwar legale Tokens sind, aber nicht unmittelbar hintereinanderstehen dürfen. Auf ähnliche Weise kommt in einer chemischen Formel der Index nach dem Elementnamen, nicht davor.

Übung 1-1:

Schreiben Sie einen wohlstrukturierten deutschen Satz, der ungültige Tokens enthält. Schreiben Sie anschließend einen anderen Satz mit zulässigen Tokens, aber einer ungültigen Struktur.

Wenn Sie einen deutschen Satz oder eine Anweisung in einer formalen Sprache lesen, müssen Sie die Struktur dieses Satzes erfassen (obwohl das in einer natürlichen Sprache natürlich unterbewusst geschieht). Diesen Vorgang nennt man **Parsen**.

Hören Sie beispielsweise den Satz: »Der Groschen ist gefallen!«, erkennen Sie, dass »Der Groschen« das Subjekt und »gefallen« das Prädikat ist. Sobald Sie den Satz geparst haben, können Sie erfassen, was er bedeutet, bzw. die Semantik des Satzes erkennen. Vorausgesetzt, Sie wissen, was ein Groschen ist und was es bedeutet, wenn er fällt, verstehen Sie die Bedeutung des Satzes.

Obwohl formale und natürliche Sprachen viele Merkmale gemeinsam haben – Token, Struktur und Semantik –, gibt es jedoch auch einige Unterschiede:

Mehrdeutigkeit:
: Natürliche Sprachen sind voller Mehrdeutigkeiten, mit denen wir Menschen anhand von Kontext und anderen Informationen gut umgehen können. In formalen Sprachen gibt es fast keine oder überhaupt keine Mehrdeutigkeiten. Insofern hat jede Anweisung unabhängig vom Kontext genau eine Bedeutung.

Redundanz:
: Um die Mehrdeutigkeiten wieder wettzumachen und die Gefahr von Missverständnissen zu minimieren, gibt es eine Menge Redundanzen in natürlichen Sprachen. Dadurch sind sie oft sehr wortreich. Formale Sprachen dagegen sind weniger redundant und prägnanter.

Sprichwörtlichkeit:
: Natürliche Sprachen sind voller Idiome (Redewendungen) und Metaphern. Bei dem Ausspruch »Der Groschen ist gefallen!« gibt es wahrscheinlich weder einen Groschen, noch fällt etwas herunter (dieses Idiom bedeutet einfach, dass jemand nach längerer Verwirrung endlich etwas verstanden hat). Formale Sprachen dagegen bedeuten exakt das, was sie ausdrücken.

Menschen, die mit einer natürlichen Sprache aufwachsen (also jeder), haben oft Schwierigkeiten, sich an formale Sprachen zu gewöhnen. In gewisser Weise ist der Unterschied zwischen einer formalen und einer natürlichen Sprache wie der Unterschied zwischen Poesie und Prosa:

Poesie:
: Wörter werden sowohl aufgrund ihres Klangs als auch ihrer Bedeutung eingesetzt, und das Gedicht insgesamt zielt auf einen Effekt oder eine emotionale Reaktion ab. Mehrdeutigkeiten sind nicht nur häufig, sondern oftmals beabsichtigt.

Prosa:
: Die wörtliche Bedeutung der Wörter ist wichtiger, die Struktur trägt zusätzlich zur Bedeutung bei. Prosa ist für eine Analyse zugänglicher als Poesie, aber trotzdem oft mehrdeutig.

Programme:
: Die Bedeutung eines Computerprogramms ist eindeutig und wortwörtlich. Sie kann durch Analyse der Tokens und der Struktur vollständig erfasst werden.

Hier einige Vorschläge für das Lesen von Programmen (und anderen formalen Sprachen): Erstens sollten Sie nicht vergessen, dass formale Sprachen wesentlich dichter als natürliche Sprachen sind und dass es daher länger dauert, sie zu lesen. Außerdem spielt die Struktur eine entscheidende Rolle. Deshalb ist es üblicherweise keine sonderlich gute Idee, von oben nach unten und von links nach rechts zu lesen. Stattdessen sollten Sie lernen, das Programm in Ihrem Kopf zu »parsen«, wobei Sie die Tokens erkennen und die Struktur interpretieren. Und letztendlich kommt es auf die Details an. Kleinere Rechtschreib- und Interpunktionsfehler, mit denen Sie in natürlichen Sprachen durchkommen, können in einer formalen Sprache einen großen Unterschied machen.

Das erste Programm

Traditionell heißt das erste Programm, das Sie in einer neuen Sprache schreiben, »Hallo, Welt!« – weil es einfach nur die Worte »Hallo, Welt!« ausgibt. In Python sieht das folgendermaßen aus:

```
print('Hallo, Welt!')
```

Das ist ein Beispiel für eine `print`-**Funktion**, die in Wahrheit natürlich nichts »druckt«. Sie zeigt den Wert einfach auf dem Bildschirm an. In diesem Fall lautet das Ergebnis

```
Hallo, Welt!
```

Die Apostrophe in der Programmanweisung kennzeichnen den Anfang und das Ende des anzuzeigenden Texts und erscheinen nicht im Ergebnis.

In Python 2 ist die Syntax für die Ausgabe geringfügig anders:

```
print 'Hallo, Welt!'
```

Die fehlenden Klammern zeigen an, dass `print` dort eine Anweisung ist. Wir werden auf Anweisungen in Kapitel 2 zu sprechen kommen.

Im Rest des Buchs werde ich `print` als Funktion wie in Python 3 verwenden. Auch wenn Sie noch mit Python 2 arbeiten, können Sie die Syntax `print(...)` benutzen, obwohl es dort keine Funktion ist, sondern eine Anweisung mit einem Tupel als »Argument« (mehr zu Tupeln finden Sie in Kapitel 12). Ansonsten gibt es hier aber nur wenige wichtige Unterschiede, auf die an entsprechender Stelle hingewiesen wird.

Debugging

Es empfiehlt sich, beim Lesen dieses Buchs vor einem Computer zu sitzen. Dann können Sie die Beispiele gleich ausprobieren. Die meisten Beispiele können Sie im interaktiven Modus ausführen. Wenn Sie den Code dagegen in ein Skript schreiben, ist es einfacher, die verschiedenen Variationen auszuprobieren.

Bei jedem Experiment mit einer neuen Funktion sollten Sie versuchen, Fehler zu machen. Was passiert beispielsweise bei »Hallo, Welt!«, wenn Sie einen der Apostrophe weglassen? Oder wenn Sie beide weglassen? Was passiert, wenn Sie `print` falsch schreiben?

Durch solche Experimente können Sie sich besser an das erinnern, was Sie gerade gelesen haben. Außerdem hilft es beim Debugging, weil Sie sich mit der Bedeutung der jeweiligen Fehlermeldung vertraut machen. Besser, Sie machen jetzt absichtlich Fehler als später aus Versehen.

Beim Programmieren und speziell auch beim Debugging können starke Emotionen hochkommen. Wenn Sie mit einem besonders schwierigen Bug zu kämpfen haben, kann es sein, dass Sie verärgert, mutlos oder peinlich berührt sind.

Es gibt handfeste Beweise dafür, dass Menschen so auf Computer reagieren, als hätten sie es mit Menschen zu tun. Wenn der Computer korrekt arbeitet, betrachten wir ihn als Kollegen. Verhält er sich aber stur oder unhöflich, reagieren wir auf ihn genau so wie auf sture oder unhöfliche Menschen (Reeves und Nass, *The Media Equation: How People Treat Computers, Television und New Media Like Real People and Places*).

Wenn Sie auf solche Reaktionen vorbereitet sind, können Sie vielleicht besser damit umgehen. Eine mögliche Strategie besteht darin, sich den Computer als einen Angestellten mit bestimmten Stärken vorzustellen (wie etwa Geschwindigkeit und Präzision) sowie mit bestimmten Schwächen. Diese Schwächen könnten beispielsweise mangelnde Empathie und die Unfähigkeit sein, das große Ganze zu erkennen.

Ihre Aufgabe besteht darin, ein guter Manager zu sein: Finden Sie Möglichkeiten, die Stärken zu nutzen und die Schwächen abzumildern. Und finden Sie Wege, Ihre Gefühle für die Lösung des Problems zu nutzen, ohne sich von Ihren Reaktionen davon abhalten zu lassen, effektiv zu arbeiten.

Debugging zu lernen, kann frustrierend sein. Es ist aber auch für viele andere Aktivitäten über das Programmieren hinaus eine wertvolle Fähigkeit. Am Ende jedes Kapitels gibt es deshalb einen Debugging-Abschnitt wie diesen mit Gedanken zum Thema Debugging. Ich hoffe, Sie können etwas damit anfangen!

Glossar

Problemlösung:
: Der Vorgang, ein Problem zu formulieren, eine Lösung zu finden und diese auszudrücken

Höhere Programmiersprache:
: Eine Programmiersprache wie Python, die so entwickelt wurde, dass sie für Menschen einfach zu lesen und zu schreiben ist

Niedere Programmiersprache:
: Eine Programmiersprache, die dafür entwickelt wurde, dass sie für einen Computer einfach auszuführen ist. Wird auch als »Maschinensprache« oder »Assembler-Sprache« bezeichnet.

Portierbarkeit:
: Eigenschaft eines Programms, durch die es auf mehr als auf einer Art von Computer ausgeführt werden kann

Interpretieren:
: Ausführung eines Programms, das in einer höheren Programmiersprache geschrieben wurde, durch zeilenweises Übersetzen

Kompilieren:
Vollständige Übersetzung eines in einer höheren Programmiersprache geschriebenen Programms in eine niedere Programmiersprache, um es später auszuführen

Quellcode:
Programm in einer höheren Programmiersprache vor der Kompilierung

Objektcode:
Ausgabe des Compilers nach der Übersetzung des Programms

Ausführbares Programm:
Anderer Name für den ausführbaren Objektcode

Eingabeaufforderung:
Zeichen, die der Interpreter anzeigt, um darauf hinzuweisen, dass er für Benutzereingaben bereit ist

Skript:
In einer Datei gespeichertes Programm (üblicherweise eines, das interpretiert wird)

Interaktiver Modus:
Nutzung des Python-Interpreters, indem Sie Befehle und Ausdrücke in der Eingabeaufforderung eingeben

Skriptmodus:
Verwendung des Python-Interpreters, um die Anweisungen in einer Skriptdatei zu lesen und auszuführen

Programm:
Folge von Anweisungen, die eine Berechnung beschreiben

Algorithmus:
Allgemeiner Ansatz für die Lösung einer Kategorie von Problemen

Bug:
Fehler in einem Programm

Debugging:
Vorgang, um alle drei Arten von Programmfehlern (Bugs) aufzuspüren und zu beseitigen

Syntax:
Struktur eines Programms

Syntaxfehler:
Fehler in einem Programm, der es unmöglich macht, das Programm zu parsen (und entsprechend zu interpretieren)

Ausnahme:
Ein Fehler, der während der Ausführung eines Programms auftritt

Semantik:
: Bedeutung eines Programms

Semantischer Fehler:
: Fehler in einem Programm, der dazu führt, dass das Programm etwas anderes macht, als der Programmierer erreichen wollte

Natürliche Sprache:
: Jede gesprochene Sprache, die sich natürlich entwickelt hat

Formale Sprache:
: Jede Sprache, die von Menschen für bestimmte Zwecke entwickelt wurde, wie etwa für die Darstellung mathematischer Ideen oder für das Schreiben von Computerprogrammen. Alle Programmiersprachen sind formale Sprachen.

Token:
: Grundlegendes Element der syntaktischen Struktur eines Programms; Äquivalent eines Worts in einer natürlichen Sprache

Parsen:
: Untersuchung und Analyse der syntaktischen Struktur eines Programms

print-Funktion:
: Funktion, mit der man den Python-Interpreter anweist, einen Wert auf dem Bildschirm auszugeben

Übungen

Übung 1-2:

Navigieren Sie mit einem Browser auf die offizielle Python-Website *http://python.org*. Diese Seite enthält Informationen über Python und Links zu Seiten über Python und gibt Ihnen die Möglichkeit, die Python-Dokumentation zu durchsuchen. Diese Website gibt es derzeit nur auf Englisch. Eine etwas ältere deutsche Übersetzung des Python-Tutorials von Guido van Rossum (dem Autor von Python) finden Sie unter *http://python.net/~gherman/publications/tut-de/online/tut/*.

Übung 1-3:

Starten Sie den Python-Interpreter, und tippen Sie `help()` ein, um das Online-Hilfedienstprogramm zu starten. Oder tippen Sie `help('print')` ein, um Informationen zur `print`-Funktion zu erhalten.

Wenn das nicht funktioniert, müssen Sie unter Umständen eine zusätzliche Python-Dokumentation installieren oder eine Umgebungsvariable festlegen. Die Details hängen vom jeweiligen Betriebssystem und der Python-Version ab.

Übung 1-4:

Starten Sie den Python-Interpreter, und verwenden Sie ihn als Rechner. Die Syntax für mathematische Operationen in Python entspricht fast vollständig der standardmäßigen mathematischen Schreibweise. Die Symbole + und - stehen für Addition und Subtraktion, wie Sie diese bereits kennen. Das Symbol für Division ist / und das Symbol für die Multiplikation ist *.

Wenn Sie 10 Kilometer in 43 Minuten und 30 Sekunden laufen, wie ist dann Ihre Durchschnittszeit pro Kilometer? Wie hoch ist Ihre Geschwindigkeit in Meilen pro Stunde? (Tipp: Eine Meile entspricht 1,61 Kilometern.)

KAPITEL 2

Variablen, Ausdrücke und Anweisungen

Werte und Typen

Ein **Wert** ist eines jener grundlegenden Dinge, mit denen ein Programm arbeitet – wie etwa ein Buchstabe oder eine Zahl. Die Werte, denen wir bisher begegnet sind, lauten `1`, `2` und `'Hallo, Welt!'`.

Diese Werte gehören verschiedenen **Typen** an: `2` ist ein **Integer** (eine ganze Zahl), und `'Hallo, Welt!'` ist ein **String**, eine Folge von Zeichen. Sie (und der Interpreter) erkennen Strings daran, dass sie in Apostrophe eingefasst werden.

Falls Sie sich nicht sicher sind, zu welchem Typ ein Wert gehört, kann Ihnen der Interpreter das verraten:

```
>>> type('Hallo, Welt!')
builtins.str
>>> type(17)
builtins.int
```

Es wird Sie nicht überraschen, dass Strings zum Typ `str` und Integer zum Typ `int` gehören. Dass Zahlen mit einen Dezimalpunkt zum Typ `float` gehören, ist da schon weniger überraschend. Der Name dieses Typs kommt daher, dass Dezimalbrüche als **Fließkommazahlen** (engl. *floating-point*) dargestellt werden.

```
>>> type(3.2)
builtins.float
```

Was ist mit Werten wie `'17'` und `'3.2'`? Sie sehen aus wie Zahlen, stehen aber in Apostrophen, genau wie Strings.

```
>>> type('17')
builtins.str
>>> type('3.2')
builtins.str
```

Es sind Strings.

Wenn Sie große Zahlen eintippen, können Sie der Versuchung vielleicht nicht widerstehen, einen Punkt als Tausendertrennzeichen sowie ein Komma für die Dezimalstellen einzugeben, z. B. `1.000,00`. In Python ist das zwar keine Zahl, aber trotzdem zulässig:

```
>>> 1.000,00
(1.0, 0)
```

Das ist natürlich etwas völlig anderes als das, was wir erwartet haben! Python interpretiert `1.000,00` als kommaseparierte Folge von Zahlen. Dies ist also unser erstes Beispiel für einen semantischen Fehler: Der Code wird ohne Fehlermeldung ausgeführt, macht aber nicht das »Richtige«.

Variablen

Eine der leistungsfähigsten Funktionen einer Programmiersprache ist die Fähigkeit, mit **Variablen** zu arbeiten. Ein Variablenname ist dabei ein Name, der sich auf einen Wert bezieht.

Durch die **Zuweisung** wird eine neue Variable erstellt, und ihr wird ein Wert zugewiesen:

```
>>> meldung = 'Und jetzt etwas ganz anderes'
>>> n = 17
>>> pi = 3.1415926535897932
```

In diesem Beispiel erfolgen drei Zuweisungen. In der ersten wird einer neuen Variablen mit dem Namen `meldung` ein String zugewiesen. In der zweiten wird der Integer `17` an `n` übergeben. Und in der dritten Zuweisung wird der (ungefähre) Wert von π der Variablen `pi` zugewiesen.

Eine gebräuchliche Form, Variablen auf Papier darzustellen, besteht darin, den Namen aufzuschreiben und mit einem Pfeil auf den Wert der Variablen zu zeigen. Eine solche Darstellung bezeichnet man als **Zustandsdiagramm**, weil darin der Zustand der jeweiligen Variablen dargestellt wird (quasi die »Gemütsverfassung« der Variablen). Abbildung 2-1 zeigt das Ergebnis des vorherigen Beispiels.

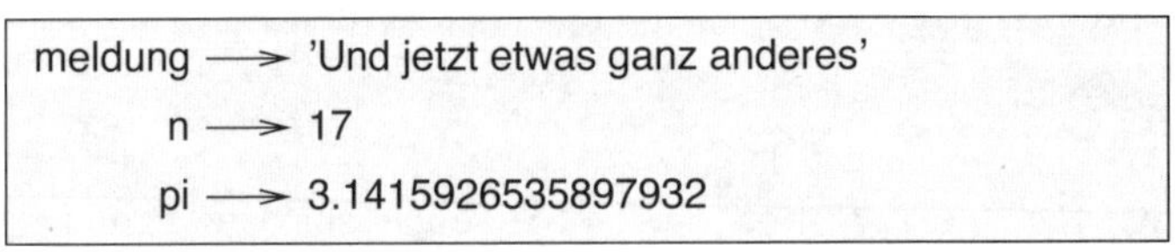

Abbildung 2-1: Zustandsdiagramm

Der Typ der Variablen richtet sich dabei nach dem Typ des Werts, auf den sie sich bezieht.

```
>>> type(meldung)
builtins.str
>>> type(n)
builtins.int
>>> type(pi)
builtins.float
```

Übung 2-1:

Wenn Sie in Python 2 einen Integer mit einer führenden Null eingeben, erhalten Sie einen merkwürdigen Fehler:

```
>>> plz = 02492
             ^
SyntaxError: invalid token
```

Andere Zahlen scheinen zu funktionieren, aber die Ergebnisse sind eher seltsam:

```
>>> plz = 02132
>>> plz
1114
```

Können Sie erkennen, was hier geschieht? Tipp: Geben Sie die Werte `01`, `010`, `0100` und `01000` ein. Den gleichen Effekt haben Sie in Python 3, wenn Sie die führende Null durch `0o` ersetzen.

Variablennamen und Schlüsselwörter

Üblicherweise wählen Programmierer für ihre Variablen aussagekräftige Namen (auch Bezeichner genannt) – damit zu erkennen ist, wofür die Variable verwendet wird.

Variablennamen können beliebig lang sein und dürfen sowohl Buchstaben als auch Zahlen enthalten, müssen aber mit einem Buchstaben beginnen. Es ist auch zulässig, Großbuchstaben zu verwenden, allerdings ist es besser, Variablennamen mit einem Kleinbuchstaben beginnen zu lassen (warum das so ist, werden Sie später erfahren).

Der Unterstrich _ darf ebenfalls in Variablennamen vorkommen. Er wird häufig für Namen verwendet, die aus mehreren Buchstaben bestehen, zum Beispiel `mein_name` oder `geschwindigkeit_einer_unbeladenen_schwalbe`.

Dank Python 3 können Sie übrigens in Variablennamen sogar Zeichen verwenden, die keine ASCII-Zeichen, sondern Unicode-Zeichen sind. Das heißt, man kann z. B. deutsche Umlaute oder übliche physikalische Abkürzungen wie folgt verwenden (`1e-6` steht dabei für die Zahl 1 mal 10 hoch -6):

```
>>> fünfzig = 50
>>> fünfzig
50
>>> µ = 1e-6
>>> 12 * µ
1.2e-05
```

Wenn Sie übrigens in einem Terminal im interaktiven Python-Interpreter arabische Schriftzeichen in Variablennamen bei einer Zuweisung verwenden, dann seien Sie auf eine kleine Überraschung gefasst, denn dann wird von rechts nach links geschrieben! Falls Sie dasselbe in einem Code-Editor ausprobieren, könnte diese Überraschung kleiner ausfallen, sofern der Editor das nicht richtig unterstützt.

Wählen Sie für eine Variable einen nicht zulässigen Namen, so erhalten Sie einen Syntaxfehler:

```
>>> 76posaunen = 'Große Parade'
SyntaxError: invalid syntax
>>> mehr@ = 1000000
SyntaxError: invalid syntax
>>> else = 'Fortschrittliche Theoretische Zymologie'
SyntaxError: invalid syntax
```

`76posaunen` ist nicht zulässig, weil der Name nicht mit einem Buchstaben beginnt. `mehr@` ist nicht zulässig, weil das Zeichen `@` für Variablennamen nicht zulässig ist. Aber was stimmt mit `else` nicht?

Wie Sie feststellen werden, ist `else` eines der reservierten **Schlüsselwörter** von Python. Der Interpreter verwendet Schlüsselwörter, um die Struktur des Programms zu erkennen. Deshalb dürfen Sie sie nicht als Variablennamen verwenden.

In Python 3 gibt es 30 Schlüsselwörter:

```
and       del      global    not     with
as        elif     if        or      yield
assert    else     import    pass
break     except   in        raise
class     finally  is        return
continue  for      lambda    try
def       from     nonlocal  while
```

In Python 2 gibt es noch die Schlüsselwörter `exec` und `print`, aber kein `nonlocal`.

Vielleicht sollten Sie diese Liste immer zur Hand haben. Wenn der Interpreter sich über einen Ihrer Variablennamen beschwert und Sie partout nicht wissen, warum, sehen Sie einfach auf der Liste nach.

Operatoren und Operanden

Operatoren sind spezielle Symbole, die Berechnungen darstellen, wie etwa Addition und Multiplikation. Die Werte, auf die der Operator angewendet wird, nennt man **Operanden**.

Die Operatoren +, -, *, / und ** stehen für Addition, Subtraktion, Multiplikation, Division und Potenzen:

```
20+32   stunde-1   stunde*60+minute   minute/60   5**2   (5+9)*(15-7)
```

In einigen anderen Sprachen wird ^ für den Exponenten verwendet, aber in Python steht dieses Zeichen für den bitweisen Operator XOR. Ich werde in diesem Buch nicht auf bitweise Operatoren eingehen, aber unter *http://wiki.python.org/moin/BitwiseOperators* können Sie alles darüber nachlesen.

In Python 2 macht der Divisionsoperator unter Umständen nicht das, was Sie erwarten:

```
>>> minute = 59
>>> minute/60
0
```

Der Wert von `minute` ist 59, und in der konventionellen Arithmetik ergibt 59 dividiert durch 60 den Wert 0,98333 – nicht 0. Der Grund für diese Diskrepanz liegt darin, dass Python eine **Division ohne Rest** durchführt. Wenn beide Operanden ganze Zahlen sind, erhalten Sie als Ergebnis ebenfalls eine ganze Zahl. Die Stellen nach dem Komma werden einfach abgeschnitten. In unserem Beispiel wird das Ergebnis also auf null abgerundet.

In Python 3 ist das Ergebnis dieser Division eine Fließkommazahl vom Typ `float`. Für die Division ohne Rest kommt der neue Operator // zum Einsatz.

Wenn beide Operanden eine Fließkommazahl sind, führt Python eine Fließkommadivision durch, und das Ergebnis ist ein `float`:

```
>>> minute/60.0
0.98333333333333328
```

Ausdrücke und Anweisungen

Ein **Ausdruck** kann eine Kombination aus Werten, Variablen und Operatoren sein. Ein einzelner Wert stellt ebenso einen Ausdruck dar, genauso wie eine Variable. Insofern sind alle folgenden Ausdrücke zulässig (unter der Voraussetzung, dass der Variablen `x` ein Wert zugewiesen wurde):

```
17
x
x + 17
```

Eine **Anweisung** ist ein Codeteil, den der Python-Interpreter ausführen kann. Wir kennen bisher zwei Arten von Anweisungen: Zuweisungen und in Python 2 auch `print`.

Technisch gesehen, ist ein Ausdruck ebenfalls eine Anweisung. Aber wahrscheinlich ist es einfacher, sich die beiden als zwei verschiedene Dinge vorzustellen. Der wichtigste Unterschied ist, dass ein Ausdruck einen Wert hat, eine Anweisung dagegen nicht.

Interaktiver Modus und Skriptmodus

Einer der Vorzüge bei der Arbeit mit einer interpretierten Sprache besteht darin, dass Sie kleine Codeteile im interaktiven Modus testen können, bevor Sie sie in ein Skript schreiben. Es gibt allerdings Unterschiede zwischen dem interaktiven Modus und dem Skriptmodus, die teilweise verwirrend sein können.

Wenn Sie Python beispielsweise als Rechner verwenden, könnten Sie Folgendes eingeben:

```
>>> meilen = 26.2
>>> meilen * 1.61
42.182
```

In der ersten Zeile wird `meilen` ein Wert zugewiesen, was aber keinen sichtbaren Effekt hat. Die zweite Zeile ist ein Ausdruck, deshalb wertet der Interpreter ihn aus und zeigt das Ergebnis an. Dabei finden wir heraus, dass ein Marathon ungefähr 42 Kilometer lang ist.

Wenn Sie aber denselben Code in ein Skript eingeben und ausführen, erhalten Sie überhaupt keine Ausgabe. Im Skriptmodus hat ein Ausdruck allein keinen sichtbaren Effekt. Python wertet den Auszug aus, zeigt den Wert aber nicht an, es sei denn, Sie weisen den Interpreter dazu an:

```
meilen = 26.2
print(meilen * 1.61)
```

Im ersten Moment kann dieses Verhalten verwirrend sein.

Ein Skript enthält üblicherweise eine Folge von Anweisungen. Wenn es mehr als eine Anweisung gibt, erscheinen die Ergebnisse nacheinander in der Reihenfolge der Anweisungen.

Das Skript

```
print(1)
x = 2
print(x)
```

erzeugt beispielsweise die folgende Ausgabe:

```
1
2
```

Für die Zuweisungsanweisung wird dabei nichts ausgegeben.

Übung 2-2:

Tippen Sie die folgenden Anweisungen in den Python-Interpreter, um herauszufinden, was sie machen:

```
5
x = 5
x + 1
```

Schreiben Sie nun dieselben Anweisungen in ein Skript, und führen Sie es aus. Welche Ausgabe erhalten Sie? Machen Sie anschließend aus jedem Ausdruck eine `print`-Anweisung, und führen Sie das Skript erneut aus.

Rangfolge von Operatoren

Wenn in einem Ausdruck mehr als ein Operator vorkommt, richtet sich die Reihenfolge der Auswertung nach der **Rangordnung**. Bei mathematischen Operatoren folgt Python den mathematischen Konventionen. Fast jeder kennt die Eselsbrücke »Punktrechnung geht vor Strichrechnung«. Allerdings sind auch Klammern und Exponenten zu berücksichtigen:

- Klammern haben den höchsten Rang. Dadurch können Sie erzwingen, dass ein Ausdruck in der gewünschten Reihenfolge ausgewertet wird. Da Ausdrücke in Klammern zuerst ausgewertet werden, ergibt `2 * (3-1)` den Wert 4, und `(1+1)**(5-2)` ergibt 8. Außerdem ist ein Ausdruck mit Klammern einfacher lesbar, selbst wenn sich dadurch das Ergebnis nicht ändert.
- Exponenten haben den nächsthöheren Rang, daher ergibt `2**1+1` den Wert 3 und nicht 4. Und `3*1**3` ergibt 3, nicht 27.
- Multiplikation und Division haben denselben Rang, der wiederum höher ist als der von Addition und Subtraktion (die ebenfalls denselben Rang haben). Entsprechend ergibt `2*3-1` den Wert 5, nicht 4. Und `6+4/2` ergibt 8, nicht 5.
- Operatoren desselben Rangs werden von links nach rechts interpretiert (mit Ausnahme von Exponenten). Im Ausdruck `grad / 2 * pi` wird also zuerst die Division durchgeführt, anschließend wird das Ergebnis mit `pi` multipliziert. Eine Division durch 2 π erreichen Sie entweder durch Klammern oder indem Sie `grad / 2 / pi` schreiben.

Ich verwende nicht allzu viel Energie darauf, mir die Regeln für die Rangfolge anderer Operatoren zu merken. Wenn ich die Reihenfolge nicht am Ausdruck erkennen kann, veranschauliche ich sie einfach durch entsprechende Klammern.

String-Operationen

Im Allgemeinen können Sie keine mathematischen Operationen mit Strings durchführen, selbst wenn diese wie Zahlen aussehen. Die folgenden Ausdrücke sind daher nicht zulässig:

```
'2'-'1'    'eier'/'leicht'    'drittel'*'Ein Zauberspruch'
```

Der Operator `+` funktioniert mit Strings, macht aber nicht das, was Sie sich vielleicht vorstellen: Sie führen damit eine **Konkatenation** durch, d. h., die Strings werden aneinander angehängt. Ein Beispiel:

```
erster = 'donner'
zweiter = 'gurgler'
print(erster + zweiter)
```

Die Ausgabe dieses Programms lautet `donnergurgler`.

Der Operator `*` funktioniert ebenfalls mit Strings: Er wiederholt den angegebenen String. So ergibt `'Spam'*3` beispielsweise `'SpamSpamSpam'`. Wenn einer der Operanden ein String ist, muss der andere ein Integer sein.

Diese Verwendung von `+` und `*` ergibt auch in der Analogie zur Addition und Multiplikation Sinn. Genau wie `4*3` dasselbe ist wie `4+4+4`, erwarten wir, dass `'Spam'*3` dasselbe ist wie `'Spam'+'Spam'+'Spam'`. Und das ist es auch. Andererseits gibt es einen signifikanten

Unterschied zwischen der Konkatenation bzw. Wiederholung von Strings einerseits und Addition und Multiplikation andererseits. Fällt Ihnen eine Eigenschaft der Addition ein, die die Konkatenation von Strings nicht hat?

Kommentare

Wenn Programme größer und komplizierter werden, sind sie oft auch unübersichtlich. Formale Sprachen haben eine hohe Dichte, daher ist es oft schwierig, einem Codeteil anzusehen, was er macht und warum.

Aus diesem Grund ist es am besten, Ihre Programme mit Notizen zu versehen, die in einer natürlichen Sprache erklären, was das Programm macht. Solche Notizen nennt man **Kommentare**. Sie beginnen mit dem Symbol #:

```
# Berechnen, wie viel Prozent der aktuellen Stunde
  abgelaufen sind
prozentsatz = (minute * 100) / 60
```

In diesem Fall steht der Kommentar in einer eigenen Zeile. Sie können aber auch Kommentare ans Zeilenende schreiben:

```
prozentsatz = (minute * 100) / 60     # Prozentsatz der aktuellen Stunde
```

Alles vom # bis zum Zeilenende wird ignoriert und hat keine Auswirkung auf das Programm.

Kommentare sind besonders dann nützlich, wenn Sie damit Details zum Code erläutern, die nicht offensichtlich sind. Normalerweise können Sie davon ausgehen, dass der Leser erkennt, **was** der Code macht. Es ist wesentlich sinnvoller, zu erklären, **warum** Sie das entsprechend gelöst haben.

Dieser Kommentar ist redundant und daher sinnlos:

```
v = 5     # v den Wert 5 zuweisen
```

Der folgende Kommentar enthält dagegen nützliche Informationen, die nicht im Code stehen:

```
v = 5     # Geschwindigkeit in Metern pro Sekunde
```

Aussagekräftige Variablennamen können den Bedarf an Kommentaren minimieren. Durch lange Namen sind komplizierte Ausdrücke aber schwierig zu lesen. Sie müssen also einen Kompromiss finden.

Debugging

Die Syntaxfehler, die Sie bis jetzt am ehesten machen können, sind unzulässige Variablennamen, wie etwa `else` und `yield` (Schlüsselwörter) oder `komischer~job` und `US$`, die unzulässige Zeichen enthalten.

Wenn Sie ein Leerzeichen in einen Variablennamen einbauen, glaubt Python, es handele sich um zwei Operanden ohne einen Operator:

```
>>> schlechter Name = 5
SyntaxError: invalid syntax
```

Bei Syntaxfehlern sind die Fehlermeldungen oft keine große Hilfe. Die häufigsten Fehlermeldungen lauten `SyntaxError: invalid syntax` und `SyntaxError: invalid token` – und beide sind nicht sonderlich informativ.

Der Laufzeitfehler, den Sie wohl am häufigsten machen werden, lautet »is not defined«. Dieser Fehler tritt auf, wenn Sie eine Variable verwenden möchten, bevor Sie ihr einen Wert zugewiesen haben. Das kann beispielsweise passieren, wenn Sie einen Variablennamen falsch schreiben:

```
>>> kapital = 327.68
>>> zinsen = kapitel * zinssatz
NameError: name 'kapitel' is not defined
```

Bei Variablennamen wird zwischen Groß- und Kleinschreibung unterschieden. `LaTeX` ist also nicht dasselbe wie `latex`.

Semantische Fehler machen Sie zum jetzigen Zeitpunkt am wahrscheinlichsten bei der Reihenfolge von Berechnungen. Wenn Sie beispielsweise $\frac{1}{2\pi}$ auswerten möchten, würden Sie vielleicht Folgendes schreiben:

```
>>> 1.0 / 2.0 * pi
```

Allerdings wird die Division zuerst durchgeführt, deshalb erhalten Sie π / 2. Das ist aber etwas völlig anderes! Python kann nicht wissen, was Sie eigentlich schreiben wollten. In diesem Fall erhalten Sie also keine Fehlermeldung, sondern lediglich eine falsche Antwort.

Glossar

Wert:
: Grundlegende Dateneinheit, die ein Programm verarbeitet, beispielsweise eine Zahl oder ein String

Typ:
: Kategorie von Werten. Die Typen, die wir bisher kennengelernt haben, sind Integer (type `int`), Fließkommazahlen (type `float`) und Strings (type `str`).

Integer:
: Typ für die Darstellung ganzer Zahlen

Fließkommazahlen:
: Typ für die Abbildung von Zahlen mit Nachkommastellen

String:
: Typ für die Darstellung von Zeichenfolgen

Variable:
Name, der sich auf einen Wert bezieht

Anweisung:
Codeabschnitt, der einen Befehl oder Vorgang beschreibt. Bisher haben wir Zuweisungen kennengelernt.

Zuweisung:
Anweisung, die einer Variablen einen Wert zuweist

Zustandsdiagramm:
Grafische Darstellung einer Reihe von Variablen und ihrer entsprechenden Werte

Schlüsselwort:
Reserviertes Wort, das der Compiler verwendet, um ein Programm zu parsen. Schlüsselwörter wie beispielsweise `if`, `def` und `while` dürfen Sie nicht als Variablennamen wählen.

Operator:
Spezielles Symbol, das einfache Berechnungen wie Addition, Multiplikation oder die Konkatenation von Strings darstellt

Operand:
Einer der Werte, auf die ein Operator angewendet wird

Division ohne Rest:
Berechnung, bei der zwei Zahlen dividiert und die Nachkommastellen abgeschnitten werden

Ausdruck:
Kombination aus Variablen, Operatoren und Werten, die sich zu einem einzigen Wert auswerten lässt

Auswerten:
Vorgang, bei dem ein Ausdruck vereinfacht wird, indem einzelne Berechnungen durchgeführt werden, um einen einzigen Wert zu erhalten

Regeln für die Rangfolge:
Regeln für die Reihenfolge, in der Ausdrücke ausgewertet werden, die mehrere Operatoren und Operanden enthalten

Konkatenation:
Direktes Aneinanderhängen zweier Operanden

Kommentar:
Informationen im Programmcode, die sich an andere Programmierer richten (oder an jeden anderen Leser des Quellcodes) und sich nicht auf die Ausführung des Programms auswirken

Übungen

Übung 2-3:

Angenommen, wir führen die folgenden Zuweisungsanweisungen aus:

```
breite = 17
hoehe = 12.0
trennzeichen = '.'
```

Schreiben Sie für jeden der folgenden Ausdrücke Wert und Typ (des Werts des Ausdrucks) auf:

1. `breite/2`
2. `breite/2.0`
3. `hoehe/3`
4. `1 + 2 * 5`
5. `trennzeichen * 5`

Überprüfen Sie Ihre Antworten mit dem Python-Interpreter.

Übung 2-4:

Üben Sie sich im Gebrauch des Python-Interpreters als Rechner:

1. Der Rauminhalt einer Kugel mit Radius r ist $\frac{4}{3}\pi r^3$. Wie groß ist der Raum innerhalb einer Kugel mit dem Radius 5? Tipp: 392,7 ist falsch!
2. Angenommen, der Verkaufspreis für ein Buch beträgt 24,95 Euro. Buchhändler erhalten einen Rabatt von 40 Prozent. Die Versandkosten betragen 3 Euro für das erste und 75 Cent für jedes weitere Buch. Was ist der Händlergesamtpreis für 60 Bücher?
3. Wenn ich um 6:52 Uhr das Haus verlasse, einen Kilometer bei langsamem Tempo laufe (5:07 pro km) und drei Kilometer etwas schneller laufe (4:28 pro km), um wie viel Uhr komme ich dann zum Frühstück nach Hause?

KAPITEL 3

Funktionen

Funktionsaufrufe

Im Kontext eines Programms ist eine **Funktion** eine benannte Folge von Anweisungen, die eine Berechnung durchführen. Wenn Sie eine Funktion definieren, geben Sie einen Namen und die entsprechenden Anweisungen vor. Später können Sie dann diese Funktion über ihren Namen »aufrufen«. Wir haben bereits ein Beispiel für einen **Funktionsaufruf** gesehen:

```
>>> type(32)
builtins.int
```

Der Name der Funktion ist `type`. Den Ausdruck in Klammern nennt man das **Argument** der Funktion. Das Ergebnis der Funktion ist in diesem Fall der Typ des übergebenen Arguments.

Man spricht üblicherweise davon, dass eine Funktion ein Argument »erwartet« und ein Ergebnis »zurückliefert«. Das Ergebnis bezeichnet man auch als **Rückgabewert**.

Funktionen zur Typkonvertierung

Python stellt eingebaute Funktionen zur Verfügung, die Werte eines Typs in einen anderen konvertieren. Die Funktion `int` nimmt beispielsweise einen beliebigen Wert entgegen und konvertiert ihn falls möglich in einen Integer. Ansonsten beschwert sie sich:

```
>>> int('32')
32
>>> int('Hallo')
ValueError: invalid literal for int() with base 10: 'Hallo'
```

`int` kann Fließkommazahlen in Integer konvertieren, rundet aber nicht ab. Die Dezimalstellen werden einfach abgeschnitten:

```
>>> int(3.99999)
3
>>> int(-2.3)
-2
```

`float` konvertiert Integer und Strings in Fließkommazahlen:

```
>>> float(32)
32.0
>>> float('3.14159')
3.14159
```

Und `str` konvertiert das übergebene Argument in einen String:

```
>>> str(32)
'32'
>>> str(3.14159)
'3.14159'
```

Mathematische Funktionen

Python enthält ein mathematisches Modul, das die meisten bekannten mathematischen Funktionen bereitstellt. Ein **Modul** ist eine Datei, die eine Sammlung zusammengehöriger Funktionen enthält.

Bevor wir ein Modul verwenden können, müssen wir es importieren:

```
>>> import math
```

Diese Anweisung legt ein **Modulobjekt** mit dem Namen `math` an. Wenn Sie `print` mit dem Modulobjekt aufrufen, erhalten Sie Informationen darüber:

```
>>> print(math)
<module 'math' from '/opt/lib/python3.4/lib-dynload/math.so'>
```

Das Modulobjekt enthält die im Modul definierten Funktionen und Variablen. Um auf eine dieser Funktionen zuzugreifen, müssen Sie den Namen des Moduls sowie den Namen der Funktion mit einem Punkt voneinander getrennt eingeben. Dieses Format nennt man **Punktschreibweise**.

```
>>> verhaeltnis = signalleistung / rauschleistung
>>> dezibel = 10 * math.log10(verhaeltnis)

>>> radiant = 0.7
>>> hoehe = math.sin(radiant)
```

Im ersten Beispiel wird mit `log10` ein Signal-Rausch-Verhältnis in Dezibel berechnet (vorausgesetzt, `signalstaerke` und `rauschpegel` sind definiert). Das `math`-Modul stellt auch `log` zur Verfügung, mit dem Sie Logarithmen zur Basis `e` berechnen können.

Im zweiten Beispiel wird der Sinus von `radiant` berechnet. Der Name der Variablen ist ein Hinweis darauf, dass `sin` und andere trigonometrische Funktionen (`cos`, `tan` usw.) Argumente in Radiant erwarten. Für die Konvertierung von Grad in Radiant dividieren Sie durch 360 und multiplizieren mit 2π:

```
>>> grad = 45
>>> radiant = grad / 360.0 * 2 * math.pi
>>> math.sin(radiant)
0.707106781187
```

Der Ausdruck math.pi ruft die Variable pi aus dem math-Modul ab. Der Wert dieser Variablen ist eine Annäherung an π auf etwa 15 Stellen genau.

Falls Sie sich mit Trigonometrie auskennen, können Sie die vorhergehenden Ergebnisse überprüfen, indem Sie sie mit der Quadratwurzel von 2 dividiert durch 2 vergleichen:

```
>>> math.sqrt(2) / 2.0
0.707106781187
```

Komposition

Bisher haben wir die Elemente eines Programms isoliert betrachtet – Variablen, Ausdrücke und Anweisungen –, ohne darüber zu sprechen, wie Sie sie miteinander kombinieren können.

Eine der nützlichsten Funktionen von Programmiersprachen besteht darin, dass Sie kleine Bausteine miteinander **kombinieren** können. Beispielsweise kann das Argument einer Funktion jeder beliebige Ausdruck sein, einschließlich aritmethischer Operatoren:

```
x = math.sin(grad / 360.0 * 2 * math.pi)
```

Und Sie können sogar Funktionsaufrufe übergeben:

```
x = math.exp(math.log(x+1))
```

Fast überall, wo Sie einen Wert angeben können, dürfen Sie auch einen beliebigen Ausdruck übergeben. Es gibt allerdings eine Ausnahme: Die linke Seite einer Zuweisung muss ein Variablenname sein. Jeder andere Ausdruck auf der linken Seite erzeugt einen Syntaxfehler (später werden wir auch für diese Regel Ausnahmen kennenlernen).

```
>>> minuten = stunden * 60                  # richtig
>>> stunden * 60 = minuten                  # falsch!
SyntaxError: can't assign to operator
```

Neue Funktionen erstellen

Wir haben bislang nur jene Funktionen verwendet, die in Python enthalten sind. Es ist aber auch möglich, neue Funktionen hinzuzufügen. Eine **Funktionsdefinition** gibt den Namen einer neuen Funktion sowie die Reihe von Anweisungen an, die beim Aufruf der Funktion ausgeführt werden sollen.

Hier ein Beispiel:

```
def zeige_text():
    print("Veronika, der Lenz ist da.")
    print("Die Mädchen singen trallala.")
```

def ist ein Schlüsselwort, das eine Funktionsdefinition kennzeichnet. Der Name dieser Funktion lautet zeige_text. Die Regeln für Funktionsnamen sind die gleichen wie für Variablennamen: Buchstaben, Zahlen und einige Interpunktionszeichen sind zulässig, aber das erste Zeichen darf keine Zahl sein. Außerdem dürfen Sie kein Schlüsselwort als

Funktionsnamen wählen. Und Sie sollten vermeiden, für eine Funktion und eine Variable denselben Namen zu verwenden.

Die leeren Klammern nach dem Namen zeigen an, dass diese Funktion keine Argumente erwartet.

Die erste Zeile der Funktionsdefinition bezeichnet man als **Header**, den Rest als **Body**. Der Header muss mit einem Doppelpunkt enden, und der Body muss eingerückt sein. Per Konvention muss der Body immer um vier Leerzeichen eingerückt sein (siehe Abschnitt »Debugging« auf Seite 35). Der Body kann eine beliebige Anzahl von Anweisungen enthalten.

Die Strings der `print`-Anweisungen sind in doppelte Anführungszeichen eingeschlossen. Einfache und doppelte Anführungszeichen bedeuten ein und dasselbe. Die meisten verwenden einfache Anführungszeichen außer in Fällen wie diesem, in dem einfache Anführungszeichen (Apostrophe) im String selbst erscheinen.

Wenn Sie eine Funktionsdefinition im interaktiven Modus eingeben, gibt der Interpreter Auslassungszeichen (...) aus, um Sie darauf hinzuweisen, dass die Definition noch nicht vollständig ist:

```
>>> def zeige_text():
...     print("Veronika, der Lenz ist da.")
...     print("Die Mädchen singen trallala.")
...
```

Zum Abschließen der Funktion müssen Sie eine Leerzeile eingeben (in einem Skript ist das natürlich nicht erforderlich).

Durch die Definition der Funktion wird eine Variable desselben Namens angelegt.

```
>>> print(zeige_text)
<function __main__.zeige_text at 0xb7e99e9c>
>>> type(zeige_text)
function
```

Der Wert von `zeige_text` ist ein **Funktionsobjekt** vom Typ `'function'`.

Die Syntax für den Aufruf einer neuen Funktion ist dieselbe wie für eingebaute Funktionen:

```
>>> zeige_text()
Veronika, der Lenz ist da.
Die Mädchen singen trallala.
```

Sobald Sie eine Funktion definiert haben, können Sie sie auch innerhalb anderer Funktionen verwenden. Beispielsweise könnten wir eine Funktion mit dem Namen `wiederhole_refrain` schreiben, die den Refrain wiederholt.

```
def wiederhole_refrain():
    zeige_text()
    zeige_text()
```

Dann rufen wir `wiederhole_refrain` auf:

```
>>> wiederhole_refrain()
Veronika, der Lenz ist da.
Die Mädchen singen trallala.
Veronika, der Lenz ist da.
Die Mädchen singen trallala.
```

Aber so geht das Lied natürlich nicht wirklich.

Definition und Verwendung

Wenn wir alle Codeteile aus dem vorherigen Abschnitt zusammenstellen, sieht das Programm folgendermaßen aus:

```
def zeige_text():
    print("Veronika, der Lenz ist da.")
    print("Die Mädchen singen trallala.")

def wiederhole_refrain():
    zeige_text()
    zeige_text()

wiederhole_refrain()
```

Dieses Programm enthält zwei Funktionsdefinitionen: `zeige_text` und `wiederhole_refrain`. Funktionsdefinitionen werden genau so wie andere Anweisungen ausgeführt, als Ergebnis werden aber Funktionsobjekte angelegt. Die Anweisungen innerhalb der Funktion werden erst dann ausgeführt, wenn die Funktion aufgerufen wird. Die Funktionsdefinition selbst erzeugt keinerlei Ausgabe.

Wie Sie sich sicher denken können, müssen Sie eine Funktion erst erstellen, bevor Sie sie ausführen können. Anders ausgedrückt: Die Funktionsdefinition muss vor dem ersten Aufruf ausgeführt werden.

Übung 3-1:

Verschieben Sie die letzte Zeile dieses Programms ganz nach oben, sodass der Funktionsaufruf vor den Definitionen erfolgt. Starten Sie das Programm, und schauen Sie, welche Fehlermeldung Sie erhalten.

Übung 3-2:

Verschieben Sie den Funktionsaufruf wieder zurück nach unten, und verschieben Sie die Definition von `zeige_text` hinter die Definition von `wiederhole_refrain`. Was passiert, wenn Sie das Programm ausführen?

Programmablauf

Um sicherzustellen, dass eine Funktion vor der ersten Verwendung definiert wird, müssen Sie wissen, in welcher Reihenfolge Anweisungen ausgeführt werden. Das wird als **Programmablauf** bezeichnet.

Die Ausführung eines Programms beginnt immer mit der ersten Anweisung. Die Anweisungen werden nacheinander von oben nach unten ausgeführt.

Funktionsdefinitionen ändern den Ablauf eines Programms nicht. Die Anweisungen innerhalb der Funktion werden erst ausgeführt, wenn die Funktion tatsächlich aufgerufen wird.

Ein Funktionsaufruf ist wie eine Umleitung im Programmablauf: Anstatt die Ausführung mit der nächsten Anweisung fortzusetzen, springt das Programm in den Body der Funktion, führt dort alle Anweisungen aus, springt zurück und macht an der Stelle weiter, an der die Funktion aufgerufen wurde.

Das klingt ziemlich einfach. Bis Sie sich daran erinnern, dass eine Funktion auch eine andere aufrufen kann. Unter Umständen muss das Programm mitten in der einen Funktion Anweisungen einer anderen Funktion ausführen. Und während diese neue Funktion ausgeführt wird, muss das Programm vielleicht sogar noch eine weitere Funktion ausführen!

Glücklicherweise kann sich Python sehr gut merken, wo es gerade ist. Jedes Mal, wenn eine Funktion abgeschlossen ist, macht das Programm an der Stelle in der anderen Funktion weiter, in der der Funktionsaufruf stand. Wenn das Ende des Programms erreicht ist, wird die Ausführung beendet.

Und was ist die Moral dieser Geschichte? Wenn Sie ein Programm lesen, sollten Sie nicht von oben nach unten lesen. Manchmal ergibt es mehr Sinn, wenn Sie dem Ablauf der Programmausführung folgen.

Parameter und Argumente

Wie wir gesehen haben, erfordern einige eingebaute Funktionen Argumente. Wenn Sie beispielsweise `math.sin` aufrufen, übergeben Sie eine Zahl als Argument. Manche Funktionen erwarten auch mehr als ein Argument: `math.pow` erwartet zwei – die Basis und den Exponenten.

Innerhalb der Funktion werden die Argumente entsprechenden Variablen zugewiesen, den **Parametern**. Hier sehen Sie ein Beispiel für eine benutzerdefinierte Funktion, die ein Argument erwartet:

```
def print_zweimal(peter):
    print(peter)
    print(peter)
```

Diese Funktion weist das Argument einem Parameter mit dem Namen `peter` zu. Wenn sie aufgerufen wird, gibt sie den Wert des Parameters zweimal aus.

Die Funktion arbeitet mit jedem beliebigen Wert, der ausgegeben werden kann.

```
>>> print_zweimal('Spam')
Spam
Spam
>>> print_zweimal(17)
17
17
>>> print_zweimal(math.pi)
3.14159265359
3.14159265359
```

Die Kompositionsregeln für eingebaute Funktionen gelten ebenso für benutzerdefinierte Funktionen. Wir können also beliebige Ausdrücke als Argumente für `print_zweimal` übergeben.

```
>>> print_zweimal('Spam '*4)
Spam Spam Spam Spam
Spam Spam Spam Spam
>>> print_zweimal(math.cos(math.pi))
-1.0
-1.0
```

Das Argument wird ausgewertet, bevor die Funktion aufgerufen wird. In diesem Beispiel werden die Ausdrücke `'Spam '*4` und `math.cos(math.pi)` also jeweils nur einmal ausgewertet.

Auch eine Variable können Sie als Argument übergeben:

```
>>> michael = 'Eric, the half a bee.'
>>> print_zweimal(michael)
Eric, the half a bee.
Eric, the half a bee.
```

Der Name der Variablen, die wir als Argument übergeben (`michael`), hat nichts mit dem Namen des Parameters (`peter`) zu tun. Es spielt keine Rolle, wie dieser Wert »zu Hause«, also in der aufrufenden Funktion, heißt. In `print_zweimal` nennen wir sie alle `peter`.

Variablen und Parameter sind lokal

Wenn Sie eine Variable innerhalb einer Funktion erstellen, ist sie **lokal**. Das bedeutet, dass sie nur innerhalb dieser Funktion existiert. Ein Beispiel:

```
def zweimal_cat(teil1, teil2):
    cat = teil1 + teil2
    print_zweimal(cat)
```

Diese Funktion erwartet zwei Argumente, konkateniert sie und gibt das Ergebnis zweimal aus. Hier sehen Sie ein Beispiel für die Verwendung der Funktion:

```
>>> zeile1 = 'Bing tiddle '
>>> zeile2 = 'tiddle bang.'
>>> zweimal_cat(zeile1, zeile2)
Bing tiddle tiddle bang.
Bing tiddle tiddle bang.
```

Sobald die Ausführung von `zweimal_cat` abgeschlossen ist, wird die Variable `cat` zerstört. Wenn wir versuchen, sie auszugeben, erhalten wir eine Ausnahme:

```
>>> print(cat)
NameError: name 'cat' is not defined
```

Parameter sind ebenfalls lokal. Außerhalb von `print_zweimal` gibt es also keine Variable mit dem Namen `peter`.

Stapeldiagramme

Damit Sie den Überblick darüber behalten, welche Variablen Sie wo verwenden können, empfiehlt es sich manchmal, ein **Stapeldiagramm** zu zeichnen. Genau wie Zustandsdiagramme zeigen Stapeldiagramme den Wert aller Variablen, aber zusätzlich die Funktion, zu der die jeweilige Variable gehört.

Jede Funktion wird durch einen **Frame** dargestellt. Ein Frame ist einfach ein Kasten, der die Parameter und Variablen einer Funktion enthält und neben dem der Name einer Funktion steht. Das Stapeldiagramm für das vorhergehende Beispiel sehen Sie in Abbildung 3-1.

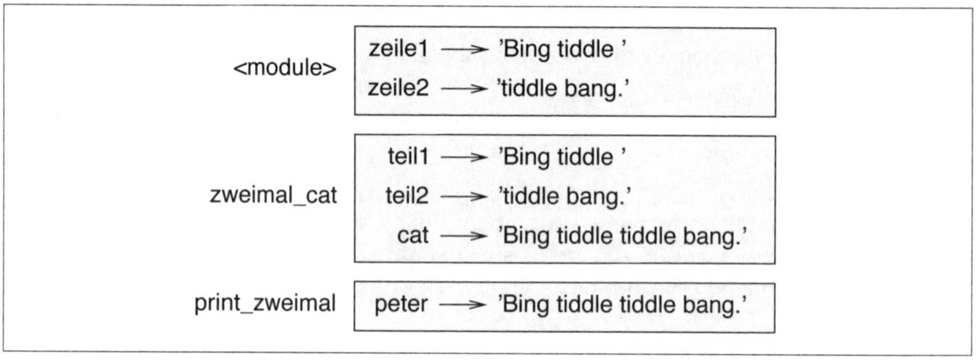

Abbildung 3-1: Stapeldiagramm

Die Frames werden in einem Stapel angeordnet, in dem zu erkennen ist, welche Funktion welche aufruft. In diesem Beispiel wird `print_zweimal` von `zweimal_cat` aufgerufen, und `zweimal_cat` wird von `__main__` aufgerufen – das ist ein spezieller Name für den obersten Frame (in unserem Stapeldiagramm heißt er `<module>`). Wenn Sie eine Variable außerhalb von Funktionen erstellen, gehört sie zum Frame `__main__`.

Jeder Parameter bezieht sich auf denselben Wert wie das entsprechende Argument. Also hat `teil1` denselben Wert wie `zeile1`, `teil2` hat denselben Wert wie `zeile2`, und `peter` hat denselben Wert wie `cat`.

Wenn innerhalb eines Funktionsaufrufs ein Fehler auftritt, gibt Python den Namen der Funktion aus sowie den Namen der Funktion, die die Funktion aufgerufen hat, und den Namen der Funktion, die wiederum diese Funktion aufgerufen hat – bis hin zu `__main__`.

Wenn Sie beispielsweise versuchen, auf `cat` innerhalb von `print_zweimal` zuzugreifen, erhalten Sie einen `NameError`:

```
Traceback (innermost last):
  File "test.py", line 13, in __main__
    zweimal_cat(zeile1, zeile2)
  File "test.py", line 5, in zweimal_cat
    print_zweimal(katze)
  File "test.py", line 9, in print_zweimal
    print(cat)
NameError: name 'cat' is not defined
```

Diese Liste von Funktionen heißt **Traceback**. Darin können Sie erkennen, in welcher Programmdatei und in welcher Zeile der Fehler aufgetreten ist und welche Funktionen zu diesem Zeitpunkt ausgeführt wurden. Außerdem wird die Codezeile angezeigt, die den Fehler verursacht hat.

Die Reihenfolge der Funktionen im Traceback ist die gleiche wie die Reihenfolge der Frames im Stapeldiagramm: Die Funktion, die gerade ausgeführt wird, steht ganz unten.

Funktionen mit und ohne Rückgabewert

Einige Funktionen, die wir verwenden, beispielsweise die mathematischen Funktionen, liefern Ergebnisse. Mangels eines besseren Namens nenne ich sie **Funktionen mit Rückgabewert**. Andere Funktionen, wie z. B. `print_zweimal`, führen zwar eine Aktion aus, liefern aber keinen Wert zurück. Solche Funktionen nennen wir **Funktionen ohne Rückgabewert**.

Rufen Sie eine Funktion auf, die einen Rückgabewert liefert, möchten Sie fast immer etwas mit dem Ergebnis tun – es beispielsweise einer Variablen zuweisen oder als Teil eines Ausdrucks verwenden:

```
x = math.cos(radiant)
golden = (math.sqrt(5) + 1) / 2
```

Wenn Sie im interaktiven Modus eine Funktion aufrufen, die einen Rückgabewert liefert, zeigt Python das Ergebnis an:

```
>>> math.sqrt(5)
2.2360679774997898
```

Wenn Sie dagegen in einem Skript eine Funktion, die einen Rückgabewert liefert, einfach nur aufrufen, geht der Rückgabewert für immer verloren!

```
math.sqrt(5)
```

Dieses Skript berechnet die Quadratwurzel von 5. Da es aber das Ergebnis weder speichert noch anzeigt, ist das nicht sonderlich nützlich.

Funktionen ohne Rückgabewert zeigen unter Umständen etwas auf dem Bildschirm an oder haben irgendeinen anderen Effekt, liefern aber keinen Wert zurück. Wenn Sie versuchen, ein solches Ergebnis einer Variablen zuzuweisen, erhalten Sie den speziellen Wert None.

```
>>> ergebnis = print_zweimal('Bing')
Bing
Bing
>>> print(ergebnis)
None
```

Der Wert None ist nicht dasselbe wie der String 'None'. Es handelt sich um einen besonderen Wert mit einem eigenen Typ:

```
>>> print(type(None))
builtins.NoneType
```

Alle Funktionen, die wir bisher geschrieben haben, sind Funktionen ohne Rückgabewert. Aber bereits wenige Kapitel weiter werden wir damit beginnen, Funktionen zu schreiben, die einen Rückgabewert liefern!

Warum Funktionen?

Es mag nicht ganz offensichtlich sein, warum es sich lohnen könnte, ein Programm in Funktionen aufzuteilen. Aber es gibt tatsächlich einige Gründe dafür:

- Eine eigene Funktion gibt Ihnen die Möglichkeit, eine Gruppe von Anweisungen unter einem Namen zusammenzufassen, wodurch Ihr Programm einfacher zu lesen und zu debuggen ist.
- Funktionen können Programme kürzer machen, indem Codewiederholungen entfallen. Und wollen Sie später etwas ändern, müssen Sie das nur an einer Stelle tun.
- Durch die Aufteilung eines langen Programms in Funktionen können Sie die verschiedenen Teile einzeln debuggen und dann zu einem funktionierenden Ganzen zusammensetzen.
- Gut durchdachte Funktionen können häufig in mehreren Programmen nützlich sein. Sie programmieren und debuggen nur einmal, können den Code aber immer wieder verwenden.

Import mit from

Python bietet zwei Möglichkeiten, um Module zu importieren. Eine davon kennen wir bereits:

```
>>> import math
>>> print(math)
<module 'math' from '/opt/lib/python3.4/lib-dynload/math.so'>
>>> print(math.pi)
3.14159265359
```

Wenn Sie `math` importieren, erhalten Sie ein Modulobjekt mit dem Namen `math`. Das Modulobjekt enthält Konstanten wie `pi` sowie Funktionen wie etwa `sin` und `exp`.

Aber wenn Sie versuchen, auf `pi` direkt zuzugreifen, erhalten Sie einen Fehler:

```
>>> print(pi)
Traceback (most recent call last):
  File "<stdin>", line 1, in <module>
NameError: name 'pi' is not defined
```

Alternativ können Sie auch folgendermaßen ein Objekt aus einem Modul importieren:

```
>>> from math import pi
```

Nun können Sie direkt auf `pi` zugreifen, auch ohne die Punktschreibweise:

```
>>> print(pi)
3.14159265359
```

Oder Sie importieren alles aus dem Modul mit dem Asterisk-Operator:

```
>>> from math import *
>>> cos(pi)
-1.0
```

Wenn Sie alles aus dem mathematischen Modul importieren, können Sie Ihren Code dadurch prägnanter schreiben. Allerdings kann es dann auch zu Konflikten zwischen den in den verschiedenen Modulen definierten Namen oder zwischen einem Namen aus einem Modul und einer Ihrer Variablen kommen.

Debugging

Wenn Sie Ihre Skripten mit einem Texteditor schreiben, kann es Probleme mit Leerzeichen und Tabs geben. Die beste Möglichkeit, diese Probleme zu vermeiden, besteht darin, nur Leerzeichen zu verwenden (und keine Tabs). Die meisten Texteditoren kennen Python und machen das bereits standardmäßig. Manche tun das aber leider nicht.

Tabs und Leerzeichen sind üblicherweise unsichtbar, was das Debugging erschwert. Am besten suchen Sie nach einem Editor, der die Einrückung für Sie übernimmt.

Vergessen Sie außerdem nicht, Ihr Programm zu speichern, bevor Sie es ausführen. Manche Entwicklungsumgebungen tun das automatisch, andere nicht. In diesem Fall ist das Programm, das Sie im Editor sehen, nicht dasselbe wie das Programm, das Sie ausführen.

Debugging kann eine Menge Zeit in Anspruch nehmen, wenn Sie immer wieder dasselbe falsche Programm ausführen!

Vergewissern Sie sich, dass der Code, den Sie sehen, auch der Code ist, den Sie ausführen. Sollten Sie sich nicht sicher sein, schreiben Sie beispielsweise `print 'Hallo'` an den Anfang des Programms und führen es erneut aus. Wenn Sie kein `Hallo` sehen, wissen Sie, dass Sie nicht das richtige Programm ausführen.

Glossar

Funktion:
: Benannte Folge von Anweisungen, die Aktionen vornehmen. Funktionen können Argumente erwarten und/oder ein Ergebnis zurückliefern, müssen das aber nicht.

Funktionsdefinition:
: Anweisung, die eine neue Funktion erstellt und den Namen sowie Parameter und die auszuführenden Anweisungen angibt

Funktionsobjekt:
: Von der Funktionsdefinition angelegter Wert. Der Name der Funktion ist eine Variable, die sich auf ein Funktionsobjekt bezieht.

Header:
: Die erste Zeile einer Funktionsdefinition

Body:
: Folge von Anweisungen innerhalb einer Funktionsdefinition

Parameter:
: Name, der innerhalb einer Funktion verwendet wird, um auf einen als Argument übergebenen Wert zu verweisen

Funktionsaufruf:
: Anweisung, die eine Funktion ausführt. Sie besteht aus dem Funktionsnamen, auf den eine Liste von Argumenten folgt.

Argument:
: Wert, der an eine Funktion beim Funktionsaufruf übergeben wird. Dieser Wert wird innerhalb der Funktion dem entsprechenden Parameter zugewiesen.

Lokale Variable:
: Innerhalb einer Funktion definierte Variable. Eine lokale Variable kann nur innerhalb der entsprechenden Funktion verwendet werden.

Rückgabewert:
: Ergebnis einer Funktion. Wenn der Funktionsaufruf als Ausdruck verwendet wird, ist der Rückgabewert der Wert des Ausdrucks.

Funktion mit Rückgabewert:
: Funktion, die einen Wert zurückgibt

Funktion ohne Rückgabewert:
: Funktion, die keinen Wert zurückgibt

Modul:
: Datei, die eine Sammlung zusammengehöriger Funktionen und andere Definitionen enthält

import-Anweisung:
: Anweisung, die eine Moduldatei einliest und ein Modulobjekt erstellt

Modulobjekt:
: Wert, der durch eine `import`-Anweisung erstellt wird und den Zugriff auf die in einem Modul definierten Werte ermöglicht

Punktschreibweise:
: Syntax für den Aufruf einer Funktion in einem anderen Modul, bei der der Modulname gefolgt von einem Punkt und dem Funktionsnamen angegeben wird

Programmablauf:
: Reihenfolge, in der die Anweisungen in einem Programm ausgeführt werden

Stapeldiagramm:
: Grafische Darstellung eines Stapels von Funktionen sowie der zugehörigen Variablen und Werte, auf die sie sich beziehen

Frame:
: Kasten in einem Stapeldiagramm, der einen Funktionsaufruf darstellt. Er enthält die lokalen Variablen und Parameter der Funktion.

Traceback:
: Liste der ausgeführten Funktionen, die angezeigt wird, wenn eine Ausnahme auftritt.

Übungen

Übung 3-3:

Python bietet eine eingebaute Funktion mit dem Namen `len`, die die Länge eines Strings zurückliefert. Der Wert von `len('Allen')` ist also 5.

Schreiben Sie eine Funktion mit dem Namen `rechts_ausrichten`, die einen String mit dem Namen `s` als Parameter entgegennimmt und den String mit so vielen vorangestellten Leerzeichen ausgibt, dass sich der letzte Buchstabe des Strings in Spalte 70 der Anzeige befindet.

```
>>> rechts_ausrichten('Allen')
                                                                 Allen
```

Übung 3-4:

Ein Funktionsobjekt ist ein Wert, den Sie einer Variablen zuweisen oder als Argument übergeben können. Beispielsweise ist `mach_zwei` eine Funktion, die ein Funktionsobjekt als Argument erwartet und dieses zweimal aufruft:

```
def mach_zwei(f):
    f()
    f()
```

Hier folgt ein Beispiel, in dem `mach_zwei` dazu verwendet wird, eine Funktion mit dem Namen `print_spam` zweimal aufzurufen:

```
def print_spam():
    print('spam')

mach_zwei(print_spam)
```

1. Tippen Sie dieses Beispiel in ein Skript ein, und testen Sie es.
2. Ändern Sie `mach_zwei` so, dass die Funktion zwei Argumente erwartet – ein Funktionsobjekt und einen Wert. Die Funktion soll zweimal mit dem Wert als Argument aufgerufen werden.
3. Schreiben Sie eine einfachere Version von `print_spam` mit dem Namen `print_zweimal`, die einen String als Parameter entgegennimmt und diesen zweimal ausgibt.
4. Nutzen Sie die geänderte Version von `mach_zwei`, um `print_zweimal` zweimal aufzurufen, wobei `'spam'` als Argument übergeben wird.
5. Definieren Sie eine neue Funktion mit dem Namen `mach_vier`, die ein Funktionsobjekt und einen Wert entgegennimmt, anschließend diese Funktion viermal aufruft und dabei den Wert als Parameter übergibt. Der Body dieser Funktion soll nur zwei Anweisungen enthalten, nicht vier.

Lösung: *mach_vier.py*

Übung 3-5:

Für diese Übung benötigen Sie nur die Anweisungen und Funktionen, die Sie bisher kennengelernt haben.

1. Schreiben Sie eine Funktion, die ein Raster wie das folgende zeichnet:

```
+ - - - - + - - - - +
|         |         |
|         |         |
|         |         |
|         |         |
+ - - - - + - - - - +
|         |         |
|         |         |
|         |         |
|         |         |
+ - - - - + - - - - +
```

   Tipp: Für die Ausgabe mehr als eines Werts in einer Zeile können Sie eine kommaseparierte Sequenz angeben:

```
print('+', '-')
```

   Damit Python die Zeile nicht abschließt, sondern den nächsten Wert auf dieselbe Zeile ausgibt, geben Sie der `print`-Funktion in Python 3 das Argument `end=' '`. In Python 2 kann man stattdessen ein Komma am Ende der `print`-Anweisung setzen.

```
print('+', end=' ')
print('-')
```

Die Ausgabe dieser Anweisung lautet `'+ -'`.

Eine einzelne `print`-Funktion beendet die aktuelle Zeile und wechselt zur nächsten.

2. Schreiben Sie eine Funktion, die ein ähnliches Raster mit vier Zeilen und vier Spalten zeichnet.

Lösung: *raster.py*.

Hinweis: Diese Übung basiert auf einer Übung aus Oualline, *Practical C Programming, Third Edition*, O'Reilly Media, 1997.

KAPITEL 4

Fallstudie: Gestaltung von Schnittstellen

TurtleWorld

Begleitend zu diesem Buch habe ich ein Paket mit dem Namen Swampy geschrieben. Die entsprechende Datei aus den Codebeispielen heißt *http://thinkpython.com/swampy*. Befolgen Sie einfach die Anweisungen, um Swampy auf Ihrem System zu installieren.

Ein **Paket** ist eine Sammlung von Modulen. Eines der Module in Swampy ist `TurtleWorld`. Dieses Modul stellt eine Reihe von Funktionen zur Verfügung, mit denen Sie Linien zeichnen können, indem Sie Schildkröten über den Bildschirm bewegen.

Sobald Swampy als Paket auf Ihrem System installiert ist, können Sie `TurtleWorld` folgendermaßen importieren:

```
from swampy.TurtleWorld import *
```

Wenn Sie die Swampy-Module heruntergeladen, aber nicht als Paket installiert haben, können Sie entweder in dem entsprechenden Verzeichnis mit den Swampy-Dateien arbeiten oder dieses Verzeichnis dem Suchpfad von Python hinzufügen. Anschließend können Sie `TurtleWorld` so importieren:

```
from TurtleWorld import *
```

Die Einzelheiten des Installationsvorgangs sowie die Details zum Festlegen des Suchpfads von Python hängen von Ihrem System ab. Anstatt dazu Näheres an dieser Stelle zu erläutern, werde ich versuchen, die Informationen für verschiedene Systeme unter *http://thinkpython.com/swampy* aktuell zu halten.

Erstellen Sie eine Datei mit dem Namen *meinpolygon.py*, und tippen Sie den folgenden Code ein:

```
from swampy.TurtleWorld import *

welt = TurtleWorld()
tim = Turtle()
print(tim)

wait_for_user()
```

In der ersten Zeile wird alles aus dem Modul `TurtleWorld` des Pakets `swampy` importiert.

In den folgenden Zeilen wird eine TurtleWorld erstellt und der Variablen `welt` zugewiesen. Außerdem weisen wir der Variablen `tim` eine neue Schildkröte zu. Wenn Sie `tim` ausgeben, erhalten Sie in etwa Folgendes:

```
<TurtleWorld.Turtle instance at 0xb7bfbf4c>
```

Das bedeutet, dass sich `tim` auf eine **Instanz** einer Schildkröte (»Turtle«) in `TurtleWorld` bezieht. In diesem Kontext bedeutet »Instanz«, dass es sich um das Mitglied einer Gruppe handelt. Diese Turtle ist eine der möglichen Turtles.

`wait_for_user` weist `TurtleWorld` an, darauf zu warten, dass der Benutzer etwas macht. In diesem Fall kann der Benutzer allerdings nicht mehr tun, als das Fenster zu schließen.

`TurtleWorld` bietet mehrere Funktionen zum Steuern der Schildkröte: `fd` und `bk` für vorwärts und rückwärts sowie `lt` und `rt` für links und rechts. Außerdem hält jede Schildkröte einen Stift, der sich entweder oben oder unten befindet. Wenn sich der Stift unten befindet, zeichnet die Schildkröte eine Spur, wenn sie sich bewegt. Die Funktionen `pu` und `pd` stehen für »pen up« (Stift nach oben) und »pen down« (Stift nach unten).

Fügen Sie diese Zeilen in das Programm ein, um einen rechten Winkel zu zeichnen (nachdem Sie `tim` erstellt haben und bevor Sie `wait_for_user` aufrufen):

```
fd(tim, 100)
lt(tim)
fd(tim, 100)
```

Die erste Zeile weist `tim` an, 100 Schritte vorwärts zu machen. Die zweite Zeile lässt ihn links abbiegen.

Wenn Sie dieses Programm ausführen, müsste sich `tim` zuerst nach Osten und dann nach Norden bewegen und dabei zwei Linienabschnitte zurücklassen.

Ändern Sie nun das Programm so, dass es ein Quadrat zeichnet. Lassen Sie nicht locker, bis es funktioniert!

Einfache Wiederholung

Höchstwahrscheinlich haben Sie ungefähr Folgendes geschrieben (mit Ausnahme des Codes, der die TurtleWorld erstellt und auf den Benutzer wartet):

```
fd(tim, 100)
lt(tim)

fd(tim, 100)
lt(tim)

fd(tim, 100)
lt(tim)

fd(tim, 100)
```

Prägnanter können wir dasselbe mit einer `for`-Anweisung erreichen. Fügen Sie die folgenden Zeilen in *meinpolygon.py* ein, und führen Sie das Skript erneut aus:

```
for i in range(4):
    print('Hallo!')
```

Nun sollten Sie in etwa Folgendes sehen:

```
Hallo!
Hallo!
Hallo!
Hallo!
```

Das ist die einfachste Einsatzmöglichkeit einer `for`-Anweisung. Mehr dazu erfahren Sie später. Das sollte aber bereits ausreichen, damit Sie Ihr Programm zum Zeichnen des Quadrats neu schreiben können. Bleiben Sie so lange dran, bis es funktioniert!

Hier sehen Sie eine `for`-Anweisung, die ein Quadrat zeichnet:

```
for i in range(4):
    fd(tim, 100)
    lt(tim)
```

Die Syntax einer `for`-Anweisung ist einer Funktionsdefinition recht ähnlich. Sie hat einen Header, der mit einem Doppelpunkt endet, sowie einen eingerückten Body. Auch hier kann der Body wieder eine beliebige Anzahl von Anweisungen enthalten.

Eine `for`-Anweisung wird manchmal auch als **Schleife** bezeichnet, weil das Programm den Body in einer Schleife durchläuft. In diesem Fall wird der Body viermal ausgeführt.

Diese Version unterscheidet sich genau genommen ein klein wenig von dem bisherigen Code, weil sich die Schildkröte nach der letzten Seite des Quadrats noch einmal zusätzlich dreht. Diese Drehung braucht ein wenig mehr Zeit, vereinfacht aber den Code, wenn wir bei jedem Durchlauf durch die Schleife immer dasselbe tun. Außerdem landet die Schildkröte so auch wieder in der ursprünglichen Position und zeigt in die Ausgangsrichtung.

Übungen

Es folgt eine Reihe von Übungen mit TurtleWorld. Sie sollen natürlich Spaß machen, haben aber auch einen Sinn. Denken Sie darüber nach, welcher Sinn das jeweils sein könnte, während Sie an den Übungen arbeiten.

Die folgenden Abschnitte enthalten auch Lösungen für die Übungen. Blättern Sie aber nicht vor, bevor Sie damit fertig sind (oder es wenigstens versucht haben).

1. Schreiben Sie eine Funktion mit dem Namen `quadrat`, die eine Schildkröte als Parameter `t` erwartet. Die Funktion soll diese Schildkröte verwenden, um ein Quadrat zu zeichnen.

   Schreiben Sie eine Funktion, die `tim` als Argument an `quadrat` übergibt, und führen Sie das Programm erneut aus.

2. Fügen Sie einen zusätzlichen Parameter mit dem Namen `laenge` in `quadrat` ein. Ändern Sie den Body so, dass die Kantenlänge durch `laenge` bestimmt wird, und ändern Sie den Funktionsaufruf so, dass ein zweites Argument übergeben wird. Führen Sie das Programm erneut aus. Testen Sie es mit verschiedenen Werten für `laenge`.
3. Die Funktionen `lt` und `rt` biegen jeweils in einem Winkel von 90 Grad ab. Sie können aber auch ein zweites Argument übergeben, das den Winkel in Grad angibt. Beispielsweise lässt `lt(tim, 45)` unseren `tim` im 45-Grad-Winkel nach links drehen.

   Machen Sie eine Kopie von `quadrat`, und ändern Sie den Namen in `polygon`. Fügen Sie einen zusätzlichen Parameter `n` ein, und ändern Sie den Body so, dass ein gleichseitiges Polygon mit `n` Seiten gezeichnet wird. Tipp: Die Außenwinkel eines gleichseitigen n-seitigen Polygons betragen 360/n Grad.
4. Schreiben Sie eine Funktion mit dem Namen `kreis`, die eine Schildkröte `t` und einen Radius `r` als Parameter erwartet und einen ungefähren Kreis zeichnet, indem sie `polygon` mit einer entsprechenden Länge und Anzahl von Seiten aufruft. Testen Sie die Funktion mit mehreren Werten für `r`.

   Tipp: Ermitteln Sie den Umfang des Kreises, und vergewissern Sie sich, dass `laenge * n = umfang`.

   Noch ein Tipp: Wenn `tim` Ihnen zu langsam ist, können Sie das ändern, indem Sie `tim.delay` anpassen. Dadurch legen Sie die Zeit zwischen den einzelnen Bewegungen in Sekunden fest. Mit `tim.delay = 0.01` wird er die Beine in die Hand nehmen müssen.
5. Schreiben Sie eine allgemeinere Version von `kreis` mit dem Namen `bogen`, die einen zusätzlichen Parameter `winkel` erwartet, mit dem Sie festlegen können, welcher Teil eines Kreises gezeichnet werden soll. `winkel` wird in Grad angegeben, so dass bei `winkel=360` ein vollständiger Kreis gezeichnet wird.

Datenkapselung

In der ersten Übung sollten Sie den Code zum Zeichnen des Quadrats in eine Funktionsdefinition schreiben und anschließend die Funktion aufrufen, wobei Sie die Schildkröte als Parameter übergeben. Hier eine mögliche Lösung:

```
def quadrat(t):
    for i in range(4):
        fd(t, 100)
        lt(t)

quadrat(tim)
```

Die Anweisungen ganz innen – `fd` und `lt` – wurden zweimal eingerückt, um zu kennzeichnen, dass sie innerhalb der `for`-Schleife stehen, die sich wiederum innerhalb der Funktionsdefinition befindet. Die nächste Zeile, `quadrat(tim)`, ist wieder linksbündig, wodurch sowohl das Ende der `for`-Schleife als auch der Funktionsdefinition gekennzeichnet wird.

Innerhalb der Funktion bezieht sich `t` auf dieselbe Schildkröte wie `tim`, entsprechend hat `lt(t)` denselben Effekt wie `lt(tim)`. Aber warum rufen wir dann nicht den Parameter `tim` auf?

Weil `t` auf diese Weise eine beliebige Schildkröte sein kann, nicht nur `tim`. So können Sie auch eine zweite Schildkröte erstellen und als Argument an `quadrat` übergeben:

```
rudi = Turtle()
quadrat(rudi)
```

Wenn Sie eine Codezeile in eine Funktion auslagern, nennt man das **Datenkapselung**. Einer der Vorteile der Datenkapselung besteht darin, dass der entsprechende Codeteil einen Namen erhält, was gleichzeitig auch der Dokumentation des Codes dient. Und wenn Sie einen bestimmten Code mehrmals verwenden möchten, ist es wesentlich einfacher, eine Funktion mehrfach aufzurufen, als deren Body mehrmals zu kopieren und einzufügen.

Generalisierung

Der nächste Schritt besteht darin, `quadrat` um den Parameter `laenge` zu erweitern. Hier eine mögliche Lösung:

```
def quadrat(t, laenge):
    for i in range(4):
        fd(t, laenge)
        lt(t)

quadrat(tim, 100)
```

Die Erweiterung einer Funktion um einen Parameter nennt man **Generalisierung**, weil dadurch die Funktion verallgemeinert wird. In der vorherigen Version hatte das Quadrat immer dieselbe Größe. In dieser Version kann es eine beliebige Größe haben.

Der nächste Schritt ist ebenfalls eine Generalisierung. Anstatt Quadrate zu zeichnen, kann `polygon` regelmäßige Polygone mit einer beliebigen Anzahl von Seiten zeichnen. Hier eine mögliche Lösung:

```
def polygon(t, n, laenge):
    winkel = 360.0 / n
    for i in range(n):
        fd(t, laenge)
        lt(t, winkel)

polygon(tim, 7, 70)
```

Dadurch wird ein siebenseitiges Polygon mit einer Seitenlänge von 70 gezeichnet. Wenn Sie mehr als ein numerisches Argument übergeben, kann es leicht passieren, dass Sie vergessen, was die einzelnen Argumente bedeuten und in welcher Reihenfolge Sie sie angeben müssen.

Es ist daher zulässig – und manchmal auch durchaus hilfreich –, die Namen der Parameter in der Argumentenliste mit anzugeben:

```
polygon(tim, n=7, laenge=70)
```

Solche Argumente bezeichnet man als **Schlüsselwortargumente**, weil sie die Parameternamen als »Schlüsselwörter« mit angeben (nicht zu verwechseln mit Python-Schlüsselwörtern wie `while` und `def`).

Durch diese Syntax ist das Programm besser lesbar. Außerdem veranschaulicht dieses Beispiel, wie Argumente und Parameter funktionieren: Wenn Sie eine Funktion aufrufen, werden die übergebenen Argumente den entsprechenden Parametern zugewiesen.

Gestaltung von Schnittstellen

Im nächsten Schritt zeichnen Sie einen `kreis` mit dem Radius `r` als Parameter. Hier sehen Sie eine einfache Lösung, die mit `polygon` ein fünfzigseitiges Polygon zeichnet:

```
def kreis(t, r):
    umfang = 2 * math.pi * r
    n = 50
    laenge = umfang / n
    polygon(t, n, laenge)
```

In der ersten Zeile wird der Umfang des Kreises mit Radius `r` über die Formel $2\pi r$ berechnet. Da wir `math.pi` verwenden, müssen wir `math` importieren. Der Konvention nach müssen `import`-Anweisungen am Anfang des Skripts stehen.

`n` ist die Anzahl der Liniensegmente für die Annäherung an den Kreis. `laenge` ist die Länge der einzelnen Linien. Entsprechend zeichnet `polygon` ein fünfzigseitiges Polygon als Annäherung an einen Kreis mit Radius `r`.

Eine Begrenzung dieser Lösung liegt darin, dass `n` eine Konstante ist. Für sehr große Kreise sind die Liniensegmente zu lang, und bei sehr kleinen Kreisen verschwenden wir Zeit, indem wir sehr kleine Kreissegmente zeichnen. Eine mögliche Lösung besteht darin, die Funktion zu generalisieren und `n` als Parameter entgegenzunehmen. Dadurch hätten die Benutzer (wer auch immer `kreis` aufruft) mehr Kontrolle, aber die Schnittstelle wäre dadurch weniger übersichtlich.

Die **Schnittstelle** einer Funktion fasst zusammen, wie sie verwendet wird: Wie heißen die Parameter? Was macht die Funktion? Und was ist der Rückgabewert? Eine Schnittstelle ist dann übersichtlich, wenn sie »so einfach wie möglich, aber nicht einfacher ist« (Einstein).

In diesem Beispiel gehört `r` zur Schnittstelle, weil es den zu zeichnenden Kreis bestimmt. `n` ist dagegen nicht ganz zutreffend, weil es sich mehr auf die Einzelheiten dazu bezieht, wie der Kreis gezeichnet werden soll.

Anstatt die Schnittstelle unübersichtlicher zu machen, wählen wir für `n` besser einen Wert, der vom `umfang` abhängt:

```
def kreis(t, r):
    umfang = 2 * math.pi * r
    n = int(umfang / 3) + 1
    laenge = umfang / n
    polygon(t, n, laenge)
```

Nun entspricht die Anzahl der Segmente (ungefähr) `umfang / 3`, wodurch die Länge jedes Segments (ungefähr) 3 beträgt. Das ist klein genug, damit der Kreis hübsch aussieht, und groß genug, um Kreise beliebiger Größe effizient und angemessen zu zeichnen.

Refactoring

Als ich `kreis` geschrieben habe, konnte ich `polygon` wiederverwenden, weil ein Polygon mit beliebig vielen Seiten eine gute Annäherung an einen Kreis ist. Aber `bogen` ist nicht ganz so kooperativ. Wir können weder `polygon` noch `kreis` verwenden, um einen Bogen zu zeichnen.

Eine Alternative besteht darin, mit einer Kopie von `polygon` zu beginnen und sie in einen `bogen` umzuwandeln. Das Ergebnis könnte folgendermaßen aussehen:

```
def bogen(t, r, winkel):
    bogen_laenge = 2 * math.pi * r * winkel / 360
    n = int(bogen_laenge / 3) + 1
    schritt_laenge = bogen_laenge / n
    schritt_winkel = float(winkel) / n

    for i in range(n):
        fd(t, schritt_laenge)
        lt(t, schritt_winkel)
```

Die zweite Hälfte dieser Funktion sieht wie `polygon` aus, aber wir können `polygon` nicht verwenden, ohne die Schnittstelle zu ändern. Wir könnten zwar `polygon` so verallgemeinern, dass die Funktion einen Winkel als drittes Argument erwartet. Aber dann wäre `polygon` kein passender Name mehr! Verwenden wir lieber die allgemeinere Funktion `polylinie`:

```
def polylinie(t, n, laenge, winkel):
    for i in range(n):
        fd(t, laenge)
        lt(t, winkel)
```

Nun können wir `polygon` und `bogen` so umschreiben, dass sie `polylinie` verwenden:

```
def polygon(t, n, laenge):
    winkel = 360.0 / n
    polylinie(t, n, laenge, winkel)

def bogen(t, r, winkel):
    bogen_laenge = 2 * math.pi * r * winkel / 360
    n = int(bogen_laenge / 3) + 1
    schritt_laenge = bogen_laenge / n
    schritt_winkel = float(winkel) / n
    polylinie(t, n, schritt_laenge, schritt_winkel)
```

Zum Abschluss können wir `kreis` noch so umschreiben, dass die Funktion `bogen` verwendet wird:

```
def kreis(t, r):
    bogen(t, r, 360)
```

Den Vorgang, ein Programm neu zu arrangieren, um Funktionsschnittstellen zu verbessern und die Wiederverwendung von Code zu erleichtern, nennt man **Refactoring**. In diesem Fall haben wir festgestellt, dass `bogen` und `polygon` ähnlichen Code enthalten haben, deshalb haben wir ihn in die Funktion `polylinie` »ausgeklammert«.

Wenn wir entsprechend vorausgeplant hätten, hätten wir vielleicht zuerst `polylinie` geschrieben und uns das Refactoring gespart. Aber oft wissen Sie am Anfang eines Projekts nicht genug, um alle Schnittstellen entsprechend zu entwerfen. Sobald Sie mit dem Code angefangen haben, verstehen Sie die Probleme besser. Manchmal ist Refactoring ein Zeichen dafür, dass Sie etwas gelernt haben.

Entwicklungsplan

Ein **Entwicklungsplan** ist ein Verfahren zum Schreiben von Programmen. Die beiden Ansätze, die wir in dieser Fallstudie herangezogen haben, waren »Datenkapselung« und »Generalisierung«. Die Schritte dieses Verfahrens lauten:

1. Beginnen Sie mit einem kleinen Programm ohne Funktionsdefinitionen.
2. Sobald das Programm funktioniert, kapseln Sie es in eine Funktion und geben ihr einen Namen.
3. Generalisieren Sie die Funktion durch entsprechende Parameter.
4. Wiederholen Sie die Schritte 1 bis 3, bis Sie eine Reihe entsprechender Funktionen haben. Kopieren Sie den funktionierenden Code, und fügen Sie ihn ein, um sich das erneute Tippen (und das erneute Debugging) zu ersparen.
5. Suchen Sie nach Möglichkeiten, das Programm durch Refactoring zu verbessern. Wenn Sie beispielsweise an mehreren Stellen ähnlichen Code verwenden, sollten Sie darüber nachdenken, diesen in eine entsprechende allgemeinere Funktion auszulagern.

Dieses Verfahren hat auch Nachteile (Alternativen dazu sehen wir uns später an), kann aber sehr nützlich sein, wenn Sie nicht von vornherein wissen, wie Sie das Programm in Funktionen aufteilen können. Bei diesem Ansatz gestalten Sie das Programm immer wieder um, während Sie daran arbeiten.

Docstring

Ein **Docstring** ist ein String am Anfang einer Funktion, der die Schnittstelle erklärt (»doc« steht dabei für Dokumentation). Hier ein Beispiel:

```
def polylinie(t, n, laenge, winkel):
    """Zeichnet n Liniensegmente.
    t: Turtle-Objekt
    n: Anzahl der Liniensegmente
    laenge: Länge der einzelnen Segmente
    winkel: Winkel zwischen den Segmenten in Grad
    """
    for i in range(n):
        fd(t, laenge)
        lt(t, winkel)
```

Dieser Docstring steht in drei Anführungszeichen hintereinander. So etwas bezeichnet man auch als mehrzeiligen String, weil er mehr als eine Zeile umfassen kann.

Das ist kurz und knapp, enthält aber die wesentlichen Informationen für jemanden, der diese Funktion verwenden möchte. Der Docstring erklärt exakt, was die Funktion macht (ohne auf Einzelheiten einzugehen), welche Auswirkungen die jeweiligen Parameter auf das Verhalten der Funktion haben und welcher Typ jeweils erwartet wird (falls das nicht offensichtlich ist).

Diese Art der Dokumentation ist ein wichtiger Teil der Gestaltung von Schnittstellen. Eine gut durchdachte Schnittstelle sollte einfach zu erklären sein. Sollten Sie Schwierigkeiten haben, eine Ihrer Funktionen zu beschreiben, könnte das ein Hinweis darauf sein, dass die Schnittstelle verbesserungsbedürftig ist.

Debugging

Eine Schnittstelle ist wie ein Vertrag zwischen einer Funktion und dem Aufrufenden. Der Aufrufende stimmt zu, bestimmte Parameter zur Verfügung zu stellen, und die Funktion willigt ein, eine bestimmte Aufgabe zu erfüllen.

`polylinie` benötigt beispielsweise vier Argumente: `t` muss eine Turtle sein, `n` ist die Anzahl der Liniensegmente und muss daher ein Integer sein. `laenge` muss eine positive Zahl sein, und `winkel` muss eine Zahl sein, die sich in Grad auswerten lässt.

Diese Anforderungen nennt man **Vorbedingungen**, weil sie erfüllt sein müssen, bevor die Funktion mit der Ausführung beginnen kann.

Die Bedingungen gegen Ende der Funktion heißen entsprechend **Nachbedingungen**. Zu den Nachbedingungen gehören der gewünschte Effekt der Funktion (beispielsweise das Zeichnen von Liniensegmenten) sowie jegliche Nebeneffekte (Bewegungen der Schildkröte oder andere Änderungen in der jeweiligen Welt).

Vorbedingungen unterliegen der Verantwortung des Aufrufenden. Falls der Aufrufende eine (korrekt dokumentierte!) Vorbedingung nicht erfüllt und deshalb die Funktion nicht korrekt arbeitet, liegt der Fehler beim Aufrufenden, nicht bei der Funktion.

Glossar

Instanz:
: Mitglied einer Gruppe. Die TurtleWorld in diesem Kapitel ist Mitglied einer Gruppe von TurtleWorlds.

Schleife:
: Teil eines Programms, der wiederholt ausgeführt wird

Datenkapselung:
: Vorgang, bei dem eine Folge von Anweisungen in eine Funktionsdefinition umgewandelt wird

Generalisierung:
: Verfahren, um etwas unnötig Spezifisches (etwa eine Zahl) durch etwas Allgemeineres (etwa eine Variable oder einen Parameter) zu ersetzen

Schlüsselwortargument:
: Argument, das den Namen des Parameters als »Schlüsselwort« enthält

Schnittstelle:
: Beschreibung, wie eine Funktion zu verwenden ist, einschließlich der Namen und Beschreibungen der Argumente sowie des Rückgabewerts

Refactoring:
: Vorgang, um die Funktionsschnittstellen und andere Qualitäten eines Programms zu verbessern

Entwicklungsplan:
: Verfahren zum Schreiben von Programmen

Docstring:
: String in einer Funktionsdefinition, der die Schnittstelle der Funktion dokumentiert

Vorbedingung:
: Bedingung, die vom Aufrufenden erfüllt werden muss, bevor eine Funktion ausgeführt werden kann

Nachbedingung:
: Anforderung, die von einer Funktion erfüllt werden muss, bevor sie beendet wird

Übungen

Übung 4-1:

Den Code für dieses Kapitel finden Sie in der Beispieldatei *polygon.py*.

1. Schreiben Sie entsprechende Docstrings für `polygon`, `bogen` und `kreis`.

2. Zeichnen Sie ein Stapeldiagramm, das den Zustand des Programms bei der Ausführung von `kreis(tim, radius)` darstellt. Die Berechnungen können Sie entweder von Hand durchführen oder Sie können entsprechende `print`-Aufrufe in den Code einfügen.
3. Die Version von `bogen` im Abschnitt »Refactoring« auf Seite 47 ist nicht allzu genau, weil die lineare Annäherung an einen Kreis niemals einen echten Kreis ergibt. Als Konsequenz davon landet die Schildkröte einige Einheiten von der korrekten Position entfernt. Meine Lösung zeigt eine Möglichkeit, den Effekt dieser Abweichung zu reduzieren. Lesen Sie den Code, und schauen Sie, ob er für Sie Sinn ergibt. Wenn Sie ein Diagramm zeichnen, finden Sie vielleicht heraus, wie er funktioniert.

Übung 4-2:

Schreiben Sie eine halbwegs allgemeine Sammlung von Funktionen, die Blumen wie die in Abbildung 4-1 zeichnen können.

Abbildung 4-1: Turtle-Blumen

Lösung: *blumen.py*, benötigt *polygon.py*

Übung 4-3:

Schreiben Sie eine angemessen allgemeine Sammlung von Funktionen, die Formen wie die in Abbildung 4-2 zeichnen kann.

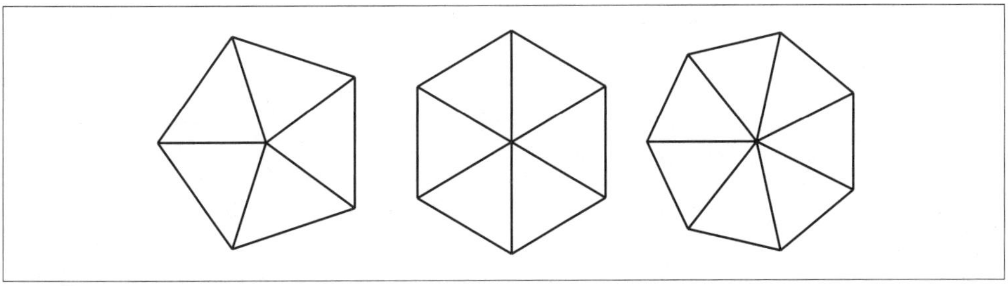

Abbildung 4-2: Turtle-Kuchen

Lösung: *kuchen.py*

Übung 4-4:

Die Buchstaben des Alphabets können aus einer überschaubaren Anzahl grundlegender Elemente aufgebaut werden, wie etwa vertikalen und horizontalen Linien sowie einigen Kurven. Gestalten Sie eine Schrift, die mit einer minimalen Anzahl grundlegender Elemente gezeichnet werden kann, und schreiben Sie die Funktionen, die die Buchstaben des Alphabets zeichnen.

Schreiben Sie jeweils eine Funktion für jeden Buchstaben mit den Namen `zeichne_a`, `zeichne_b` usw., und legen Sie die Funktionen in einer Datei mit dem Namen *buchstaben.py* ab. Die Datei *schreibmaschine.py* enthält eine »Schildkrötenschreibmaschine«, mit der Sie Ihre Funktionen testen können.

Lösung: *buchstaben.py*, benötigt außerdem *polygon.py*

Übung 4-5:

Informieren Sie sich über Spiralen unter *http://de.wikipedia.org/wiki/Spirale*. Schreiben Sie dann ein Programm, das eine archimedische Spirale zeichnet (oder einen der anderen Typen).

Lösung: *spirale.py*

KAPITEL 5

Bedingungen und Rekursion

Modulos-Operator

Der **Modulos-Operator** arbeitet mit ganzen Zahlen und gibt den Rest zurück, der übrig bleibt, wenn der erste Operand durch den zweiten dividiert wird. In Python wird für den Modulos-Operator das Prozentzeichen verwendet (%). Die Syntax ist dieselbe wie für andere Operatoren:

```
>>> quotient = 7 // 3
>>> print(quotient)
2
>>> rest = 7 % 3
>>> print(rest)
1
```

`7` dividiert durch `3` ist `2`, Rest `1`. Der Divisionsoperator `//` berechnet in Python 3 eine ganzzahlige Division und entspricht damit dem, was in Python 2 der Operator `/` macht. Dieser Operator berechnet in Python 3 ein Fließkommaergebnis. Das heißt, hier gilt dann: `7 / 3 == 2.3333333333333335`.

Der Modulos-Operator ist überraschend nützlich. Damit können Sie beispielsweise ermitteln, ob eine Zahl durch eine andere teilbar ist – wenn `x % y` gleich 0 ist, dann ist `x` durch `y` teilbar.

Außerdem können Sie damit die ganz rechts stehenden Ziffern einer Zahl extrahieren. So liefert z. B. `x % 10` die ganz rechts stehende Stelle von `x` (im Dezimalsystem). Analog dazu liefert `x % 100` die letzten beiden Stellen.

Boolesche Ausdrücke

Ein **Boolescher Ausdruck** ist ein Ausdruck, der entweder wahr oder falsch ist. In den folgenden Beispielen wird der Operator `==` verwendet, der zwei Operanden vergleicht. Wenn diese gleich sind, liefert er den Wert `True` zurück, ansonsten den Wert `False`:

```
>>> 5 == 5
True
```

```
>>> 5 == 6
False
```

True und False sind spezielle Werte vom Typ bool. Es sind keine Strings:

```
>>> type(True)
builtins.bool
>>> type(False)
builtins.bool
```

Der Operator == ist ein **relationaler Operator**. Die anderen lauten:

```
x != y              # x ist ungleich y
x > y               # x ist größer als y
x < y               # x ist kleiner als y
x >= y              # x ist größer gleich y
x <= y              # x ist kleiner gleich y
```

Auch wenn Ihnen diese Berechnungen wahrscheinlich bekannt vorkommen, so unterscheiden sich die Python-Symbole von den mathematischen Symbolen. Ein häufig vorkommender Fehler besteht in der Verwendung eines einfachen Gleichheitszeichens (=) statt des doppelten Gleichheitszeichens (==). Denken Sie daran: = ist ein Zuweisungsoperator, == ist ein relationaler Operator. =< und => gibt es nicht als Operatoren.

Logische Operatoren

Es gibt drei **logische Operatoren**: and, or und not. Die semantische Bedeutung dieser Operatoren ist der wörtlichen Bedeutung recht ähnlich. Beispielsweise ist x > 0 and x < 10 nur wahr, wenn x größer als 0 **und** kleiner als 10 ist.

n%2 == 0 or n%3 == 0 ist wahr, wenn **eine** der beiden Bedingungen zutrifft – wenn die Zahl also entweder durch 2 *oder* 3 teilbar ist.

Der not-Operator negiert einen Booleschen Ausdruck. not (x > y) ist also wahr, wenn x > y falsch ist – also nur dann, wenn x kleiner gleich y.

Streng genommen sollten die Operanden von logischen Operatoren Boolesche Ausdrücke sein. Aber Python ist nicht sehr streng. Jegliche Zahl ungleich null wird als »wahr« interpretiert.

```
>>> 17 and True
True
```

Diese Flexibilität kann nützlich sein. Es gibt aber auch einige Feinheiten, die verwirrend sind. Solche Fälle sollten Sie vermeiden (es sei denn, Sie wissen, was Sie tun).

Bedingte Ausführung

Damit wir sinnvolle Programme schreiben können, brauchen wir fast immer die Möglichkeit, Bedingungen zu überprüfen und das Verhalten des Programms entsprechend zu ändern. **Bedingte Anweisungen** geben uns genau diese Möglichkeit. Die einfachste Form ist die `if`-Anweisung:

```
if x > 0:
    print('x ist positiv')
```

Den Booleschen Ausdruck nach `if` nennt man eine **Bedingung**. Wenn sie zutrifft, wird die eingerückte Anweisung ausgeführt. Falls nicht, passiert nichts.

`if`-Anweisungen haben die gleiche Struktur wie Funktionsdefinitionen: ein Header gefolgt von einem eingerückten Body. Solche Anweisungen nennt man **Verbundanweisung**.

Es gibt keine Begrenzung für die Anzahl der Anweisungen im Body. Aber er muss mindestens eine enthalten. Manchmal ist es nützlich, einen Body ohne Anweisungen zu haben (normalerweise als Platzhalter für Code, den Sie noch nicht geschrieben haben). In diesem Fall können Sie die `pass`-Anweisung verwenden, die einfach nichts tut:

```
if x < 0:
    pass          # Wir müssen uns um negative Werte kümmern!
```

Alternativer Programmablauf

Eine zweite Form der `if`-Anweisung ist der **alternative Programmablauf**, bei dem es zwei Möglichkeiten gibt und die Bedingung darüber entscheidet, welche davon ausgeführt wird. Die Syntax sieht folgendermaßen aus:

```
if x%2 == 0:
    print('x ist gerade')
else:
    print('x ist ungerade')
```

Wenn der Rest bei der Division von `x` geteilt durch `2` gleich `0` ist, wissen wir, dass `x` gerade ist, und das Programm zeigt eine entsprechende Meldung an. Trifft die Bedingung nicht zu, werden die alternativen Anweisungen ausgeführt. Da die Bedingung wahr oder falsch sein muss, wird genau eine der beiden Alternativen ausgeführt. Diese Alternativen bezeichnet man als **Verzweigungen**, weil sie Zweige im Programmablauf darstellen.

Verkettete Bedingungen

Manchmal gibt es mehr als zwei Möglichkeiten, und wir brauchen entsprechend mehr als zwei Verzweigungen. Eine Möglichkeit, eine solche Berechnung auszudrücken, bieten **verkettete Bedingungen**:

```
if x < y:
    print('x ist kleiner als y')
elif x > y:
    print('x ist größer als y')
else:
    print('x und y sind gleich')
```

elif ist eine Abkürzung für »else if«. Auch hier wird wieder genau eine Verzweigung ausgeführt. Es gibt keine Begrenzung für die Anzahl der elif-Anweisungen. Wenn es eine else-Klausel gibt, muss sie am Ende stehen. Aber es muss keine geben.

```
if auswahl == 'a':
    zeichne_a()
elif auswahl == 'b':
    zeichne_b()
elif auswahl == 'c':
    zeichne_c()
```

Die Bedingungen werden nacheinander überprüft. Wenn die erste falsch ist, wird die nächste überprüft usw. Trifft eine der Bedingungen zu, wird die entsprechende Verzweigung ausgeführt und die Anweisung beendet. Selbst wenn mehr als eine Bedingung wahr ist, wird nur die erste entsprechende Verzweigung ausgeführt.

Verschachtelte Bedingungen

Bedingungen können auch ineinander verschachtelt werden. Wir hätten die dreiteilige Entscheidung aus dem vorherigen Beispiel auch folgendermaßen ausdrücken können:

```
if x == y:
    print('x und y sind gleich')
else:
    if x < y:
        print('x ist kleiner als y')
    else:
        print('x ist größer als y')
```

Die äußere Bedingung enthält zwei Verzweigungen. Die erste Verzweigung enthält eine einfache Anweisung, die zweite eine weitere if-Anweisung, die ihrerseits zwei Verzweigungen hat. Diese beiden Verzweigungen sind jeweils einfache Anweisungen, hätten aber auch eine bedingte Anweisung sein können.

Obwohl die Struktur der Anweisungen durch die Einrückung erkennbar ist, sind **verschachtelte Bedingungen** häufig nicht schnell zu überblicken. Daher sollten Sie sie wenn möglich vermeiden.

Logische Operatoren bieten häufig eine Möglichkeit, verschachtelte Bedingungen zu vereinfachen. Beispielsweise können wir den folgenden Code auch in einer einzigen Bedingung schreiben:

```
if 0 < x:
    if x < 10:
        print('x ist eine positive einstellige Zahl.')
```

Die print-Funktion wird nur aufgerufen, wenn beide Bedingungen erfüllt sind. Entsprechend können wir dasselbe Ergebnis auch mit dem and-Operator erreichen:

```
if 0 < x and x < 10:
    print('x ist eine positive einstellige Zahl.')
```

Rekursion

Eine Funktion darf eine andere aufrufen. Es ist sogar zulässig, dass sich eine Funktion selbst aufruft. Ihnen mag auf den ersten Blick zwar nicht klar sein, wozu das gut sein soll, wie Sie aber sehen werden, kann das eines der magischsten Dinge sein, die ein Programm tun kann. Sehen Sie sich beispielsweise die folgende Funktion an:

```
def countdown(n):
    if n <= 0:
        print('Bumm!')
    else:
        print(n)
        countdown(n-1)
```

Wenn n gleich 0 oder negativ ist, wird das Wort »Bumm!« ausgegeben. Ansonsten wird n ausgegeben, eine Funktion mit dem Namen countdown wird aufgerufen – das ist dieselbe Funktion – und n-1 wird als Argument übergeben.

Was passiert, wenn wir die Funktion folgendermaßen aufrufen?

```
>>> countdown(3)
```

Die Ausführung von countdown beginnt mit n=3. Da n größer ist als 0, gibt die Funktion 3 aus und ruft sich selbst auf ...

> Die Ausführung von countdown beginnt mit n=2. Da n größer ist als 0, gibt die Funktion 2 aus und ruft sich selbst auf ...
>
> > Die Ausführung von countdown beginnt mit n=1. Da n größer ist als 0, gibt die Funktion 1 aus und ruft sich selbst auf ...
> >
> > > Die Ausführung von countdown beginnt mit n=0. Da n nicht größer als 0 ist, gibt die Funktion »Bumm!« aus und kehrt zurück.
> >
> > Der countdown für n=1 kehrt zurück.
>
> Der countdown für n=2 kehrt zurück.

Der countdown für n=3 kehrt zurück.

Und dann befinden Sie sich wieder in __main__. Also sieht die Ausgabe insgesamt so aus:

```
3
2
1
Bumm!
```

Eine Funktion, die sich selbst aufruft, nennt man **rekursiv**, und den Vorgang nennt man **Rekursion**.

Als weiteres Beispiel können wir eine Funktion schreiben, die einen String n-Mal ausgibt.

```
def print_n(s, n):
    if n <= 0:
        return
```

```
        print(s)
        print_n(s, n-1)
```

Wenn `n <= 0` ist, beendet die `return`-Anweisung die Funktion. Der Programmablauf kehrt sofort zurück zum Aufrufenden, und die verbleibenden Zeilen der Funktion werden nicht ausgeführt.

Die restliche Funktion ist ähnlich wie `countdown`: Wenn `n` größer als 0 ist, wird `s` angezeigt, und die Funktion ruft sich selbst auf, um `s` weitere `n-1` Male anzuzeigen. Die Anzahl der ausgegebenen Zeilen ist `1 + (n - 1)`, also gleich `n`.

Für einfache Beispiele wie dieses ist es vermutlich einfacher, eine `for`-Schleife zu verwenden. Aber wir werden später noch Beispiele sehen, die mit einer `for`-Schleife nur sehr schwer zu schreiben sind, mit Rekursion jedoch umso einfacher. Insofern können wir damit gar nicht früh genug anfangen!

Stapeldiagramme für rekursive Funktionen

Im Abschnitt »Stapeldiagramme« auf Seite 32 haben wir den Zustand des Programms während eines Funktionsaufrufs mit einem Stapeldiagramm dargestellt. Mit derselben Art von Diagramm kann man auch eine rekursive Funktion interpretieren.

Bei jedem Funktionsaufruf erstellt Python einen neuen Funktionsnamen, der die lokalen Variablen und Parameter der Funktion enthält. Für eine rekursive Funktion kann es auch mehr als einen Rahmen auf dem Stapel zur selben Zeit geben.

Abbildung 5-1 zeigt ein Stapeldiagramm für `countdown` mit `n = 3`.

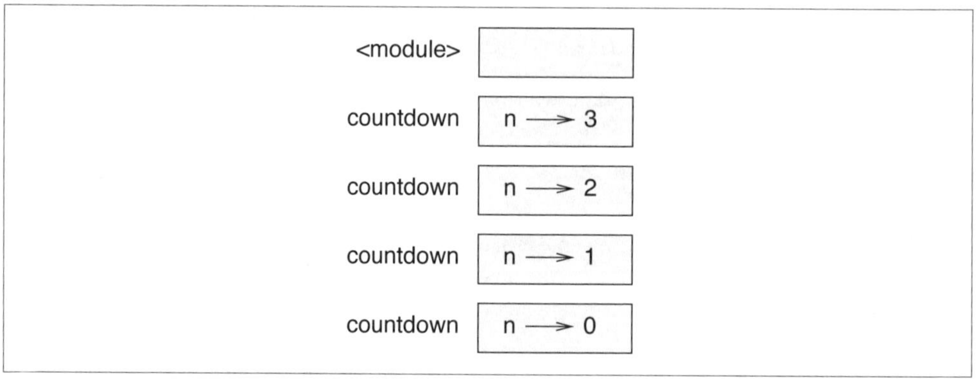

Abbildung 5-1: Stapeldiagramm

Wie üblich befindet sich ganz oben im Stapel der Frame für `__main__`. Er ist leer, weil wir in `__main__` noch keine Variablen erstellt oder Argumente übergeben haben.

In den vier Rahmen für `countdown` hat der Parameter `n` jeweils unterschiedliche Werte. Den untersten Teil des Stapels, wenn `n=0` ist, nennt man den **Basisfall**. Er führt keinen rekursiven Aufruf durch, daher gibt es keine weiteren Kästen.

Übung 5-1:

Zeichnen Sie ein Stapeldiagramm für `print_n` mit `s = 'Hallo'` und `n=2`.

Übung 5-2:

Schreiben Sie eine Funktion mit dem Namen `mach_n`, die ein Funktionsobjekt und die Zahl `n` als Argumente entgegennimmt und die angegebene Funktion `n`-Mal aufruft.

Endlose Rekursion

Wenn eine Rekursion niemals einen Basisfall erreicht, setzen sich die rekursiven Aufrufe endlos fort, und das Programm wird nie beendet. Diesen Fall bezeichnet man als **endlose Rekursion**. Sie ist im Allgemeinen keine so gute Idee. Dies ist ein minimales Programm mit einer endlosen Rekursion:

```
def rekursiere():
    rekursiere()
```

In den meisten Programmierumgebungen läuft ein Programm mit einer endlosen Rekursion nicht wirklich für immer. Wenn die maximale Rekursionstiefe erreicht ist, gibt Python eine Fehlermeldung aus:

```
  File "<stdin>", line 2, in rekursiere
  File "<stdin>", line 2, in rekursiere
  File "<stdin>", line 2, in rekursiere
                  .
                  .
                  .
  File "<stdin>", line 2, in rekursiere
RuntimeError: Maximum recursion depth exceeded
```

Dieser Traceback ist ein bisschen größer als der, den wir im vorigen Kapitel gesehen haben. Wenn dieser Fehler auftritt, befinden sich 1000 `rekursiere`-Frames auf dem Stapel!

Tastatureingaben

Die Programme, die wir bisher geschrieben haben, sind insofern ein bisschen unhöflich, als sie nicht auf Benutzereingaben reagieren und immer dasselbe tun.

Python 3 bietet eine eingebaute Funktion mit dem Namen `input`, die Eingaben über die Tastatur abruft. In Python 2 heißt sie `raw_input`. Wenn Sie diese Funktion aufrufen, stoppt das Programm und wartet darauf, dass der Benutzer etwas eingibt. Wenn der Benutzer die Eingabetaste drückt, wird das Programm weiter ausgeführt, und `input` liefert die Benutzereingabe als String.

```
>>> eingabe = input()
Worauf warten Sie?
>>> print(eingabe)
Worauf warten Sie?
```

Bevor Sie auf die Benutzereingabe warten, sollten Sie den Benutzer auch wissen lassen, was er eingeben soll. raw_input nimmt eine Eingabeaufforderung als Argument entgegen:

```
>>> name = input('Wie...heißen Sie?\n')
Wie...heißen Sie?
Arthur, König der Briten!
>>> print(name)
Arthur, König der Briten!
```

Die Zeichenfolge \n am Ende der Eingabeaufforderung ist ein **Zeilenvorschub** – ein Sonderzeichen, das einen Zeilenumbruch erzeugt. Dadurch erscheint die Benutzereingabe unterhalb der Eingabeaufforderung.

Wenn Sie erwarten, dass der Benutzer einen Integer eingibt, können Sie versuchen, den Rückgabewert in int zu konvertieren:

```
>>> eingabeaufforderung = 'Wie hoch... ist die Fluggeschwindigkeit einer unbeladenen
Schwalbe?\n'
>>> geschwindigkeit = input(eingabeaufforderung)
Wie hoch... ist die Fluggeschwindigkeit einer unbeladenen Schwalbe?
17
>>> int(geschwindigkeit)
17
```

Gibt der Benutzer allerdings etwas anderes als einen String von Ziffern ein, erhalten Sie einen Fehler:

```
>>> geschwindigkeit = input(eingabeaufforderung)
Wie hoch... ist die Fluggeschwindigkeit einer unbeladenen Schwalbe?
Meinen Sie eine afrikanische oder eine europäische Schwalbe?
>>> int(geschwindigkeit)
ValueError: invalid literal for int() with base 10: 'Meinen Sie eine afrikanische oder
eine europäische Schwalbe?'
```

Wir werden später darauf zu sprechen kommen, wie Sie am besten mit diesen Fehler umgehen.

Debugging

Der Traceback, den Python anzeigt, wenn ein Fehler auftritt, enthält eine Menge Informationen – eigentlich fast schon zu viele, insbesondere wenn sich viele Frames auf dem Stapel befinden. Die nützlichsten Teile sind normalerweise:

- die Art des Fehlers und
- wo der Fehler aufgetreten ist.

Syntaxfehler sind normalerweise einfach zu finden, aber es gibt einige Fallen. Leerraum kann beispielsweise ein tückisches Problem sein, weil Leerzeichen und Tabs unsichtbar sind und wir sie üblicherweise ignorieren.

```
>>> x = 5
>>>  y = 6
  File "<stdin>", line 1
```

```
    y = 6
    ^
SyntaxError: invalid syntax
```

In diesem Beispiel besteht das Problem darin, dass die zweite Zeile um ein Leerzeichen eingerückt ist. Die Fehlermeldung zeigt aber auf y, was in diesem Fall irreführend ist. Im Allgemeinen kennzeichnen Fehlermeldungen die Stelle, an der das Problem entdeckt wurde. Der eigentliche Fehler kann aber auch früher im Code entstanden sein, manchmal in einer der vorhergehenden Zeilen.

Dasselbe gilt für Laufzeitfehler.

Angenommen, Sie versuchen, ein Signal-Rausch-Verhältnis in Dezibel zu berechnen. Die Formel lautet $SRV_{db} = 10\log_{10}(P_{signal}/P_{rausch})$. In Python könnten Sie ungefähr Folgendes schreiben:

```
import math
signalleistung = 9
rauschleistung = 10
verhaeltnis = signalleistung / rauschleistung
dezibel = 10 * math.log10(verhaeltnis)
print(dezibel)
```

In Python 2 erhalten Sie aber eine Fehlermeldung.

```
Traceback (most recent call last):
  File "snr.py", line 5, in ?
    dezibel = 10 * math.log10(verhaeltnis)
OverflowError: math range error
```

Die Fehlermeldung deutet auf einen Fehler in Zeile 5 hin. Aber an dieser Stelle ist nichts verkehrt. Um den wirklichen Fehler zu finden, erweist es sich als nützlich, den Wert von verhaeltnis auszugeben, der in Wahrheit 0 ist. Das Problem liegt eigentlich in Zeile 4, weil bei der Division von zwei Integern die Nachkommastellen ignoriert werden. Die Lösung besteht darin, Signalleistung und Rauschleistung als Fließkommawerte anzugeben.

Üblicherweise zeigen Ihnen die Fehlermeldungen, wo das Problem erkannt wurde. Das ist aber oft nicht die Stelle, an der es verursacht wurde.

In Python 3 macht dieses Beispiel keine Schwierigkeiten. Der Divisionsoperator führt auch mit ganzzahligen Operanden eine Fließkommadivision durch.

Glossar

Modulos-Operator:
: Operator (%), der mit Integer-Werten funktioniert und den Rest zurückliefert, der bei der Division des einen Operanden durch den anderen zurückbleibt

Boolescher Ausdruck:
: Ausdruck, dessen Wert entweder True oder False ist

Relationale Operatoren:
: Operatoren, die zwei Operanden vergleichen: `==`, `!=`, `>`, `<`, `>=` und `<=`

Logische Operatoren:
: Operatoren, die Boolesche Ausdrücke kombinieren: `and`, `or` und `not`

Bedingte Anweisung:
: Anweisung, die den Programmablauf in Abhängigkeit von einer Bedingung steuert

Bedingung:
: Boolescher Ausdruck in einer bedingten Anweisung, der darüber entscheidet, welche Verzweigung ausgeführt wird

Verbundanweisung:
: Anweisungen, die aus einem Header und einem Body besteht. Der Header endet mit einem Doppelpunkt (:). Der Body ist relativ zum Header eingerückt.

Verzweigung:
: Einer der alternativen Codeblöcke in einer bedingten Anweisung

Verkettete Bedingung:
: Bedingte Anweisung mit einer Reihe von alternativen Verzweigungen

Verschachtelte Bedingung:
: Bedingte Anweisung, die in einer Verzweigung einer anderen bedingten Anweisung steht

Rekursion:
: Aufruf derselben Funktion, die gerade ausgeführt wird

Basisfall:
: Bedingte Verzweigung in einer rekursiven Funktion, die keinen rekursiven Aufruf durchführt

Endlose Rekursion:
: Rekursion, für die es entweder keinen Basisfall gibt oder die diesen nie erreicht. Eine endlose Rekursion erzeugt nach einer gewissen Zeit einen Laufzeitfehler.

Übungen

Übung 5-3:

Der »Große Fermatsche Satz« besagt, dass es keine ganzen Zahlen *a*, *b* und *c* gibt, für die gilt:

$a^n + b^n = c^n$

für Werte von *n* größer als 2.

1. Schreiben Sie eine Funktion `beweis_fermat`, die vier Parameter entgegennimmt – `a`, `b`, `c` und `n` – und überprüft, ob Fermats Theorem einer Prüfung standhält. Wenn *n* größer ist als 2 und sich herausstellt, dass

   $a^n + b^n = c^n$

   soll das Programm ausgeben: »Heiliger Strohsack, Fermat hatte nicht recht!«, ansonsten soll es ausgeben: »Nein, das funktioniert nicht.«
2. Schreiben Sie eine Funktion, die den Benutzer auffordert, Werte für `a`, `b`, `c` und `n` einzugeben, diese in Integer konvertiert und `beweis_fermat` verwendet, um herauszufinden, ob sie gegen Fermats Theorem verstoßen.

Übung 5-4:

Wenn Sie drei Stöckchen bekommen, ist es nicht garantiert, dass Sie damit ein Dreieck bilden können. Wenn beispielsweise eines der Stöckchen eine Länge von 25 Zentimetern hat und die anderen beiden jeweils nur einen Zentimeter lang sind, gibt es keine Möglichkeit, dass sich die beiden kurzen Stöckchen in der Mitte berühren. Es gibt einen einfachen Test, um herauszufinden, ob es mit den drei gegebenen Seitenlängen möglich ist, ein Dreieck zu bilden:

> Ist eine der drei Seitenlängen größer als die Summe der anderen beiden, können Sie damit kein Dreieck aufbauen. (Wenn die Summe zweier Seitenlängen gleich der dritten ist, ergibt sich ein sogenanntes »degeneriertes« Dreieck.)

1. Schreiben Sie eine Funktion mit dem Namen `ist_dreieck`, die drei Integer als Argumente entgegennimmt und mit »Ja« oder »Nein« auf die Frage antwortet, ob Sie mit den entsprechenden Seitenlängen ein Dreieck bilden können.
2. Schreiben Sie eine Funktion, die den Benutzer zur Eingabe dreier Seitenlängen auffordert, diese in Integer konvertiert und anschließend mit `ist_dreieck` überprüft, ob sich damit ein Dreieck bilden lässt.

Die folgende Übung verwendet `TurtleWorld` aus Kapitel 4:

Übung 5-5:

Lesen Sie die folgende Funktion, und versuchen Sie, herauszufinden, was sie macht. Führen Sie sie anschließend aus (siehe die Beispiele in Kapitel 4).

```
def zeichne(t, laenge, n):
    if n == 0:
        return
    winkel = 50
    fd(t, laenge*n)
    lt(t, winkel)
    zeichne(t, laenge, n-1)
    rt(t, 2*winkel)
    zeichne(t, laenge, n-1)
    lt(t, winkel)
    bk(t, laenge*n)
```

Übung 5-6:

Die Koch-Kurve ist ein Fraktal, das ungefähr wie die Kurve in Abbildung 5-2 aussieht. Damit Sie eine Koch-Kurve mit der Länge *x* zeichnen können, müssen Sie Folgendes tun:

1. Zeichnen Sie eine Koch-Kurve mit der Länge *x/3*.
2. Machen Sie eine Drehung nach links um 60 Grad.
3. Zeichnen Sie eine Koch-Kurve mit der Länge *x/3*.
4. Machen Sie eine Drehung nach rechts um 120 Grad.
5. Zeichnen Sie eine Koch-Kurve mit der Länge *x/3*.
6. Machen Sie eine Drehung nach links um 60 Grad.
7. Zeichnen Sie eine Koch-Kurve mit der Länge *x/3*.

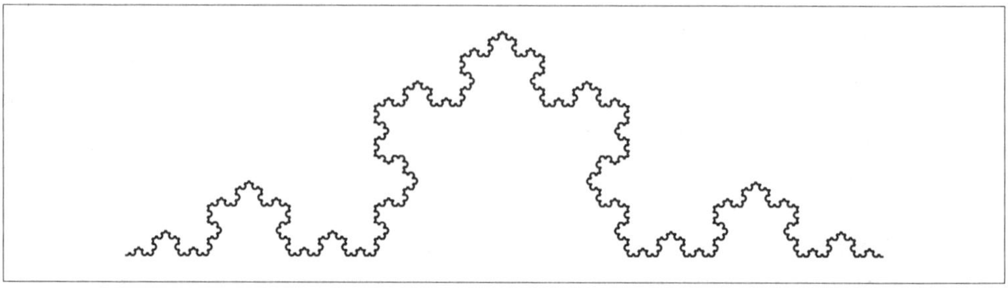

Abbildung 5-2: Koch-Kurve

Es gibt eine Ausnahme für den Fall, dass *x* kleiner als 3 ist: In diesem Fall zeichnen Sie einfach eine gerade Linie mit der Länge *x*.

1. Schreiben Sie eine Funktion mit dem Namen `koch`, die eine Schildkröte und eine Länge als Parameter erwartet, um mit der Schildkröte eine Koch-Kurve mit der angegebenen Länge zu zeichnen.
2. Schreiben Sie eine Funktion mit dem Namen `schneeflocke`, die mithilfe dreier Koch-Kurven den Umriss einer Schneeflocke zeichnet.

   Lösung: *koch.py*
3. Es gibt mehrere Möglichkeiten, eine Koch-Kurve zu verallgemeinern. Schauen Sie sich die Beispiele unter *http://de.wikipedia.org/wiki/Koch-Kurve* an, und implementieren Sie Ihren Favoriten.

KAPITEL 6

Funktionen mit Rückgabewert

Rückgabewerte

Einige der eingebauten Funktionen, die wir bisher verwendet haben – beispielsweise die mathematischen Funktionen –, liefern ein Ergebnis. Der Aufruf der Funktion erzeugt einen Wert, den wir üblicherweise einer Variablen zuweisen oder als Teil eines Ausdrucks verwenden.

```
e = math.exp(1.0)
hoehe = radius * math.sin(radiant)
```

Die Funktionen, die wir bisher geschrieben haben, liefern dagegen kein Ergebnis. Sie geben entweder etwas aus oder bewegen Schildkröten, aber ihr Rückgabewert ist `None`.

In diesem Kapitel schreiben wir (endlich) Funktionen mit Rückgabewert. Das erste Beispiel ist die Funktion `flaeche`, die die Fläche eines Kreises mit dem angegebenen Radius zurückgibt:

```
def flaeche(radius):
    temp = math.pi * radius**2
    return temp
```

Die `return`-Anweisung haben wir bereits gesehen, aber in einer Funktion mit Rückgabewert umfasst die `return`-Anweisung auch einen Ausdruck. Eine solche Anweisung bedeutet: »Kehre sofort aus dieser Funktion zurück, und verwende den folgenden Ausdruck als Rückgabewert.« Der Ausdruck kann beliebig kompliziert sein. Also können wir diese Funktion auch kürzer schreiben:

```
def flaeche(radius):
    return math.pi * radius**2
```

Andererseits erleichtern **temporäre Variablen** wie beispielsweise `temp` das Debugging.

Manchmal ist es nützlich, mehrere `return`-Anweisungen zu schreiben – jede in einer anderen Verzweigung einer Bedingung:

```
def absoluter_wert(x):
    if x < 0:
        return -x
    else:
        return x
```

Da diese return-Anweisungen für alternative Bedingungen gelten, wird nur eine ausgeführt.

Sobald eine return-Anweisung ausgeführt wird, endet die Funktion, ohne nachfolgende Anweisungen auszuführen. Code, der nach einer return-Anweisung steht oder an einer anderen Stelle, die der Programmablauf niemals erreichen kann, nennt man **Dead Code** (»toten Code«).

In einer Funktion mit Rückgabewert sollte sichergestellt werden, dass bei jedem möglichen Ablauf durch das Programm eine return-Anweisung erreicht wird:

```
def absoluter_wert(x):
    if x < 0:
        return -x
    if x > 0:
        return x
```

Diese Funktion ist insofern nicht korrekt, als für x gleich 0 keine der beiden Bedingungen zutrifft und die Funktion endet, ohne auf eine return-Anweisung zu treffen. Wenn der Programmablauf das Ende einer Funktion erreicht, ist der Rückgabewert None – etwas völlig anderes als der absolute Wert von 0.

```
>>> print(absoluter_wert(0))
None
```

Python bietet übrigens eine Funktion mit dem Namen abs, die den absoluten Wert berechnet.

Übung 6-1:

Schreiben Sie eine Funktion vergleiche, die 1 zurückliefert, falls x > y, 0, wenn x == y, und -1, wenn x < y.

Inkrementelle Entwicklung

Wenn Sie größere Funktionen schreiben, verbringen Sie unter Umständen auch mehr Zeit mit dem Debugging.

Bei der Entwicklung komplizierterer Programme können Sie ein Vorgehensmodell mit dem Namen **inkrementelle Entwicklung** ausprobieren. Das Ziel der inkrementellen Entwicklung ist es, langwierige Debugging-Sitzungen zu vermeiden, indem Sie immer nur kleine Codeteile hinzufügen und sofort testen.

Angenommen, Sie möchten die Entfernung zwischen den beiden Punkten (x_1, y_1) und (x_2, y_2) berechnen. Nach dem Satz des Pythagoras ist die Entfernung:

$$\text{Entfernung} = \sqrt{(x_2 - x_1)^2 + (y_2 - y_1)^2}$$

In einem ersten Schritt sollten Sie sich überlegen, wie eine solche Funktion `entfernung` in Python aussehen könnte. Anders ausgedrückt: Was sind die Eingabewerte (Parameter), und was sind die Ausgabewerte (Rückgabewerte)?

In diesem Fall sind die Eingabewerte zwei Punkte, die sich durch vier Zahlen ausdrücken lassen. Der Rückgabewert ist die Entfernung, die wiederum ein Fließkommawert ist.

Und schon können Sie einen Entwurf für die Funktion schreiben:

```
def entfernung(x1, y1, x2, y2):
    return 0.0
```

Ganz offensichtlich berechnet diese Version noch keine Entfernung, sondern liefert immer `0.0` zurück. Aber sie ist syntaktisch korrekt und lässt sich ausführen. Das bedeutet, dass Sie sie testen können, bevor Sie sie komplizierter machen.

Rufen Sie die neue Funktion zum Testen mit Beispielargumenten auf:

```
>>> entfernung(1, 2, 4, 6)
0.0
```

Ich habe diese Werte gewählt, damit die horizontale Entfernung 3 und die vertikale Entfernung 4 beträgt. Auf diese Weise ist das Ergebnis 5 (die Hypotenuse eines Dreiecks mit den Seitenlängen 3, 4 und 5). Beim Testen einer Funktion ist es immer hilfreich, die richtige Antwort zu kennen.

Zu diesem Zeitpunkt haben wir bestätigt, dass die Funktion syntaktisch korrekt ist. Insofern können wir damit beginnen, zusätzlichen Code zum Body hinzuzufügen. Ein sinnvoller nächster Schritt könnte sein, die Differenzen $x_2 - x_1$ und $y_2 - y_1$ zu berechnen. In einem weiteren Schritt können wir diese Werte in temporären Variablen speichern und ausgeben.

```
def entfernung(x1, y1, x2, y2):
    dx = x2 - x1
    dy = y2 - y1
    print('dx ist', dx)
    print('dy ist', dy)
    return 0.0
```

Wenn die Funktion korrekt funktioniert, sollte sie '`dx ist 3`' und '`dy ist 4`' ausgeben. Ist das der Fall, wissen wir, dass die Funktion die richtigen Argumente erhält und die erste Berechnung korrekt durchführt. Andernfalls müssen wir nur einige wenige Zeilen überprüfen.

Als Nächstes berechnen wir die Summe der Quadrate von dx und dy:

```
def entfernung(x1, y1, x2, y2):
    dx = x2 - x1
    dy = y2 - y1
    quadratsumme = dx**2 + dy**2
    print('Quadratsumme ist: ', quadratsumme)
    return 0.0
```

Auch in diesem Stadium würden Sie das Programm erneut ausführen und die Ausgabe überprüfen (das Ergebnis sollte 25 lauten). In einem letzten Schritt können Sie mit math.sqrt das Ergebnis berechnen und zurückgeben:

```
def entfernung(x1, y1, x2, y2):
    dx = x2 - x1
    dy = y2 - y1
    quadratsumme = dx**2 + dy**2
    ergebnis = math.sqrt(quadratsumme)
    return ergebnis
```

Funktioniert das korrekt, sind Sie fertig. Falls nicht, könnten Sie den Wert von ergebnis vor der return-Anweisung ausgeben.

Die endgültige Version der Funktion gibt bei ihrer Ausführung nichts aus, sie liefert lediglich einen Wert zurück. Die print-Anweisungen waren nur für das Debugging sinnvoll. Sobald die Funktion arbeitet, sollten Sie sie entfernen. Solchen Code bezeichnet man als **Scaffolding** (vom englischen Begriff »scaffold« = Gerüst), weil er nützlich beim Schreiben des Programms, aber nicht Bestandteil der endgültigen Version ist.

Wenn Sie mit dem Programmieren beginnen, sollten Sie immer nur eine oder zwei Zeilen Code auf einmal hinzufügen. Mit zunehmender Erfahrung werden Sie dann wahrscheinlich immer größere Codeblöcke schreiben und debuggen können. So oder so kann Ihnen die inkrementelle Entwicklung eine Menge Debugging-Zeit sparen.

Die wichtigsten Aspekte dieses Verfahrens sind:

1. Beginnen Sie mit einem funktionierenden Programm, und nehmen Sie schrittweise kleine Änderungen vor. Falls ein Fehler auftritt, haben Sie auf diese Weise immer eine relativ klare Vorstellung davon, an welcher Stelle er auftritt.
2. Verwenden Sie temporäre Variablen, um Zwischenwerte zu speichern, damit Sie sie anzeigen und überprüfen können.
3. Sobald das Programm funktioniert, sollten Sie den Scaffolding-Code entfernen und mehrere Anweisungen zu Verbundanweisungen zusammenfassen – solange das Programm dadurch nicht schwerer lesbar wird.

Übung 6-2:

Nutzen Sie die inkrementelle Herangehensweise, um eine Funktion mit dem Namen hypotenuse zu schreiben, die die beiden Katheten eines rechtwinkligen Dreiecks als Argument entgegennimmt und die Länge der Hypotenuse zurückliefert. Zeichnen Sie dabei jedes Stadium des Entwicklungsprozesses auf.

Funktionskomposition

Wie Sie mittlerweile vermuten, können Sie eine Funktion aus einer anderen heraus aufrufen. Diese Möglichkeit nennt man **Funktionskomposition**.

Als Beispiel schreiben wir eine Funktion, die zwei Punkte erwartet – den Mittelpunkt eines Kreises und einen Punkt auf dem Umfang – und die Kreisfläche berechnet.

Angenommen, der Kreismittelpunkt steht in den Variablen `xk` und `yk` und der Punkt auf der Kreislinie in den Variablen `xp` und `yp`. In einem ersten Schritt bestimmen wir den Radius des Kreises, also die Entfernung zwischen den beiden Punkten. Wir haben bereits eine Funktion geschrieben, die das macht: `entfernung`.

```
radius = entfernung(xk, yk, xp, yp)
```

In einem nächsten Schritt bestimmen wir die Fläche eines Kreises mit diesem Radius. Auch diese Funktion haben wir schon geschrieben:

```
ergebnis = flaeche(radius)
```

Wenn wir diese Schritte in einer Funktion verkapseln, erhalten wir Folgendes:

```
def kreis_flaeche(xk, yk, xp, yp):
    radius = entfernung(xk, yk, xp, yp)
    ergebnis = flaeche(radius)
    return ergebnis
```

Die temporären Variablen `radius` und `ergebnis` sind für Entwicklung und Debugging nützlich. Sobald das Programm funktioniert, können wir es aber kürzer schreiben, indem wir die beiden Funktionsaufrufe kombinieren:

```
def kreis_flaeche(xk, yk, xp, yp):
    return flaeche(entfernung(xk, yk, xp, yp))
```

Boolesche Funktionen

Funktionen können Boolesche Werte zurückliefern. Das ist oft nützlich, um komplizierte Tests in Funktionen zu verpacken. Ein Beispiel:

```
def ist_teilbar(x, y):
    if x % y == 0:
        return True
    else:
        return False
```

Üblicherweise gibt man Booleschen Funktionen Namen, die wie Ja/Nein-Fragen klingen. `ist_teilbar` liefert entweder `True` oder `False`, um anzugeben, ob `x` durch `y` teilbar ist.

Beispiel:

```
>>>   ist_teilbar(6, 4)
False
>>>   ist_teilbar(6, 3)
True
```

Das Ergebnis des Operators `==` ist ebenfalls ein Boolescher Wert. Also können wir die Funktion kürzer schreiben, indem wir diesen Wert direkt zurückgeben:

```
def ist_teilbar(x, y):
    return x % y == 0
```

Boolesche Werte werden häufig in bedingten Anweisungen verwendet:

```
if ist_teilbar(x, y):
    print('x ist teilbar durch y')
```

Es mag verführerisch erscheinen, beispielsweise Folgendes zu schreiben:

```
if ist_teilbar(x, y) == True:
    print('x ist teilbar durch y')
```

Aber der zusätzliche Vergleich ist überflüssig.

Übung 6-3:

Schreiben Sie die Funktion `liegt_zwischen(x, y, z)`, die `True` zurückliefert, wenn $x \leq y \leq z$, und ansonsten `False` zurückgibt.

Mehr Rekursion

Wir haben uns bisher nur mit einem kleinen Ausschnitt aus Python beschäftigt. Aber es dürfte Sie interessieren, dass dieser Ausschnitt bereits eine **vollständige** Programmiersprache ist. Das bedeutet, dass sich alles, was berechnet werden kann, in dieser Sprache ausdrücken lässt. Jedes Programm, das jemals geschrieben wurde, könnte mit den Sprachfunktionen, die Sie bisher kennengelernt haben, geschrieben werden. (Natürlich brauchen Sie noch ein paar Befehle für Geräte wie Tastatur, Maus, Festplatten usw. – aber das ist auch alles.)

Der Beweis dieser Behauptung ist nicht trivial und wurde zuerst von Alan Turing angetreten, einem der ersten Informatiker überhaupt. (Einige würden wahrscheinlich darauf bestehen, dass er Mathematiker war, aber viele frühe Informatiker haben als Mathematiker angefangen.) Entsprechend spricht man von der »Turing-Vollständigkeit«. Für eine abschließende (und zutreffende) Diskussion der Turing-Vollständigkeit empfehle ich Ihnen Michael Sipsers Buch *Introduction to the Theory of Computation*.

Um Ihnen einen Eindruck davon zu vermitteln, was Sie alles mit den Werkzeugen machen können, die Sie bisher kennengelernt haben, werden wir einige rekursiv definierte mathematische Funktionen auswerten. Eine rekursive Definition ist insofern einer Zirkeldefinition ähnlich, als die Definition eine Referenz auf den Gegenstand der Definition enthält. Eine echte Zirkeldefinition ist allerdings nicht sehr nützlich:

Vorpal:
    Adjektiv, das eine Person oder eine Sache beschreibt, die vorpal ist

Würden Sie diese Definition in einem Wörterbuch lesen, wären Sie genervt. Wenn Sie andererseits die Definition der Fakultätsfunktion nachschlagen, die mit dem Symbol *!* ausgedrückt wird, lesen Sie Folgendes:

$$0! = 1$$
$$n! = n(n-1)!$$

Die Definition besagt, dass die Fakultät von 0 gleich 1 ist und die Fakultät jedes anderen Werts *n* gleich *n*, multipliziert mit der Fakultät von *n-1*, ist.

Entsprechend ist *3!* gleich 3 mal *2!*, was 2 mal *1!* ist, was wiederum gleich 1 mal *0!* ist. Zusammengefasst ist also *3!* gleich 3 mal 2 mal 1 mal 1 und damit 6.

Wenn es möglich ist, eine rekursive Definition von etwas zu schreiben, können Sie üblicherweise auch ein Python-Programm schreiben, um sie auszuwerten. Der erste Schritt besteht darin, zu entscheiden, welche Parameter Sie benötigen. In diesem Fall sollte klar sein, dass `fakultaet` einen Integer benötigt:

```
def fakultaet(n):
```

Wenn das Argument gleich `0` ist, müssen wir lediglich `1` zurückgeben:

```
def fakultaet(n):
    if n == 0:
        return 1
```

Der interessantere Teil sind allerdings die anderen Fälle. Dann müssen wir einen rekursiven Aufruf vornehmen, um die Fakultät von *n-1* zu berechnen und anschließend mit *n* zu multiplizieren:

```
def fakultaet(n):
    if n == 0:
        return 1
    else:
        rekursion = fakultaet(n-1)
        ergebnis = n * rekursion
        return ergebnis
```

Der Ablauf dieses Programms ähnelt dem Ablauf von `countdown` im Abschnitt »Rekursion« auf Seite 57. Wenn wir `fakultaet` mit dem Wert `3` aufrufen, passiert Folgendes:

Da 3 nicht gleich 0 ist, nehmen wir die zweite Verzweigung und berechnen die Fakultät von `n-1` ...

> Da 2 nicht gleich 0 ist, nehmen wir die zweite Verzweigung und berechnen die Fakultät von `n-1` ...
>
> > Da 1 nicht gleich 0 ist, nehmen wir die zweite Verzweigung und berechnen die Fakultät von `n-1` ...
> >
> > > Da 0 *gleich* 0 ist, nehmen wir die erste Verzweigung und geben ohne weitere rekursive Aufrufe den Wert 1 zurück.
> >
> > Der Rückgabewert (1) wird multipliziert mit *n*. Das ergibt 1, und das Ergebnis wird zurückgeliefert.
>
> Der Rückgabewert (1) wird multipliziert mit *n*. Das ergibt 2, und das Ergebnis wird zurückgeliefert.

Der Rückgabewert (2) wird multipliziert mit *n*. Das ergibt 3. Das Ergebnis 6 ist der Rückgabewert des Funktionsaufrufs, der den ganzen Vorgang angestoßen hat.

Abbildung 6-1 zeigt das Stapeldiagramm für die Abfolge der Funktionsaufrufe.

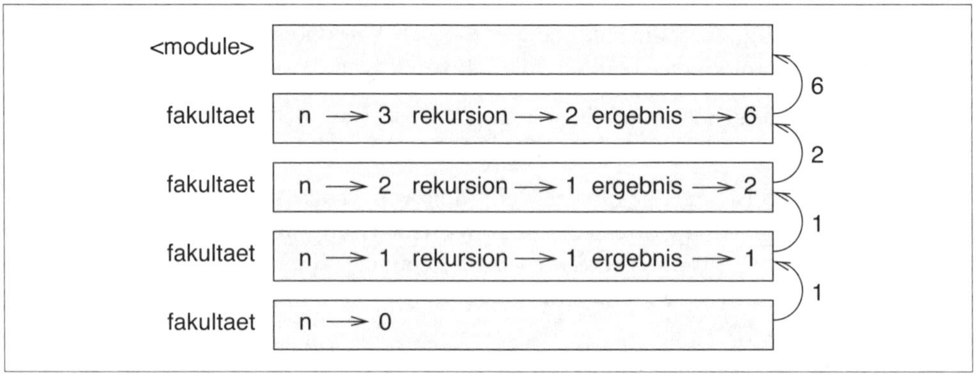

Abbildung 6-1: Stapeldiagramm

Wie dargestellt, werden die Rückgabewerte im Stapel weiter nach oben gereicht. In jedem Frame entspricht der Rückgabewert dem Wert von `ergebnis`, was wiederum das Produkt von `n` und `rekursion` ist.

Im letzten Frame gibt es die lokalen Variablen `rekursion` und `ergebnis` nicht, weil die Verzweigung, in der sie erstellt werden, nicht ausgeführt wird.

Vertrauensvorschuss

Eine Möglichkeit, Programme zu lesen, besteht darin, dem Programmablauf zu folgen. Das kann aber schnell in ein Labyrinth ausarten. Die Alternative ist das, was ich als »Vertrauensvorschuss« bezeichne. Wenn Sie einen Funktionsaufruf erreichen, folgen Sie nicht dem Programmablauf, sondern **gehen davon aus**, dass die Funktion korrekt arbeitet und das richtige Ergebnis liefert.

Unterm Strich geben Sie bereits diesen Vertrauensvorschuss, wenn Sie eingebaute Funktionen verwenden. Wenn Sie `math.cos` oder `math.exp` aufrufen, untersuchen Sie nicht den Body dieser Funktionen. Sie gehen einfach davon aus, dass sie funktionieren, weil sie von guten Programmierern geschrieben wurden.

Genauso ist es beim Aufruf Ihrer eigenen Funktionen. Im Abschnitt »Boolesche Funktionen« auf Seite 69 haben wir beispielsweise eine Funktion mit dem Namen `ist_teilbar` geschrieben, die ermittelt, ob eine Zahl durch eine andere teilbar ist. Sobald wir uns davon überzeugt haben, dass diese Funktion korrekt ist – indem wir den Code untersuchen und testen –, können wir diese Funktion verwenden, ohne erneut einen Blick auf den Body zu werfen.

Dasselbe gilt für rekursive Programme. Anstatt dem Programmablauf zu folgen, sollten Sie einfach davon ausgehen, dass der rekursive Aufruf funktioniert (das richtige Ergebnis liefert), und sich dann fragen: »Angenommen, ich kann die Fakultät von *n-1* berechnen, kann ich dann die Fakultät von *n* berechnen?« In diesem Fall ist es klar, dass Sie das können: indem Sie sie mit *n* multiplizieren.

Natürlich ist es eigenartig, davon auszugehen, dass eine Funktion korrekt funktioniert, wenn Sie sie noch gar nicht fertig geschrieben haben. Aber deshalb nenne ich das ja auch den Vertrauensvorschuss!

Noch ein Beispiel

Neben der `fakultaet` ist das häufigste Beispiel für eine rekursiv definierte mathematische Funktion die `fibonacci`-Folge, die so definiert ist (siehe *http://en.wikipedia.org/wiki/Fibonacci_number*):

$$\begin{aligned} \text{fibonacci}(0) &= 0 \\ \text{fibonacci}(1) &= 1 \\ \text{fibonacci}(n) &= \text{fibonacci}(n - 1) + \text{fibonacci}(n - 2) \end{aligned}$$

Übersetzt in Python, sieht das folgendermaßen aus:

```
def fibonacci (n):
    if n == 0:
        return 0
    elif  n == 1:
        return 1
    else:
        return fibonacci(n-1) + fibonacci(n-2)
```

Wenn Sie in diesem Beispiel versuchen, dem Programmablauf zu folgen, wird Ihr Kopf rauchen – selbst bei kleinen Werten für `n`. Aber wenn Sie mit dem Vertrauensvorschuss davon ausgehen, dass die beiden rekursiven Aufrufe korrekt funktionieren, ist es offensichtlich, dass Sie durch Addition der beiden Werte das richtige Ergebnis erhalten.

Typprüfung

Was passiert, wenn wir `fakultaet` aufrufen und `1.5` als Argument übergeben?

```
>>> fakultaet(1.5)
RuntimeError: Maximum recursion depth exceeded
```

Das sieht nach einer endlosen Rekursion aus. Wie kann das sein? Es gibt doch den Basisfall `n == 0`. Aber wenn `n` kein Integer ist, können wir den Basisfall **verpassen** und endlos rekursieren.

Im ersten rekursiven Aufruf ist `n` gleich 0.5. Und im nächsten -0.5. Von da an wird der Wert immer kleiner (immer negativer), aber niemals 0.

Wir haben zwei Möglichkeiten: Wir können versuchen, die Funktion fakultaet so zu generalisieren, dass sie auch mit Fließkommazahlen arbeitet, oder in fakultaet den Typ des Arguments überprüfen. Die erste Variante nennt man Gammafunktion. Sie geht ein bisschen über den Rahmen dieses Buchs hinaus. Also entscheiden wir uns für die zweite Variante.

Mit der eingebauten Funktion isinstance können wir den Typ des Arguments überprüfen. Wenn wir schon dabei sind, können wir gleich sicherstellen, dass das Argument positiv ist:

```
def fakultaet (n):
    if not isinstance(n, int):
        print('Fakultät ist nur für ganze Zahlen definiert.')
        return None
    elif n < 0:
        print('Fakultät ist nicht für negative ganze Zahlen definiert.')
        return None
    elif n == 0:
        return 1
    else:
        return n * fakultaet(n-1)
```

Der erste Basisfall kümmert sich um Argumente, die keine Integer sind. Der zweite fängt negative Integer auf. In beiden Fällen gibt das Programm eine Fehlermeldung aus und liefert den Wert None, um zu zeigen, dass etwas schiefgelaufen ist:

```
>>> fakultaet('fred')
Fakultät ist nur für ganze Zahlen definiert.
None
>>> fakultaet(-2)
Fakultät ist nicht für negative ganze Zahlen definiert.
None
```

Wenn wir beide Prüfungen bestehen, wissen wir, dass n positiv oder gleich null ist. So können wir sicherstellen, dass die Rekursion zu Ende läuft.

Dieses Programm zeigt ein Muster, das man manchmal als **Wächter** bezeichnet. Die ersten beiden Bedingungen fungieren als Wächter und schützen den nachfolgenden Code vor Werten, die einen Fehler verursachen könnten. Der Wächter gibt uns die Möglichkeit, die Richtigkeit des Codes zu beweisen.

Im Abschnitt »Inverse Suche« auf Seite 137 werden wir eine flexiblere Möglichkeit kennenlernen, Fehlermeldungen auszugeben: indem wir eine Ausnahme auslösen.

Debugging

Wenn Sie größere Programme in kleinere Funktionen zerlegen, entstehen dadurch natürliche Haltepunkte für das Debugging. Arbeitet eine Funktion nicht korrekt, können Sie drei Möglichkeiten in Betracht ziehen:

- Irgendetwas stimmt mit den Argumenten nicht, die die Funktion erhält: Eine Vorbedingung wird nicht erfüllt.
- Irgendetwas mit der Funktion stimmt nicht: Eine Nachbedingung wird nicht erfüllt.
- Es stimmt etwas mit dem Rückgabewert oder mit der Art und Weise nicht, in der er verwendet wird.

Um die erste Möglichkeit auszuschließen, können Sie am Anfang der Funktion eine `print`-Anweisung einfügen und die Werte der Parameter (sowie eventuell die entsprechenden Typen) anzeigen. Oder Sie schreiben Code, der die Vorbedingungen explizit prüft.

Sehen die Parameter korrekt aus, fügen Sie vor jeder `return`-Anweisung eine `print`-Anweisung ein, die den Rückgabewert anzeigt. Prüfen Sie das Ergebnis wenn möglich von Hand. Sie können auch die Funktion mit Werten aufrufen, mit denen sich das Ergebnis einfach überprüfen lässt (siehe den Abschnitt »Inkrementelle Entwicklung« auf Seite 66).

Wenn die Funktion korrekt zu arbeiten scheint, sehen Sie sich den Funktionsaufruf an, um sicherzustellen, dass der Rückgabewert korrekt verwendet wird (bzw. überhaupt verwendet wird!).

`print`-Funktionen am Anfang und am Ende einer Funktion können helfen, den Programmablauf sichtbar zu machen. Hier sehen Sie beispielsweise eine Version von `fakultaet` mit solchen `print`-Funktionen:

```
def fakultaet(n):
    space = ' ' * (4 * n)
    print(space, 'Fakultät', n)
    if n == 0:
        print(space, 'Rückgabewert 1')
        return 1
    else:
        rekursion = fakultaet(n-1)
        ergebnis = n * rekursion
        print(space, 'Rückgabewert', ergebnis)
        return ergebnis
```

`space` ist eine Folge von Leerzeichen, die die Bildschirmausgabe entsprechend einrückt. Hier sehen Sie das Ergebnis von `fakultaet(5)` :

```
                     Fakultät 5
                 Fakultät 4
             Fakultät 3
         Fakultät 2
     Fakultät 1
 Fakultät 0
 Rückgabewert 1
     Rückgabewert 1
         Rückgabewert 2
             Rückgabewert 6
                 Rückgabewert 24
                     Rückgabewert 120
```

Sollte der Programmablauf für Sie verwirrend sein, können solche Ausgaben sehr nützlich sein. Es dauert seine Zeit, effizientes Scaffolding zu entwickeln, aber es kann Ihnen eine Menge Debugging ersparen.

Glossar

Temporäre Variable:
: Variable zum Speichern eines Zwischenwerts in komplexen Berechnungen

Dead Code:
: Teil eines Programms, der nie ausgeführt werden kann, häufig weil er nach einer `return`-Anweisung steht

None:
: Spezieller Wert, den Funktionen zurückgeben, die keine `return`-Anweisung oder eine `return`-Anweisung ohne Argument enthalten

Inkrementelle Entwicklung:
: Verfahren zur Programmentwicklung, bei dem der Debugging-Aufwand minimiert wird, indem immer nur eine kleine Menge Code hinzugefügt und getestet wird

Scaffolding:
: Code, der während der Programmentwicklung verwendet wird, aber nicht Teil der finalen Version ist

Wächter:
: Programmiermuster, bei dem mit bedingten Anweisungen Umstände überprüft und behandelt werden, die einen Fehler verursachen könnten

Übungen

Übung 6-4:

Zeichnen Sie ein Stapeldiagramm für das folgende Programm. Was gibt das Programm aus?

Lösung: *stapeldiagramm.py*

```
def b(z):
    prod = a(z, z)
    print(z, prod)
    return prod

def a(x, y):
    x = x + 1
    return x * y
```

```
def c(x, y, z):
    summe = x + y + z
    quadrat = b(summe)**2
    return quadrat

x = 1
y = x + 1
print(c(x, y+3, x+y))
```

Übung 6-5:

Die Ackermannfunktion $A(m, n)$ ist folgendermaßen definiert:

$$A(m, n) = \begin{cases} n + 1 & \text{if } m = 0 \\ A(m - 1, 1) & \text{if } m > 0 \text{ and } n = 0 \\ A(m - 1, A(m, n - 1)) & \text{if } m > 0 \text{ and } n > 0. \end{cases}$$

Siehe *http://de.wikipedia.org/wiki/Ackermannfunktion*. Schreiben Sie eine Funktion mit dem Namen `ack`, die die Ackermannfunktion auswertet. Verwenden Sie Ihre Funktion, um `ack(3, 4)` auszuwerten, was als Ergebnis 125 liefern sollte. Was geschieht bei größeren Werten für `m` und `n`?

Lösung: *ackermann.py*

Übung 6-6:

Ein Palindrom ist ein Wort, das vorwärts und rückwärts gleich buchstabiert wird, beispielsweise »Anna« oder »Rentner«. Rekursiv betrachtet ist ein Wort dann ein Palindrom, wenn die ersten und letzten Buchstaben identisch sind und die Mitte ebenfalls ein Palindrom ist.

Die folgenden Funktionen erwarten einen String als Argument und liefern die ersten, letzten und mittleren Buchstaben zurück:

```
def erster(wort):
    return wort[0]

def letzter(wort):
    return wort[-1]

def mitte(wort):
    return wort[1:-1]
```

Wie das genau funktioniert, sehen wir uns später in Kapitel 8 an.

1. Tippen Sie diese Funktionen in eine Datei mit dem Namen *palindrom.py* ein, und testen Sie sie. Was passiert, wenn Sie `mitte` mit einem String aufrufen, der aus nur zwei Buchstaben besteht? Aus einem Buchstaben? Was ist mit einem Leerstring, der als `''` geschrieben wird und keine Buchstaben enthält?
2. Schreiben Sie eine Funktion mit dem Namen `ist_palindrom`, die einen String als Argument erwartet und `True` zurückgibt, wenn dieser ein Palindrom ist, und ansons-

ten `False` zurückgibt. Wie Sie sich erinnern werden, können Sie mit der eingebauten Funktion `len` die Länge eines Strings überprüfen.

Lösung: *palindrom_loesung.py*

Übung 6-7:

Die Zahl *a* ist eine Potenz von *b*, wenn sie durch *b* teilbar ist und *a/b* eine Potenz von *b* ist. Schreiben Sie eine Funktion mit dem Namen `ist_potenz`, die die Parameter `a` und `b` entgegennimmt und `True` zurückliefert, wenn `a` eine Potenz von `b` ist. Tipp: Denken Sie an den Basisfall.

Übung 6-8:

Der größte gemeinsame Teiler (ggT) von *a* und *b* ist die größte Zahl, durch die beide Zahlen ohne Rest dividiert werden können.

Eine Möglichkeit, den ggT zweier Zahlen zu bestimmen, ist der euklidische Algorithmus, der auf folgender Beobachtung basiert: Wenn *r* der Rest bei der Division von *a* durch *b* ist, gilt: $gcd(a, b) = gcd(b, r)$. Als Basisfall können wir $gcd(a, 0) = a$ verwenden.

Schreiben Sie die Funktion `ggt`, die die Parameter `a` und `b` entgegennimmt und den größten gemeinsamen Teiler zurückliefert. Falls Sie Hilfe brauchen: *http://de.wikipedia.org/wiki/Größter_gemeinsamer_Teiler*.

Hinweis: Diese Übung basiert auf einem Beispiel aus *Struktur und Interpretation von Computerprogrammen: Eine Informatik-Einführung* von Abelson und Sussman (Springer, 2001).

KAPITEL 7

Iteration

Mehrfache Zuweisungen

Wie Ihnen vielleicht aufgefallen ist, können Sie einer Variablen mehr als einmal einen Wert zuweisen. Bei einer erneuten Zuweisung verweist eine vorhandene Variable auf einen neuen Wert (und nicht mehr auf den alten Wert).

```
peter = 5
print(peter, end=' ')
peter = 7
print(peter)
```

Die Ausgabe dieses Programms lautet `5 7`, weil `peter` bei der ersten Ausgabe den Wert `5` und bei der zweiten den Wert `7` hat. Beim Aufruf der ersten `print`-Funktion ersetzt ein Leerzeichen für das Argument `end` den sonst erfolgenden Zeilenvorschub, weshalb beide Ausgaben in derselben Zeile stehen.

Abbildung 7-1 zeigt, wie **mehrfache Zuweisungen** in einem Zustandsdiagramm aussehen.

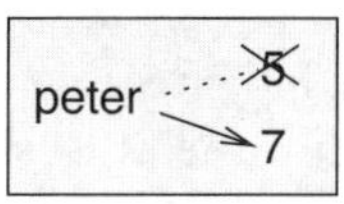

Abbildung 7-1: Zustandsdiagramm

Bei mehrfachen Zuweisungen ist es besonders wichtig, zwischen einer Zuweisung und einem Gleichheitsausdruck zu unterscheiden. Weil in Python für die Zuweisung das Gleichheitszeichen (`=`) verwendet wird, ist die Versuchung groß, eine Anweisung wie `a = b` als Gleichheitsausdruck zu interpretieren. Das stimmt aber nicht!

Zum einen ist der Gleichheitsausdruck im Gegensatz zur Zuweisung eine symmetrische Beziehung. In der Mathematik gilt beispielsweise: wenn $a = 7$, dann $7 = a$. In Python ist dagegen die Zuweisung `a = 7` zulässig, `7 = a` dagegen nicht.

Außerdem ist in der Mathematik ein Gleichheitsausdruck wahr oder falsch – und das für immer. Wenn jetzt $a=b$ gilt, dann ist a immer gleich b. In Python kann eine Zuweisung zwei Variablen gleichsetzen, sie müssen aber nicht gleich bleiben:

```
a = 5
b = a    # a und b sind jetzt gleich
a = 3    # a und b sind nicht mehr gleich
```

Die dritte Zeile ändert den Wert von a, aber nicht den Wert von b. Entsprechend sind die beiden Variablen nicht mehr gleich.

Obwohl mehrfache Zuweisungen häufig nützlich sind, sollten Sie dabei Vorsicht walten lassen. Wenn sich die Werte von Variablen häufig ändern, kann der Code dadurch schwierig zu lesen und zu debuggen sein.

Variablen aktualisieren

Eine der gebräuchlichsten Formen von mehrfachen Zuweisungen ist die **Aktualisierung**, bei der der neue Wert der Variablen in Abhängigkeit vom alten Wert geändert wird.

```
x = x+1
```

Das bedeutet: »Nimm den aktuellen Wert von x, addiere 1 dazu, und aktualisiere x mit dem neuen Wert.«

Wenn Sie versuchen, eine Variable zu aktualisieren, die nicht existiert, erhalten Sie einen Fehler. Das liegt daran, dass Python die rechte Seite auswertet, bevor x ein Wert zugewiesen wird:

```
>>> x = x+1
NameError: name 'x' is not defined
```

Bevor Sie eine Variable aktualisieren können, müssen Sie sie **initialisieren**. Das geschieht üblicherweise durch eine einfache Zuweisung:

```
>>> x = 0
>>> x = x+1
```

Wenn Sie eine Variable aktualisieren, indem Sie den Wert um 1 erhöhen, bezeichnet man das als **Inkrement**. Die Subtraktion um 1 heißt **Dekrement**.

Die while-Anweisung

Computer werden häufig dazu verwendet, Aufgaben zu automatisieren, die sich wiederholen. Im Gegensatz zum Menschen sind Computer sehr gut darin, identische oder ähnliche Aufgaben zu wiederholen, ohne dabei Fehler zu machen.

Wir haben zwei Programme kennengelernt, in denen Wiederholungen durch Rekursion erfolgen – countdown und print_n. Das bezeichnet man auch als **Iteration**. Weil die Iteration so häufig vorkommt, bietet Python gleich mehrere Sprachfunktionen, die diesen Vorgang erleichtern. Eine davon ist die for-Anweisung, die Sie im Abschnitt »Einfache Wiederholung« auf Seite 42 kennengelernt haben. Darauf kommen wir später noch zurück.

Eine weitere ist die while-Anweisung. Hier sehen Sie eine Version von countdown mit der while-Anweisung:

```
def countdown(n):
    while n > 0:
        print(n)
        n = n-1
    print('Bumm!')
```

Wenn Sie »while« durch »während« ersetzen, lässt sich die while-Anweisung leicht ins Deutsche übersetzen: »Während n größer als 0 ist, gib den Wert von n aus, und reduziere den Wert von n um 1. Wenn du 0 erreichst, gib das Wort Bumm! aus.«

Etwas förmlicher ausgedrückt, sieht der Ablauf einer while-Anweisung so aus:

1. Werte die Bedingung aus, die entweder True oder False ergibt.
2. Wenn die Bedingung falsch ist, verlasse die while-Anweisung, und setze das Programm mit der nächsten Anweisung fort.
3. Wenn die Bedingung zutrifft, führe den Body aus, und kehre zu Schritt 1 zurück.

Einen solchen Programmablauf nennt man **Schleife**, weil vom dritten Schritt aus eine weitere Schleife gedreht wird.

Im Body der Schleife sollte sich der Wert einer oder mehrerer Variablen so ändern, dass die Bedingung irgendwann nicht mehr erfüllt ist und die Schleife beendet wird. Ansonsten wird die Schleife für immer wiederholt. Das bezeichnet man dann als **Endlosschleife**. Ein Running Gag für englischsprachige Informatiker ist die standardmäßige Anleitung auf Shampoos: »Lather, rinse, repeat« (Einseifen, ausspülen, wiederholen) – ein Beispiel für eine Endlosschleife im Alltag.

Im Fall von countdown können wir beweisen, dass die Schleife beendet werden wird: Denn wir wissen, dass der Wert von n endlich ist und bei jedem Schleifendurchlauf kleiner wird. Somit muss n irgendwann 0 erreichen. In anderen Fällen ist das nicht so einfach zu sagen:

```
def sequenz(n):
    while n != 1:
        print(n, end=' ')
        if n%2 == 0:        # n ist gerade
            n = n//2
        else:               # n ist ungerade
            n = n*3+1
```

Die Bedingung für diese Schleife lautet n != 1. Die Schleife wird also ausgeführt, bis n gleich 1 ist, wodurch die Bedingung nicht mehr zutrifft.

Bei jedem Schleifendurchgang gibt das Programm den Wert von n aus und prüft, ob dieser Wert eine gerade Zahl ist. Wenn ja, wird n durch 2 dividiert. Falls n ungerade ist, wird der Wert durch n*3+1 ersetzt. Ist das an sequenz übergebene Argument beispielsweise gleich 3, ergibt sich daraus die Folge 3, 10, 5, 16, 8, 4, 2, 1.

Da der Wert von n manchmal erhöht und manchmal verkleinert wird, gibt es keinen offensichtlichen Beweis dafür, dass n jemals 1 erreicht und das Programm entsprechend beendet wird. Für konkrete Beispielwerte von n können wir das Programmende beweisen. So ist der Wert von n für alle Werte, die eine Potenz von 2 sind, immer eine gerade Zahl, bis die Schleife 1 erreicht. Das vorherige Beispiel endet mit einer solchen Folge, die mit 16 beginnt.

Die schwierige Frage dabei ist, ob wir beweisen können, dass dieses Programm für **alle** positiven Werte von n beendet wird. Bisher hat es noch niemand geschafft, dies oder das Gegenteil zu beweisen (siehe *http://de.wikipedia.org/wiki/Collatz-Problem*).

Übung 7-1:

Schreiben Sie die Funktion print_n aus dem Abschnitt »Rekursion« auf Seite 57 so um, dass die Iteration durch eine Schleife erfolgt.

break

Es gibt Situationen, in denen Sie nicht wissen, dass es an der Zeit ist, eine Schleife zu beenden, bis Sie schon halb durch den Body sind. In diesem Fall können Sie die Schleife mit der break-Anweisung verlassen.

Angenommen, Sie möchten Benutzereingaben entgegennehmen, bis fertig eingegeben wird. Dann könnten Sie Folgendes schreiben:

```
while True:
    zeile = input('> ')
    if zeile == 'fertig':
        break
    print(zeile)

print('Fertig!')
```

Die Bedingung dieser Schleife ist True und damit also immer erfüllt. Deshalb wird die Schleife durchlaufen, bis die break-Anweisung erreicht ist.

Bei jedem Durchlauf wird der Benutzer mit einer spitzen Klammer zur Eingabe aufgefordert. Gibt der Benutzer fertig ein, wird die Schleife mit der break-Anweisung verlassen. Ansonsten gibt das Programm einfach das aus, was der Benutzer eingetippt hat, und führt die Schleife erneut aus. Hier ein Beispieldurchlauf:

```
> nicht fertig
nicht fertig
> fertig
Fertig!
```

Diese Form der while-Schleife ist relativ gebräuchlich, weil Sie so die Bedingung an einer beliebigen Stelle der Schleife (nicht nur ganz oben) überprüfen können. Auf diese Weise können Sie die Stoppbedingung explizit formulieren (»Beenden, wenn dies oder jenes passiert«) statt im Umkehrschluss (»Ausführen, bis dies oder jenes passiert«).

Quadratwurzeln

Schleifen werden in Programmen oft dazu verwendet, numerische Ergebnisse dadurch zu berechnen, dass von einer ungefähren Antwort ausgegangen wird, die dann schrittweise optimiert wird.

Das Newton-Verfahren ist beispielsweise eine Möglichkeit zur Berechnung von Quadratwurzeln. Angenommen, Sie möchten die Quadratwurzel von a wissen. Wenn Sie mit einer beliebigen Schätzung x beginnen, können Sie mit der folgenden Formel eine bessere Schätzung berechnen:

$$y = \frac{x + a/x}{2}$$

Ist beispielsweise a gleich 4 und x gleich 3, dann gilt:

```
>>> a = 4.0
>>> x = 3.0
>>> y = (x + a/x) / 2
>>> print(y)
2.16666666667
```

Dieses Ergebnis kommt der korrekten Antwort schon relativ nahe ($\sqrt{4} = 2$). Wenn wir denselben Vorgang mit der neuen Schätzung beginnen, kommen wir dem Ergebnis noch näher:

```
>>> x = y
>>> y = (x + a/x) / 2
>>> print(y)
2.00641025641
```

Nach einigen weiteren Aktualisierungen ist die Schätzung beinahe korrekt:

```
>>> x = y
>>> y = (x + a/x) / 2
>>> print(y)
2.00001024003
>>> x = y
>>> y = (x + a/x) / 2
>>> print(y)
2.00000000003
```

Üblicherweise wissen wir im Voraus nicht, wie viele Schritte erforderlich sind, um die richtige Antwort zu erhalten. Aber wir wissen, wenn es so weit ist: weil sich dann die Schätzung nicht mehr ändert:

```
>>> x = y
>>> y = (x + a/x) / 2
>>> print(y)
2.0
>>> x = y
>>> y = (x + a/x) / 2
>>> print(y)
2.0
```

Sobald y == x ist, können wir aufhören. Hier sehen Sie eine Schleife, die mit der anfänglichen Schätzung x beginnt und diesen Wert immer weiter verbessert, bis er sich nicht mehr ändert:

```
while True:
    print(x)
    y = (x + a/x) / 2
    if y == x:
        break
    x = y
```

Für die meisten Werte von a funktioniert das wunderbar. Allerdings ist es immer etwas riskant, die Gleichheit beim Typ float zu überprüfen. Fließkommawerte sind stets nur annähernd gleich: Die meisten rationalen Zahlen, wie etwa *1/3*, und die meisten irrationalen Zahlen, beispielsweise $\sqrt{2}$, können mit dem Typ float nicht genau abgebildet werden.

Anstatt zu überprüfen, ob x und y exakt gleich sind, ist es sinnvoll, mit der eingebauten Funktion abs den absoluten Wert bzw. den Betrag der Differenz zu bestimmen:

```
    if abs(y-x) < epsilon:
        break
```

Dabei hat epsilon einen Wert wie beispielsweise 0.0000001, der definiert, wie nahe »nahe genug dran« ist.

Übung 7-2:

Verpacken Sie diese Schleife in eine Funktion mit dem Namen quadrat_wurzel, die den Parameter a entgegennimmt, einen akzeptablen Wert für x wählt und eine Schätzung der Quadratwurzel von a zurückgibt.

Algorithmen

Die Newton-Methode ist ein Beispiel für einen **Algorithmus**: ein mechanisches Verfahren zur Lösung einer Kategorie von Problemen (in diesem Fall für die Berechnung von Quadratwurzeln).

Es ist nicht einfach, einen Algorithmus zu definieren. Manchmal ist es hilfreich, mit etwas zu beginnen, das kein Algorithmus ist. Als Sie gelernt haben, einstellige Zahlen miteinander zu multiplizieren, haben Sie wahrscheinlich die Multiplikationstabelle auswendig gelernt. Unterm Strich haben Sie 100 Einzellösungen auswendig gelernt. Diese Art Wissen ist nicht algorithmisch.

Aber wenn Sie »faul« waren, haben Sie wahrscheinlich mit ein paar Tricks geschummelt. Um beispielsweise das Produkt von *n* und 9 zu berechnen, können Sie *n-1* als erste Stelle und *10-n* als zweite Stelle schreiben. Dieser Trick ist eine allgemeine Lösung für die Multiplikation aller einstelligen Zahlen mit 9. Und das ist ein Algorithmus!

Auf ähnliche Weise sind auch die Methoden Algorithmen, die Sie für die Addition mit Übertrag, die Subtraktion mit dem Ergänzungsverfahren sowie für die schriftliche Division gelernt haben. Ein Merkmal von Algorithmen besteht darin, dass dafür keinerlei Intelligenz erforderlich ist. Es sind mechanische Verfahren, in denen jeder Schritt nach dem anderen einer Reihe einfacher Regeln folgt.

Meiner Meinung nach ist es peinlich, dass Menschen in der Schule so viel Zeit damit verbringen, Algorithmen durchzudeklinieren, die buchstäblich keinerlei Intelligenz erfordern.

Andererseits ist die Entwicklung von Algorithmen sehr interessant, intellektuell anspruchsvoll und ein zentraler Teil dessen, was wir Programmieren nennen.

Einige der Dinge, die Menschen ganz natürlich, ohne jede Schwierigkeit oder gedankliche Anstrengung tun, sind am schwierigsten als Algorithmus auszudrücken. Das Verständnis der natürlichen Sprache ist ein gutes Beispiel dafür. Wir alle verwenden sie, aber bis jetzt war noch niemand in der Lage, auszudrücken, **wie** wir das tun, zumindest nicht in Form eines Algorithmus.

Debugging

Wenn Sie damit beginnen, größere Programme zu schreiben, verbringen Sie vermutlich auch mehr Zeit mit dem Debugging. Mehr Code bedeutet auch mehr Möglichkeiten, Fehler zu machen, und mehr Stellen, an denen sich Bugs verstecken können.

Eine Möglichkeit, die Debugging-Zeit zu minimieren, ist das »Debugging durch Bisektion«. Wenn Ihr Programm beispielsweise 100 Zeilen hat und Sie jede einzeln überprüfen, sind dafür 100 Schritte erforderlich.

Stattdessen können Sie versuchen, das Problem zu »halbieren«. Suchen Sie in der Mitte des Programms oder irgendwo in der Nähe nach einem Zwischenwert, den Sie überprüfen können. Fügen Sie eine `print`-Anweisung (oder etwas anderes, mit dem Sie das Ergebnis überprüfen können) ein, und führen Sie das Programm aus.

Wenn das Ergebnis in der Mitte falsch ist, muss es ein Problem in der ersten Hälfte des Programms geben. Ist das Ergebnis korrekt, befindet sich das Problem in der zweiten Hälfte.

Jedes Mal, wenn Sie so vorgehen, müssen Sie lediglich halb so viele Zeilen durchsuchen. Nach sechs Schritten (deutlich weniger als 100) kommen Sie lediglich auf ein oder zwei Zeilen Code, zumindest in der Theorie.

In der Praxis ist es nicht immer ganz klar, wo die »Mitte des Programms« liegt. Entsprechend ist es auch nicht immer möglich, diese zu überprüfen. Es hat keinen Sinn, Zeilen abzuzählen, um die exakte Mitte zu bestimmen. Überlegen Sie sich stattdessen lieber Stellen in Ihrem Programm, an denen es zu Fehlern kommen könnte und an denen eine Überprüfung einfach ist. Wählen Sie dann eine Stelle, an der Ihrer Meinung nach die Wahrscheinlichkeit ungefähr gleich hoch ist, dass der Fehler davor oder danach liegt.

Glossar

Mehrfache Zuweisung:
: Mehr als eine Zuweisung für dieselbe Variable während der Ausführung eines Programms

Aktualisierung:
: Zuweisung, bei der der neue Wert einer Variablen vom alten Wert abhängt

Initialisierung:
: Zuweisung, bei der einer Variablen ein Anfangswert zugewiesen wird, die später aktualisiert wird

Inkrement:
: Aktualisierung, bei der der Wert einer Variablen (meistens um 1) erhöht wird

Dekrement:
: Aktualisierung, bei der der Wert einer Variablen verringert wird

Iteration:
: Wiederholte Ausführung einer Reihe von Anweisungen – entweder mit einem rekursiven Funktionsaufruf oder einer Schleife

Endlosschleife:
: Schleife mit einer Abbruchbedingung, die niemals erfüllt wird

Übungen

Übung 7-3:

Um den Quadratwurzel-Algorithmus in diesem Kapitel zu testen, könnten Sie ihn mit `math.sqrt` vergleichen. Schreiben Sie eine Funktion mit dem Namen `test_quadrat_wurzel`, die eine Tabelle wie die folgende ausgibt:

```
1.0 1.0           1.0           0.0
2.0 1.41421356237 1.41421356237 2.22044604925e-16
3.0 1.73205080757 1.73205080757 0.0
4.0 2.0           2.0           0.0
5.0 2.2360679775  2.2360679775  0.0
6.0 2.44948974278 2.44948974278 0.0
7.0 2.64575131106 2.64575131106 0.0
8.0 2.82842712475 2.82842712475 4.4408920985e-16
9.0 3.0           3.0           0.0
```

In der ersten Spalte steht eine Zahl *a*. Die zweite Spalte zeigt die Quadratwurzel von *a*, die mit der Funktion aus dem Abschnitt »Quadratwurzeln« auf Seite 83 berechnet wird. In der dritten Spalte steht die Quadratwurzel, berechnet mit `math.sqrt`. Und in der vierten Spalte steht der absolute Wert der Differenz zwischen den beiden Annäherungen.

Übung 7-4:

Die eingebaute Funktion `eval` erwartet einen String und wertet ihn mit dem Python-Interpreter aus. Ein Beispiel:

```
>>> eval('1 + 2 * 3')
7
>>> import math
>>> eval('math.sqrt(5)')
2.2360679774997898
>>> eval('type(math.pi)')
builtins.float
```

Schreiben Sie eine Funktion mit dem Namen `eval_Schleife`, die den Benutzer iterativ zur Eingabe auffordert, die Eingaben mit `eval` auswertet und das Ergebnis ausgibt.

Die Schleife soll so lange fortgesetzt werden, bis der Benutzer `'fertig'` eingibt.

Übung 7-5:

Der Mathematiker Srinivasa Ramanujan hat eine unendliche Folge gefunden, mit der eine numerische Annäherung an π generiert werden kann:

$$\frac{1}{\pi} = \frac{2\sqrt{2}}{9801} \sum_{k=0}^{\infty} \frac{(4k)!(1103 + 26390k)}{(k!)^4 396^{4k}}$$

Schreiben Sie eine Funktion mit dem Namen `schaetzung_pi`, die anhand dieser Formel einen Näherungswert von π berechnet und zurückgibt. Verwenden Sie dabei eine `while`-Schleife, um die Terme der Summe zu berechnen, bis der letzte Term kleiner als `1e-15` ist (die Python-Schreibweise für 10^{-15}). Sie können das Ergebnis auch überprüfen, indem Sie es mit `math.pi` vergleichen.

Lösung: *pi.py*

KAPITEL 8
Strings

Ein String ist eine Folge

Ein String ist eine **Folge** von Zeichen. Auf die einzelnen Zeichen können Sie mit dem Klammer-Operator zugreifen:

```
>>> frucht = 'banane'
>>> zeichen = frucht[1]
```

Die zweite Anweisung wählt ein Zeichen aus `frucht` und weist es `zeichen` zu.

Den Ausdruck in eckigen Klammern nennt man **Index**. Der Index gibt an, welches Zeichen Sie aus der Folge auslesen möchten (quasi wie ein Name).

Aber unter Umständen erhalten Sie nicht das, was Sie erwarten:

```
>>> print(zeichen)
a
```

Für die meisten Menschen ist das erste Zeichen von `'banane'` ein `b`, nicht `a`. Aber für Informatiker ist der Index ein Versatz in Bezug auf den Anfang des Strings, und der Versatz für das erste Zeichen ist 0.

```
>>> zeichen = frucht[0]
>>> print(zeichen)
b
```

Entsprechend ist `b` das 0. Zeichen (das »nullte« Zeichen) von `'banane'`, `a` das erste und `n` das zweite Zeichen.

Sie können beliebige Ausdrücke als Index verwenden, einschließlich Variablen und Operatoren. Aber der Indexwert muss ein Integer sein. Ansonsten erhalten Sie:

```
>>> zeichen = frucht[1.5]
TypeError: string indices must be integers
```

len

len ist eine eingebaute Funktion, die die Anzahl Zeichen in einem String zurückliefert:

```
>>> frucht = 'banane'
>>> len(frucht)
6
```

Wenn Sie das letzte Zeichen eines Strings abrufen möchten, könnten Sie in Versuchung geraten, Folgendes zu probieren:

```
>>> laenge = len(frucht)
>>> letzter = frucht[laenge]
IndexError: string Index out of range
```

Der Grund für den IndexError liegt darin, dass es in 'banane' kein Zeichen mit dem Index 6 gibt. Da wir bei null zu zählen beginnen, haben die Zeichen die Nummern 0 bis 5. Um das letzte Zeichen zu erhalten, müssen Sie 1 von laenge abziehen:

```
>>> letzter = frucht[laenge-1]
>>> print(letzter)
e
```

Alternativ können Sie negative Indizes verwenden. In diesem Fall wird vom Ende des Strings rückwärts gezählt. Der Ausdruck frucht[-1] liefert das letzte Zeichen, frucht[-2] das zweitletzte usw. Vom Ende aus muss man bei -1 anfangen, weil -0 gleich 0 ist.

Traversierung mit einer Schleife

Bei vielen Berechnungen geht es darum, einen String Zeichen für Zeichen zu verarbeiten. Häufig werden Sie dabei am Anfang des Strings beginnen, dann jedes Zeichen einzeln auswählen, etwas damit machen und diesen Vorgang bis zum Ende fortsetzen. Dieses Verarbeitungsmuster nennt man **Traversierung**. Eine Möglichkeit, eine Traversierung umzusetzen, ist die while-Schleife:

```
Index = 0
while Index < len(frucht):
    zeichen = frucht[index]
    print(zeichen)
    Index = Index + 1
```

Diese Schleife durchläuft den String und zeigt jedes Zeichen in einer eigenen Zeile an. Die Schleifenbedingung lautet Index < len(frucht). Ist also Index gleich der Länge des Strings, ist die Bedingung falsch und der Body der Schleife wird nicht mehr ausgeführt. Als letztes Zeichen wird auf das Zeichen mit dem Index len(frucht)-1 zugegriffen, was auch das letzte Zeichen im String ist.

Übung 8-1:

Schreiben Sie eine Funktion, die einen String als Argument erwartet und die Zeichen rückwärts anzeigt – eines pro Zeile.

Sie können einen String aber auch mit einer for-Schleife durchlaufen:

```
for zeichen in frucht:
    print(zeichen)
```

Bei jedem Schleifendurchlauf wird das jeweils nächste Zeichen der Variablen zeichen zugewiesen. Die Schleife wird durchlaufen, bis keine Zeichen mehr übrig sind.

Das folgende Beispiel zeigt, wie Sie mit Konkatenation (String-Addition) und einer for-Schleife eine alphabetische Folge erzeugen können. In Robert McCloskeys Buch *Make Way for Ducklings* gibt es Entchen mit den Namen Jack, Kack, Lack, Mack, Nack, Ouack, Pack und Quack. Die folgende Schleife gibt diese Namen in alphabetischer Reihenfolge aus:

```
praefixe = 'JKLMNOPQ'
suffix = 'ack'

for zeichen in praefixe:
    print(zeichen + suffix)
```

Und so sieht die Ausgabe aus:

```
Jack
Kack
Lack
Mack
Nack
Oack
Pack
Qack
```

Natürlich ist das nicht ganz richtig, weil »Ouack« und »Quack« falsch geschrieben sind.

Übung 8-2:

Ändern Sie das Programm, um diesen Fehler zu beheben.

String-Teile

Segmente eines Strings nennt man **Slice**. Die Auswahl eines Slice ist der Auswahl eines einzelnen Zeichens recht ähnlich:

```
>>> s = 'Monty Python'
>>> print(s[0:5])
Monty
>>> print(s[6:12])
Python
```

Der Operator [n:m] gibt den Teil des Strings vom »n-ten« bis zum »m-ten« Zeichen zurück, einschließlich des ersten, aber ausschließlich des letzten Zeichens. Dieses Verhalten ist zwar nicht besonders intuitiv, aber vielleicht hilft es Ihnen, sich vorzustellen, dass die Indizes **zwischen** die Zeichen zeigen, wie in Abbildung 8-1 zu sehen ist.

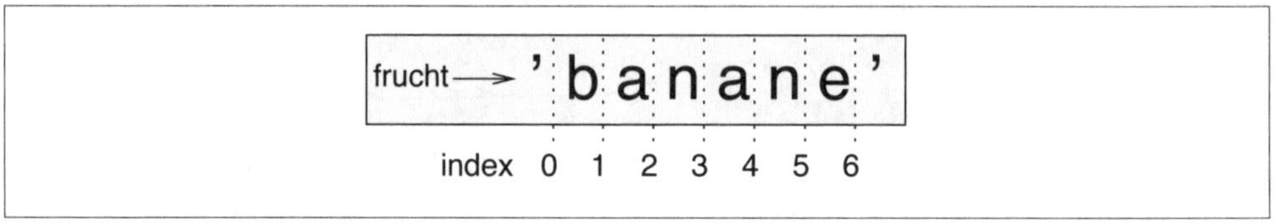

Abbildung 8-1: Slice-Indizes

Wenn Sie den ersten Index (vor dem Doppelpunkt) weglassen, beginnt das Slice am Anfang des Strings. Lassen Sie den zweiten Index weg, reicht das Slice bis zum Ende des Strings:

```
>>> frucht = 'banane'
>>> frucht[:3]
'ban'
>>> frucht[3:]
'ane'
```

Ist der erste Index größer oder gleich dem zweiten Index, erhalten Sie als Ergebnis einen **Leerstring**, der durch zwei Apostrophe gekennzeichnet wird:

```
>>> frucht = 'banane'
>>> frucht[3:3]
''
```

Ein Leerstring enthält keine Zeichen und hat die Länge 0. Abgesehen davon verhält er sich genau wie jeder andere String.

Übung 8-3:

Angenommen, `frucht` ist ein String. Was bedeutet `frucht[:]`?

Strings sind unveränderbar

Die Versuchung ist groß, den `[]`-Operator auf der linken Seite einer Zuweisung zu verwenden, um ein Zeichen in einem String zu verändern. Ein Beispiel:

```
>>> gruss = 'Hallo, Welt!'
>>> gruss[0] = 'J'
TypeError: objekt does not support item assignment
```

Das `objekt` in diesem Fall ist der String, und das `item` ist das Zeichen, das Sie zuweisen möchten. Für den Moment ist ein **Objekt** dasselbe wie ein Wert. Aber wir werden diese Definition später verfeinern. Ein **Element** (item) ist einer der Werte in einer Sequenz.

Zu diesem Fehler kommt es, weil Strings **unveränderlich** sind. Sie können also einen vorhandenen String nicht verändern. Aber Sie können einen neuen String erstellen, der eine Variation des Originals ist:

```
>>> gruss = 'Hallo, Welt!'
>>> neuer_gruss = 'J' + greeting[1:]
```

```
>>> print(neuer_gruss)
Jallo, Welt!
```

Dieses Beispiel konkateniert ein neues erstes Zeichen mit einem Teil von gruss. Auf den ursprünglichen String hat das keinerlei Auswirkungen.

Suchen

Was macht die folgende Funktion?

```
def suche(wort, zeichen):
    index = 0
    while index < len(wort):
        if wort[index] == zeichen:
            return index
        index = index + 1
    return -1
```

In gewisser Weise ist suche das Gegenteil des [ ]-Operators. Anstatt einen Index entgegenzunehmen und das entsprechende Zeichen zu extrahieren, erwartet diese Funktion ein Zeichen und findet den Index, an dem dieses Zeichen erscheint. Wird das Zeichen nicht gefunden, liefert die Funktion den Wert -1.

Dies ist das erste Beispiel, in dem wir einer return-Anweisung innerhalb einer Schleife begegnen. Wenn wort[index] == zeichen ist, verlässt die Funktion die Schleife und kehrt sofort zurück.

Kommt das Zeichen nicht in dem String vor, verlässt das Programm die Schleife normal und liefert den Wert -1.

Dieses Verarbeitungsmuster – das Durchlaufen einer Sequenz und das Verlassen der Schleife, wenn wir gefunden haben, was wir suchen – nennt man eine **Suche**.

Übung 8-4:

Passen Sie suche so an, dass die Funktion einen dritten Parameter erwartet – den Index, ab dem die Suche in wort beginnen soll.

Schleifen und Zähler

Das folgende Programm zählt, wie oft das Zeichen a in einem String vorkommt:

```
wort = 'banane'
anzahl = 0
for zeichen in wort:
    if zeichen == 'a':
        anzahl = anzahl + 1
print(anzahl)
```

Dieses Programm demonstriert ein weiteres Verarbeitungsmuster, einen sogenannten **Zähler**. Die Variable `anzahl` wird mit dem Wert `0` initialisiert und dann jedes Mal um `1` erhöht, wenn ein `a` gefunden wurde. Beim Verlassen der Schleife enthält `anzahl` das Ergebnis, also die Gesamtzahl der `a`.

Übung 8-5:

Verpacken Sie diesen Code in eine Funktion mit dem Namen `anzahl`, und generalisieren Sie sie so, dass sie den String und das Zeichen als Argumente erwartet.

Übung 8-6:

Schreiben Sie die Funktion so um, dass der String nicht durchlaufen wird, sondern die Version von `suche` aus dem vorherigen Abschnitt mit drei Parametern zum Einsatz kommt.

String-Methoden

Eine **Methode** ist einer Funktion sehr ähnlich – sie erwartet Argumente und liefert einen Wert zurück –, aber die Syntax ist unterschiedlich. Die Methode `upper` nimmt beispielsweise einen String und liefert einen neuen String mit denselben Zeichen als Großbuchstaben zurück:

Statt der Funktionssyntax `upper(wort)` kommt hier die Methodensyntax `wort.upper()` zum Einsatz.

```
>>> wort = 'banane'
>>> neues_wort = wort.upper()
>>> print(neues_wort)
BANANE
```

Bei dieser Form der Punktschreibweise wird der Name der Methode `upper` und der Name des Strings angegeben, auf den die Methode angewendet werden soll: `wort`. Die leeren Klammern zeigen an, dass diese Methode keine Argumente erwartet.

Auch eine Methode wird **aufgerufen**. In diesem Fall rufen wir die Methode `upper` von `wort` auf.

Wie sich herausstellt, gibt es auch eine String-Methode `find`, die der Funktion erstaunlich ähnlich ist, die wir geschrieben haben:

```
>>> wort = 'banane'
>>> index = wort.find('a')
>>> print(index)
1
```

In diesem Beispiel können wir die Methode `find` von `wort` aufrufen und das gesuchte Zeichen als Parameter übergeben.

Die find-Methode ist allgemeiner gehalten als unsere Funktion: Sie kann auch Teilstrings suchen, nicht nur einzelne Zeichen:

```
>>> wort.find('na')
2
```

Als zweites Argument können wir optional den Startindex angeben:

```
>>> wort.find('na', 3)
-1
```

Und als drittes Argument können wir den Index angeben, ab dem die Suche beendet werden soll:

```
>>> name = 'tim'
>>> name.find('t', 1, 2)
-1
```

Diese Suche schlägt fehl, weil `t` nicht im Indexbereich von `1` bis `2` (exklusive `2`) vorkommt.

Übung 8-7:

Es gibt eine String-Methode mit dem Namen `count`, die der Funktion aus der vorherigen Übung ähnelt. Lesen Sie die Dokumentation dieser Methode, und schreiben Sie einen Aufruf, der die Anzahl der `a` in `'banane'` ermittelt.

Übung 8-8:

Lesen Sie die Dokumentation der String-Methoden unter *https://docs.python.org/3/library/stdtypes.html#string-methods*. Vielleicht möchten Sie ja mit einigen der Methoden experimentieren, um herauszufinden, wie sie funktionieren. `strip` und `replace` sind besonders nützlich.

In der Dokumentation wird eine Syntax verwendet, die vielleicht verwirrend sein kann. Beispielsweise kennzeichnen die eckigen Klammern in `find(sub[, start[, end]])` optionale Argumente. Entsprechend ist das Argument `sub` erforderlich, aber `start` ist optional. Und selbst wenn Sie `start` angeben, ist `end` optional.

Der in-Operator

Das Wort `in` ist ein Boolescher Operator, der, zwischen zwei Strings gesetzt, `True` zurückliefert, wenn der erste String als Teilstring im zweiten vorkommt:

```
>>> 'a' in 'banane'
True
>>> 'samen' in 'banane'
False
```

Die folgende Funktion gibt beispielsweise alle Zeichen aus `wort1` aus, die ebenfalls in `wort2` vorkommen:

```
def in_beiden(wort1, wort2):
    for zeichen in wort1:
        if zeichen in wort2:
            print(zeichen)
```

Mit gut gewählten Variablennamen liest sich Python manchmal fast wie Deutsch. Diese Schleife könnten Sie auch folgendermaßen lesen: »Für (jedes) zeichen in (dem ersten) wort, wenn das zeichen im (zweiten) wort vorkommt, drucke (das) zeichen«.

Das kommt dabei heraus, wenn Sie einen Apfel mit einer Orange vergleichen:

```
>>> in_beiden('apfel', 'orange')
a
e
```

String-Vergleich

Der relationale Operator funktioniert auch mit Strings. Dadurch können Sie ermitteln, ob zwei Strings gleich sind:

```
if wort == 'banane':
    print('Alles klar, Bananen.')
```

Andere relationale Operatoren können sich als nützlich erweisen, um Wörter alphabetisch zu sortieren:

```
if wort < 'banane':
    print('Ihr Wort' + wort + ' kommt im Alphabet vor banane.')
elif wort > 'banane':
    print('Ihr Wort' + wort + ' kommt im Alphabet nach banane.')
else:
    print('Alles klar, Bananen.')
```

Python geht mit Groß- und Kleinbuchstaben nicht genau so um wie wir Menschen. Alle Großbuchstaben kommen vor den Kleinbuchstaben:

```
Ihr Wort Pinienkern kommt vor banane.
```

Eine gebräuchliche Möglichkeit, dieses Problem zu lösen, besteht darin, die Strings vor dem Vergleich in ein Standardformat zu konvertieren – etwa in Kleinbuchstaben. Daran sollten Sie unbedingt denken, wenn Sie sich gegen einen mit Pinienkernen bewaffneten Mann verteidigen müssen.

Unicode

Bisher haben wir einem wichtigen Merkmal der deutschen Sprache wenig Beachtung geschenkt, nämlich dass sie z. B. Umlaute enthält. Gelegentlich kamen zwar Umlaute nebenbei in Strings vor, z. B. in `print('x ist größer als y')`, wurden aber nicht besonders erwähnt. Und im Abschnitt »Variablennamen und Schlüsselwörter« auf Seite 15 haben Sie gesehen, dass Sie Umlaute zwar auch in Variablennamen benutzen dürfen, aber in diesem Buch wird das nicht gemacht, da es für viele Leser noch etwas ungewohnt sein dürfte.

Anders als in angelsächsischen Ländern verfügen aber die Schriftsprachen der meisten anderen Länder entweder über zusätzliche Variationen der lateinischen Zeichen A–Z mit sogenannten diakritischen Zeichen darin (wie z. B. in ä oder é) oder haben gleich einen etwas anderen Zeichensatz (z. B. Kyrillisch, Griechisch) oder basieren auf einem ganz anderen Schriftsystem (wie z. B. arabische und asiatische Sprachen).

In der Datenverarbeitung wurden diese Sprachen lange Zeit stiefmütterlich behandelt, da die wichtigsten Gerätehersteller in den USA oder Europa beheimatet waren und deshalb lange Zeit mit Zeichentabellen wie US-ASCII und leichten Variationen davon (wie Latin-1) auskommen konnten. Das Hauptmerkmal dieser festen, bis zu 256 Zeichen umfassenden Tabellen (bei US-ASCII: 128) ist, dass ein Zeichen einer Sprache mit genau einem Byte ausgedrückt werden kann. In Sprachen mit größerem Zeichenumfang (oder wenn ein Text mehrere Sprachen enthält) ist das ein Problem, und genau dieses löst der Unicode-Standard.

Wie Sie unter *http://unicode.org* nachlesen können, ist Unicode ein sehr breites Thema, aber Python 3 macht es heute relativ einfach. Unter Python 2 gab es neben den üblichen Strings auch einen speziellen Datentyp für Unicode-Strings. Unter Python 3 gibt es nur noch eine Art von Strings, nämlich Unicode-Strings. Das Ihnen aus Python 2 vielleicht bekannte Präfix `'u'` wie in `u'André'` ist also in Python 3-Code nicht mehr nötig, auch wenn es noch akzeptiert wird.

Der seit Anfang der 1990er-Jahre etablierte Unicode-Standard besteht vor allem aus langen Listen, die Zahlen (sogenannte Codepunkte) auf Zeichen abbilden, mit dem Anspruch, eines Tages alle Sprachen abzudecken. Statt nur ein Byte pro Zeichen verwendet der Unicode-Standard daher maximal vier Bytes. Dadurch bietet er theoretisch Platz für 2^{32} = 4.294.967.296 Zeichen, von denen heute aber nur die Codepunkte 0 bis 1.114.111 benutzt werden. (Die übliche hexadezimale Schreibweise mit vorangestelltem U lautet: U+0000 bis U+10FFFF.)

Um also keine Verschwendung bei der Speicherung oder Übertragung zu betreiben, gibt es verschiedene Kodierungen (man nennt sie UTF für *Universal Character Set Transformation Format*), bei denen ein Zeichen mit einer unterschiedlich großen Anzahl von Bytes dargestellt wird. Ganz vereinfacht gesagt, wird ein Zeichen bei UTF-32 immer mit vier Bytes kodiert, bei UTF-16 mit zwei oder vier und bei UTF-8 mit einer variablen Anzahl von ein bis vier Bytes.

Da UTF-8 in Python 3 die voreingestellte Zeichenkodierung der Quelltexte ist (in Python 2 war es noch ASCII), können Sie problemlos deutsche Umlaute und alle anderen »Sonderzeichen« in Python 3-Strings eingeben, die Sie mit Ihrem Editor finden können, z. B.:

```
>>> print('André')
André
```

Sie können aber auch die Codes aller Unicode-Zeichen eingeben wie im folgenden Beispiel nach dem jeweiligen Backslash. In allen Fällen erhalten Sie dasselbe Zeichen:

```
>>> print('é', '\xe9', '\u00e9', '\U000000e9')
é é é é
```

Dabei geben Sie nach einem \x einen zweistelligen Hexadezimalcode für einen Unicode-Codepunkt aus nur einem Byte an. Nach einem \u geben Sie einen vierstelligen Code für zwei Bytes an und nach einem \U einen achtstelligen für vier Bytes. Wenn Ihnen das lieber ist, können Sie auch die englischsprachigen Namen aller Unicode-Zeichen im Format \N{<name>} nutzen:

```
>>> print('\N{LATIN SMALL LETTER E WITH ACUTE}')
é
```

Mit dem Paket unicodedata der Python-Standardbibliothek haben Sie Zugriff auf die Namen aller Zeichen und können u.a. das Zeichen zu einem bestimmten Namen finden und umgekehrt. Hier sehen Sie ein Beispiel mit dem G-Notenschlüssel:

```
>>> import unicodedata
>>> unicodedata.lookup('MUSICAL SYMBOL G CLEF')
'𝄞'
>>> unicodedata.name('𝄞')
'MUSICAL SYMBOL G CLEF'
```

Von einem einzelnen Unicode-Zeichen zu dessen Codepunkt (einer Zahl) bzw. zurück kommt man mit den eingebauten Funktionen ord() bzw. chr(), hier hexadezimal angegeben:

```
>>> c = unicodedata.lookup('MUSICAL SYMBOL G CLEF')
>>> c
'𝄞'
>>> hex(ord(c))
'0x1d11e'
>>> chr(0x1d11e)
'𝄞'
```

Bis hier werden Strings immer von Python im Hauptspeicher als eine Sequenz von Codepunkten verwaltet. Aber kaum ein Programm kommt ohne einen Ein-/Ausgabeteil aus, in dem man diese Strings auch in Dateien, andere Geräte oder über das Netzwerk speichern bzw. senden oder von dort lesen bzw. empfangen möchte. Dann kommen die weiter oben erwähnten Kodierungen ins Spiel, denn die externe Ein-/Ausgabe ist eine Operation, bei der immer nur eine Folge einzelner Bytes übertragen bzw. kopiert wird.

Für Strings gibt es hierfür die Methode encode(), die einen (Unicode-)String gemäß einer bestimmten Kodierung in Bytes kodiert. Für Bytes gibt es die Methode decode(), die sie in einen String konvertiert. Dabei sind Bytes ein eigener Datentyp in Python 3, der als String mit vorangestelltem 'b' dargestellt wird, aber intern nur aus einzelnen Bytes besteht:

```
>>> 'André'.encode('utf8')
b'Andr\xc3\xa9'
>>> b'Andr\xc3\xa9'.decode('utf8')
'André'
```

In Python 2 werden Byte-Folgen, also Binärdaten, üblicherweise in Nicht-Unicode-Strings gespeichert, was zu einigem Schlamassel geführt hat, der in Python 3 beseitigt ist.

Die folgenden Beispiele zeigen nur das Schreiben und Lesen von Dateien mit der eingebauten Funktion open. Der einfachste Fall ergibt sich, wenn man UTF-8 als Kodierung haben möchte, denn diese ist in Python 3 auch für open die voreingestellte Kodierung. Dann kann man Strings ohne weitere Angaben speichern und lesen (wobei die Methode write die Anzahl der geschriebenen Zeichen zurückgibt):

```
>>> open('datei.txt', 'w').write('André')
5
>>> open('datei.txt', 'w', encoding='utf8').write('André')
5
>>> open('datei.txt', 'r').read()
'André'
>>> open('datei.txt', 'r', encoding='utf8').read()
'André'
```

Andere Kodierungen wie UTF-16 (aber auch UTF-8) können Sie als encoding-Argument von open angeben und den String mit den Methoden write bzw. read speichern bzw. lesen:

```
>>> open('datei.txt', 'w', encoding='utf16').write('André')
5
>>> open('datei.txt', 'r', encoding='utf16').read()
'André'
```

Oder Sie kodieren den String mit encode() und speichert die so entstandenen Bytes, wobei man dann der Funktion open mit einem 'b' im Modus mitteilen muss, dass sie eine Binärdatei speichern soll:

```
>>> open('datei.txt', 'wb').write('André'.encode('utf16'))
12
>>> open('datei.txt', 'r', encoding='utf16').read()
'André'
```

Beachten Sie, dass write nun die Anzahl der gespeicherten Bytes zurückgibt. Generell wird empfohlen, die Kodierung immer explizit anzugeben.

Debugging

Wenn Sie einen Index verwenden, um die Werte in einer Folge zu durchlaufen, kann es verzwickt sein, den Anfang und das Ende der Schleife richtig hinzubekommen. Hier sehen Sie eine Funktion, die zwei Wörter vergleichen und True zurückliefern soll, wenn ein Wort die Umkehrung des anderen ist. Leider enthält sie zwei Fehler:

```
def ist_umkehrung(wort1, wort2):
    if len(wort1) != len(wort2):
        return False

    i = 0
    j = len(wort2)

    while j > 0:
        if wort1[i] != wort2[j]:
            return False
        i = i+1
        j = j-1

    return True
```

Die erste if-Anweisung überprüft, ob die beiden Wörter die gleiche Länge haben. Falls nicht, können wir sofort False zurückliefern. Im Rest der Funktion können wir davon ausgehen, dass die Wörter die gleiche Länge haben. Das ist ein Beispiel für ein Wächter-Muster aus dem Abschnitt »Typprüfung« auf Seite 73.

i und j sind Indizes: i durchläuft wort1 vorwärts, während j wort2 rückwärts durchläuft. Falls wir zwei Zeichen finden, die nicht übereinstimmen, können wir sofort False zurückgeben. Stimmen nach dem Durchlaufen der gesamten Schleife alle Zeichen überein, geben wir True zurück.

Wenn wir diese Funktion mit den Wörtern »gras« und »sarg« testen, erwarten wir den Rückgabewert True. Stattdessen erhalten wir einen IndexError:

```
>>> ist_umkehrung('gras', 'sarg')
...
  File "umkehrung.py", zeile 15, in ist_umkehrung
    if wort1[i] != wort2[j]:
IndexError: string Index out of range
```

Beim Debugging eines solchen Fehlers gebe ich in einem ersten Schritt die Indexwerte unmittelbar vor der fehlerhaften Zeile aus:

```
    while j > 0:
        print(i, j)        # hier ausgeben

        if wort1[i] != wort2[j]:
            return False
        i = i+1
        j = j-1
```

Wenn ich das Programm jetzt ausführe, erhalte ich weitere Informationen:

```
>>> ist_umkehrung('gras', 'sarg')
0 4
...
IndexError: string Index out of range
```

Beim ersten Schleifendurchlauf ist j gleich 4, was außerhalb des Wertebereichs für den String 'gras' liegt. Der Index für das letzte Zeichen ist 3. Entsprechend sollte der Anfangswert für j gleich len(wort2)-1 sein.

Wenn ich diesen Fehler behebe und das Programm erneut ausführe, erhalte ich:

```
>>> ist_umkehrung('gras', 'sarg')
0 3
1 2
2 1
True
```

Diesmal erhalten wir die korrekte Antwort, aber es sieht so aus, als wäre die Schleife nur dreimal ausgeführt worden. Das ist verdächtig. Um eine bessere Vorstellung davon zu bekommen, was hier geschieht, zeichnen wir ein Zustandsdiagramm. Den Frame für ist_umkehrung bei der ersten Iteration sehen Sie in Abbildung 8-2.

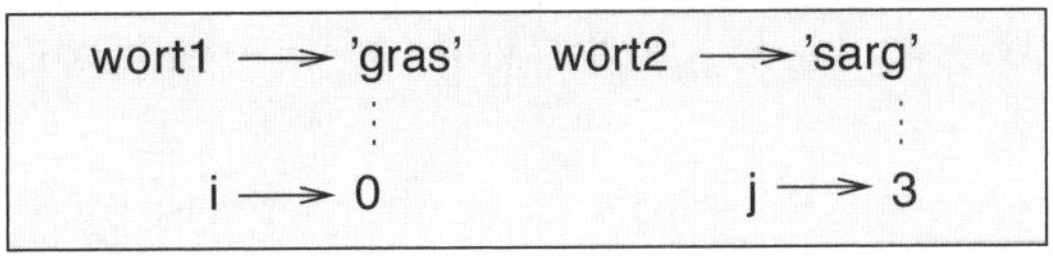

Abbildung 8-2: Zustandsdiagramm

Ich habe die Variablen im Frame entsprechend angeordnet und mit gepunkteten Linien angedeutet, dass sich die Werte von `i` und `j` jeweils auf Zeichen in `wort1` und `wort2` beziehen.

Übung 8-9:

Gehen Sie das Programm von diesem Diagramm ausgehend auf Papier durch. Ändern Sie die Werte von `i` und `j` für jede Iteration. Finden Sie den zweiten Fehler in dieser Funktion, und beheben Sie ihn.

Glossar

Objekt:
: Etwas, auf das sich eine Variable beziehen kann. Für den Moment können Sie »Objekt« und »Wert« als Synonym verwenden.

Sequenz:
: Geordnete Reihe. Eine Reihe von Werten, die jeweils einem ganzzahligen Index zugeordnet sind.

Element:
: Einer der Werte in einer Sequenz

Index:
: Ganzzahliger Wert, über den ein Element aus einer Sequenz ausgewählt wird, beispielsweise ein Zeichen in einem String

Slice:
: Teil eines Strings, der über einen Indexbereich definiert wird

Leerstring:
: Ein String, der keine Zeichen enthält und die Länge 0 hat. Er wird durch zwei Apostrophe dargestellt.

Unveränderlichkeit:
: Eigenschaft einer Sequenz, deren Elemente nicht zugewiesen werden können

Traversieren:
: Iteration über die Elemente einer Sequenz, bei der für jedes Element ähnliche Operationen vorgenommen werden

Suche:
: Muster einer Traversierung, die endet, wenn das Gesuchte gefunden wurde

Zähler:
: Variable, mit der etwas gezählt wird und die üblicherweise mit 0 initialisiert und dann erhöht wird

Methode:
: Funktion, die einem Objekt zugeordnet ist und üblicherweise mit der Punktschreibweise aufgerufen wird

Aufruf:
: Anweisung, mit der eine Methode aufgerufen wird

Unicode:
: Ein internationaler Standard, der langfristig für alle sinntragenden Schriftzeichen oder Textelemente aller bekannten Schriftkulturen und Zeichensysteme einen digitalen Code festlegt

Kodierung:
: Für Unicode eine mögliche Darstellung eines Zeichens als Folge von Bytes, z. B. UTF-8

Übungen

Übung 8-10:

Ein String-Slice kann einen dritten Index entgegennehmen, der die »Schrittgröße« angibt. Das ist die Anzahl der Leerschritte zwischen den aufeinanderfolgenden Zeichen. Eine Schrittgröße von 2 bedeutet »jedes zweite Zeichen«, 3 steht für jedes dritte Zeichen usw.

```
>>> frucht = 'banane'
>>> frucht[0:5:2]
'bnn'
```

Eine Schrittgröße von -1 durchläuft das Wort rückwärts. Das Slice `[::-1]` erzeugt einen umgekehrten String.

Schreiben Sie mit diesem Idiom eine einzeilige Version der Funktion `ist_palindrom` aus Übung 6-6.

Übung 8-11:

Die folgenden Funktionen **sollen** alle überprüfen, ob ein String Kleinbuchstaben enthält. Einige davon sind allerdings falsch. Beschreiben Sie für jede Funktion, was sie in Wirklichkeit tut (vorausgesetzt, der Parameter ist ein String).

```
def kleine_buchstaben1(s):
    for c in s:
        if c.islower():
```

```
        return True
    else:
        return False

def kleine_buchstaben2(s):
    for c in s:
        if 'c'.islower():
            return 'True'
        else:
            return 'False'

def kleine_buchstaben3(s):
    for c in s:
        flag = c.islower()
    return flag

def kleine_buchstaben4(s):
    flag = False
    for c in s:
        flag = flag or c.islower()
    return flag

def kleine_buchstaben5(s):
    for c in s:
        if not c.islower():
            return False
    return True
```

Übung 8-12:

ROT13 ist eine schwache Form der Verschlüsselung, bei der jedes Zeichen eines Worts um 13 Buchstaben im Alphabet verschoben wird. »A«, um drei Zeichen verschoben, wird zu »D«, »Z«, um eins verschoben, wird zu »A«.

Schreiben Sie eine Funktion mit dem Namen `rotiere_zeichen`, die einen String und einen Integer als Parameter erwartet und als Rückgabewert einen neuen String liefert, in dem die Zeichen des ursprünglichen Strings um die angegebene Anzahl Zeichen »rotiert« sind.

Beispielsweise ergibt »loch«, um 6 Zeichen verschoben, »ruin«.

Dafür können Sie die eingebauten Funktionen `ord` (die ein Zeichen in einen numerischen Code konvertiert) und `chr` (die numerische Codes in Zeichen verwandelt) verwenden.

Im Internet werden beispielsweise potenziell anstößige Witze manchmal mit ROT13 verschlüsselt. Sollten Sie nicht so leicht aus der Ruhe zu bringen sein, können Sie ja einige suchen und dekodieren.

Lösung: *rotiere_wort.py*

KAPITEL 9

Fallstudie: Wortspiele

Wortlisten einlesen

Für die Übungen in diesem Kapitel brauchen wir eine Liste deutscher Wörter. Es gibt jede Menge Wortlisten im Internet, aber für unsere Zwecke ist wohl jene Liste am besten geeignet, die Grady Ward zusammengestellt und unter der Public Domain im Rahmen des *Moby Lexicon Project* zur Verfügung gestellt hat (siehe *http://wikipedia.org/wiki/Moby_Project*). Die Liste enthält 159.809 Wörter, die in Kreuzworträtseln und anderen Wortspielen verwendbar sind (die deutschen Sonderzeichen wurden deshalb durch »ae«, »oe«, »ue« und »ss« ersetzt). In der Moby-Sammlung in fünf Sprachen heißt diese Liste *mlang.tar.Z* (unter *http://icon.shef.ac.uk/Moby/*). Sie können aber auch direkt die deutsche Fassung *wortliste.txt* aus den Codebeispielen verwenden.

Diese Datei ist eine reine Textdatei, Sie können sie also mit einem beliebigen Texteditor öffnen – aber auch von Python aus einlesen. Die eingebaute Funktion `open` erwartet einen Dateinamen als Parameter und liefert ein **Dateiobjekt** zurück, mit dem Sie die Datei einlesen können.

```
>>> fin = open('wortliste.txt')
>>> print(fin)
<_io.TextIOWrapper name='wortliste.txt' mode='r' encoding='UTF-8'>
```

`fin` ist ein gebräuchlicher Name für ein Dateiobjekt, das zum Einlesen verwendet wird. Der Modus `'r'` gibt an, dass diese Datei zum Lesen geöffnet wird (im Gegensatz zu`'w'` zum Schreiben).

Das Dateiobjekt bietet mehrere Methoden zum Lesen, unter anderem auch `readline` – eine Methode, die Zeichen aus einer Datei einliest, bis ein Zeilenvorschub erreicht ist und das Ergebnis als String zurückliefert:

```
>>> fin.readline()
'Aale\n'
```

Das erste Wort aus *wortliste.txt* lautet »Aale«. Die Zeichenfolge `\r\n` steht für zwei Whitespace-Zeichen, einen Wagenrücklauf und einen Zeilenvorschub, die dieses Wort vom nächsten trennen.

Das Dateiobjekt merkt sich, an welcher Stelle es sich in der Datei befindet. Wenn Sie `readline` erneut aufrufen, erhalten Sie das nächste Wort:

```
>>> fin.readline()
'Aalen\n'
```

Das nächste Wort lautet »Aalen«. Falls der Whitespace Sie stört, können wir ihn mit der Methode `strip` loswerden:

```
>>> zeile = fin.readline()
>>> wort = zeile.strip()
>>> print(wort)
Aals
```

Sie können ein Dateiobjekt auch als Teil einer `for`-Schleife verwenden. Das folgende Programm liest *wortliste.txt* ein und gibt jedes Wort in einer eigenen Zeile aus:

```
fin = open('wortliste.txt')
for zeile in fin:
    wort = zeile.strip()
    print(wort)
```

Übung 9-1:

Schreiben Sie ein Programm, das *wortliste.txt* einliest und nur Wörter mit mehr als 20 Zeichen ausgibt (ohne Whitespace).

Übungen

Es gibt Lösungen für die Übungen aus dem nächsten Abschnitt. Versuchen Sie erst mal selbst, die Übungen zu bewältigen, bevor Sie die Lösungen lesen.

Übung 9-2:

Im Jahr 1939 veröffentlichte Ernest Vincent Wright eine Novelle mit dem Titel *Gadsby*, die aus 50.100 Wörtern besteht, von denen kein einziges ein »e« enthält. Das ist durchaus eine Leistung, da »e« im Englischen wie auch im Deutschen der am häufigsten vorkommende Buchstabe ist.

Tatsächlich ist das am Anfang auch mühsam. Doch mit Übung und Sorgfalt wird das schon, jedoch gibt das nicht sofort auch Sinn ...

In Ordnung, ich gebe auf.

Schreiben Sie eine Funktion mit dem Namen `hat_kein_e`, die `True` zurückliefert, wenn das angegebene Wort kein »e« enthält.

Ändern Sie Ihr Programm aus dem vorigen Abschnitt dahingehend, dass es nur Wörter ausgibt, die kein »e« enthalten, und berechnen Sie den Prozentsatz dieser Wörter in der Liste.

Übung 9-3:

Schreiben Sie eine Funktion mit dem Namen `vermeiden`, die ein Wort und einen String mit verbotenen Zeichen erwartet und `True` zurückliefert, wenn das Wort keines der verbotenen Zeichen enthält.

Ändern Sie anschließend das Programm so, dass es den Benutzer zur Eingabe eines Strings mit verbotenen Zeichen auffordert und die Anzahl der Wörter ausgibt, die keines dieser Zeichen enthalten. Können Sie eine Kombination aus fünf verbotenen Zeichen finden, die die kleinstmögliche Anzahl Wörter ausschließt?

Übung 9-4:

Schreiben Sie eine Funktion mit dem Namen `verwendet_nur`, die ein Wort und eine Folge von Buchstaben erwartet und `True` zurückliefert, wenn das Wort nur aus Zeichen aus der Liste besteht. Können Sie einen Satz bilden, der nur aus den Zeichen `acefhlo` aufgebaut ist? Auch einen anderen als »Hoe alfalfa?«

Übung 9-5:

Schreiben Sie eine Funktion mit dem Namen `verwendet_alle`, die ein Wort und einen String mit erforderlichen Zeichen erwartet und `True` zurückliefert, wenn in dem Wort alle angegebenen Zeichen vorkommen. Wie viele Wörter gibt es, die alle Vokale `aeiou` enthalten? Was ist mit `aeiouy`?

Übung 9-6:

Schreiben Sie eine Funktion mit dem Namen `ist_alphabetisch`, die `True` zurückliefert, wenn alle Zeichen in einem Wort in alphabetischer Reihenfolge vorkommen (die Zeichen dürfen auch doppelt sein). Wie viele solcher alphabetischen Wörter gibt es?

Suchen

Alle Übungen aus dem vorherigen Abschnitt haben etwas gemeinsam: Sie können mit dem Suchmuster aus dem Abschnitt »Suchen« auf Seite 93 in Kapitel 8 gelöst werden. Das einfachste Beispiel:

```
def hat_kein_e(wort):
    for zeichen in wort:
        if zeichen == 'e':
            return False
    return True
```

Die `for`-Schleife durchläuft die Zeichen in `wort`. Wenn wir das Zeichen »e« finden, können wir sofort `False` zurückliefern. Ansonsten machen wir mit dem nächsten Zeichen weiter. Wenn wir die Schleife ganz durchlaufen, bedeutet das, dass wir kein »e« gefunden haben, und liefern `True` zurück.

vermeiden ist eine allgemeinere Version von hat_kein_e, hat aber dieselbe Struktur:

```
def vermeiden(wort, verboten):
    for zeichen in wort:
        if zeichen in verboten:
            return False
    return True
```

Wir können False zurückliefern, sobald wir ein verbotenes Zeichen finden. Erreichen wir das Ende der Schleife, geben wir True zurück.

verwendet_nur ist ähnlich, lediglich die Bedingung ist umgekehrt:

```
def verwendet_nur(wort, zulässig):
    for zeichen in wort:
        if zeichen not in zulässig:
            return False
    return True
```

Anstelle einer Liste mit verbotenen Zeichen haben wir hier eine Liste mit zulässigen Zeichen. Wenn wir in wort ein Zeichen finden, das nicht in zulässig enthalten ist, liefern wir False zurück.

verwendet_alle ist ebenfalls ähnlich. Allerdings sind die Rollen des Worts und des Strings mit den erforderlichen Zeichen vertauscht:

```
def verwendet_alle(wort, erforderlich):
    for zeichen in erforderlich:
        if zeichen not in wort:
            return False
    return True
```

Anstatt die Zeichen in wort zu durchlaufen, geht die Schleife die erforderlichen Zeichen durch. Wenn eines der erforderlichen Zeichen nicht im Wort vorkommt, wird False zurückgeliefert.

Falls Sie wirklich wie ein Informatiker denken, ist Ihnen aufgefallen, dass verwendet_alle eine Instanz eines zuvor gelösten Problems ist, und haben Folgendes geschrieben:

```
def verwendet_alle(wort, erforderlich):
    return verwendet_nur(erforderlich, wort)
```

Dies ist ein Beispiel für eine Programmentwicklungsmethode namens **Problemerkennung**. Das bedeutet, dass Sie das Problem, an dem Sie gerade arbeiten, als Instanz eines bereits gelösten Problems erkennen und entsprechend eine zuvor entwickelte Lösung darauf anwenden.

Schleifen mit Indizes

Ich habe die Funktionen im vorigen Abschnitt mit for-Schleifen geschrieben, weil ich nur die Zeichen in den Strings gebraucht habe. Mit den Indizes hatte ich nichts zu tun.

Für ist_alphabetisch müssen wir aber benachbarte Zeichen vergleichen, was mit einer for-Schleife ziemlich verzwickt ist:

```
def ist_alphabetisch(wort):
    vorheriges = wort[0]
    for c in wort:
        if c < vorheriges:
            return False
        vorheriges = c
    return True
```

Eine Alternative ist die Rekursion:

```
def ist_alphabetisch(wort):
    if len(wort) <= 1:
        return True
    if wort[0] > wort[1]:
        return False
    return ist_alphabetisch(wort[1:])
```

Eine weitere Möglichkeit besteht in der Verwendung einer while-Schleife:

```
def ist_alphabetisch(wort):
    i = 0
    while i < len(wort)-1:
        if wort[i+1] < wort[i]:
            return False
        i = i+1
    return True
```

Die Schleife beginnt mit i=0 und endet bei i=len(wort)-1. Bei jedem Schleifendurchlauf wird das i-te Zeichen (quasi das aktuelle Zeichen) mit dem i+1-ten Zeichen (dem nächsten) verglichen.

Wenn das nächste Zeichen kleiner als das aktuelle ist (also im Alphabet weiter vorne erscheint), haben wir eine Unterbrechung in der alphabetischen Folge erkannt und liefern den Rückgabewert False.

Wenn wir das Ende der Schleife erreichen, ohne einen Fehler entdeckt zu haben, hat das Wort den Test bestanden. Damit Sie sich davon überzeugen können, dass die Schleife korrekt beendet wird, untersuchen Sie ein Beispiel wie 'beginn'. Die Länge des Worts ist 6, beim letzten Schleifendurchlauf ist i gleich 4. Das entspricht dem Index des vorletzten Zeichens. Bei der letzten Iteration wird das vorletzte Zeichen mit dem letzten Zeichen verglichen – das ist genau das, was wir wollen.

Hier folgt eine Version von ist_palindrom (siehe Übung 6-6), die mit zwei Indizes arbeitet. Einer beginnt am Anfang und zählt aufwärts. Der andere Index beginnt am Ende des Strings und zählt abwärts.

```
def ist_palindrom(wort):
    i = 0
    j = len(wort)-1

    while i<j:
        if wort[i] != wort[j]:
```

```
            return False
        i = i+1
        j = j-1

    return True
```

Sollte Ihnen aufgefallen sein, dass dies eine Instanz eines bereits gelösten Problems ist, können Sie aber auch schreiben:

```
def ist_palindrom(wort):
    return ist_umkehrung(wort, wort)
```

Natürlich vorausgesetzt, Sie haben Übung 8-9 gelöst.

Debugging

Es ist knifflig, Programme zu testen. Die Funktionen in diesem Kapitel sind relativ einfach zu überprüfen, weil Sie die Ergebnisse auch von Hand bestätigen können. Trotzdem ist es schwierig bis unmöglich, Wörter zu finden, mit denen Sie alle möglichen Fehler testen können.

Beispielsweise gibt es in `hat_kein_e` zwei offensichtliche Fälle zu prüfen: Wörter mit einem »e« sollen den Wert `False` liefern. Alle anderen Wörter sollen `True` ergeben. Da haben Sie keinerlei Schwierigkeiten, sich je eines zu überlegen.

In jedem der beiden Fälle gibt es aber auch einige weniger offensichtliche Unterfälle. Bei den Wörtern mit einem »e« sollten Sie auch Wörter mit einem »e« am Anfang, am Ende und irgendwo in der Mitte testen. Außerdem sollten Sie lange Wörter, kurze Wörter und sehr kurze Wörter testen – wie etwa einen Leerstring. Der Leerstring ist ein Beispiel für einen **Sonderfall**, also einen der absolut nicht offensichtlichen Fälle, hinter denen sich oft Fehler verstecken können.

Zusätzlich zu solchen Testfällen können Sie Ihr Programm auch mit einer Wortliste, wie z. B. *wortliste.txt*, testen. Indem Sie die Ausgabe untersuchen, können Sie unter Umständen Fehler aufspüren. Aber Vorsicht: Eventuell finden Sie nur eine bestimmte Art von Fehlern (wie etwa Wörter, die nicht in der Ausgabe erscheinen sollten, aber trotzdem auftauchen), eine andere Art von Fehlern dagegen nicht (wie etwa Wörter, die im Ergebnis auftauchen sollten, aber trotzdem nicht erscheinen).

Üblicherweise können Tests Ihnen dabei helfen, Fehler zu finden. Aber es ist nicht einfach, eine gute Sammlung von Testfällen zu generieren. Und selbst dann können Sie nicht sicher sein, dass Ihr Programm wirklich korrekt arbeitet.

So hat es ein legendärer Informatiker auf den Punkt gebracht:

> Durch Testen kann man stets nur die Anwesenheit, nie aber die Abwesenheit von Fehlern beweisen.
>
> Edsger W. Dijkstra

Glossar

Dateiobjekt:
Wert, der eine geöffnete Datei abbildet

Problemerkennung:
Lösung eines Problems, indem Sie es als Instanz eines zuvor gelösten Problems ausdrücken

Sonderfall:
Testfall, der entweder atypisch oder nicht offensichtlich ist (und mit geringerer Wahrscheinlichkeit korrekt behandelt wird)

Übungen

Übung 9-7:

Diese Übung basiert auf einem Rätsel aus der amerikanischen Radiosendung *Car Talk*:

> »Neulich bin ich auf der Autobahn gefahren und habe einen Blick auf meinen Kilometerzähler geworfen. Wie die meisten Kilometerzähler zeigte er sechs Ziffern in Meilen. Wenn ich also beispielsweise 300.000 Meilen mit meinem Auto gefahren bin, zeigt der Tacho 3-0-0-0-0-0.
>
> Was ich an diesem Tag gesehen habe, fand ich sehr interessant: Mir fiel auf, dass die letzten vier Stellen ein Palindrom waren, vorwärts und rückwärts also identisch zu lesen waren. Ein Beispiel für ein Palindrom wäre etwa 5-4-4-5. Mein Kilometerzähler hätte also beispielsweise 3-1-5-4-4-5 zeigen können.
>
> Eine Meile später waren die letzten fünf Stellen ein Palindrom – wie zum Beispiel 3-6-5-4-5-6. Eine weitere Meile später waren die mittleren vier der sechs Zahlen ein Palindrom. Und halten Sie sich fest: Eine Meile später waren alle sechs Ziffern ein Palindrom!
>
> Die Frage lautet nun: »Was zeigte mein Kilometerzähler, als ich zum ersten Mal darauf geschaut hatte?«

Schreiben Sie ein Python-Programm, das alle sechsstelligen Zahlen testet und die Zahlen ausgibt, die diesen Vorgaben entsprechen.

Lösung: *cartalk1.py*

Übung 9-8:

Hier kommt noch ein *Car Talk*-Rätsel, das Sie mit einer Suche lösen können:

> »Kürzlich hat mich meine Mutter besucht, und wir haben festgestellt, dass die beiden Ziffern meines Alters genau den umgekehrten Ziffern ihres Alters entsprechen. Wäre sie beispielsweise 73, wäre ich 37. Wir haben uns gefragt, wie oft das wohl in unser beider Leben vorkommt. Aber wir haben uns dann über andere Themen unterhalten und deshalb nie eine Antwort auf diese Frage gefunden.

> Als ich nach Hause kam, bin ich darauf gekommen, dass die Zahlen unseres Alters bereits sechsmal austauschbar waren. Außerdem bin ich zu dem Ergebnis gekommen, dass es mit ein bisschen Glück in ein paar Jahren wieder so weit ist. Und mit ganz viel Glück könnten wir es noch einmal danach schaffen. Damit wären es insgesamt achtmal. Und nun die Frage: Wie alt bin ich jetzt?«

Schreiben Sie ein Python-Programm, das die Lösung für dieses Rätsel sucht. Tipp: Vielleicht stellt sich ja die String-Methode `zfill` als nützlich heraus.

Lösung: *cartalk2.py*

KAPITEL 10

Listen

Eine Liste ist eine Sequenz

Genau wie ein String ist eine **Liste** eine Folge von Werten. In einem String sind diese Werte Zeichen. In einer Liste können die Werte beliebigen Typs sein. Die Werte in einer Liste bezeichnet man als **Elemente**.

Es gibt mehrere Möglichkeiten, eine neue Liste anzulegen. Die einfachste besteht darin, die Elemente in eckige Klammern zu schreiben ([und]):

```
[10, 20, 30, 40]
['crunchy frog', 'ram bladder', 'lark vomit']
```

Das erste Beispiel ist eine Liste mit vier Integer-Werten. Das zweite ist eine Liste mit drei Strings (kennen Sie den Sketch von Monty Python?). Die Elemente einer Liste müssen aber nicht vom selben Typ sein. Die folgende Liste enthält einen String, eine Fließkommazahl, einen Integer und – genau! – eine weitere Liste:

```
['spam', 2.0, 5, [10, 20]]
```

Eine Liste innerhalb einer anderen Liste nennt man **verschachtelt**.

Eine Liste, die keine Elemente enthält, bezeichnet man als leere Liste. Leere Listen können Sie mit leeren eckigen Klammern erstellen: [].

Wie Sie sich schon gedacht haben, können Sie Listenwerte auch Variablen zuweisen:

```
>>> kaesesorten = ['Cheddar', 'Edamer', 'Gouda']
>>> zahlen = [17, 123]
>>> leer = []
>>> print(kaesesorten, zahlen, leer)
['Cheddar', 'Edamer', 'Gouda'] [17, 123] []
```

Listen können geändert werden

Die Syntax für den Zugriff auf die Elemente einer Liste ist dieselbe wie für den Zugriff auf die Zeichen eines Strings: der Klammer-Operator. Der Ausdruck innerhalb der Klammern ist der Index. Denken Sie daran, dass der Index immer mit 0 beginnt:

```
>>> print(kaesesorten[0])
Cheddar
```

Im Gegensatz zu Strings sind Listen veränderbar. Wenn der Klammer-Operator auf der linken Seite einer Zuweisung erscheint, repräsentiert er das Listenelement, dem der Wert zugewiesen wird.

```
>>> zahlen = [17, 123]
>>> zahlen[1] = 5
>>> print(zahlen)
[17, 5]
```

Das `1`-te Element von `zahlen`, das einmal `123` war, ist jetzt `5`.

Eine Liste können Sie sich als Beziehung zwischen Indizes und Elementen vorstellen. Diese Beziehung nennt man **Mapping**. Jedem Index ist eines der Elemente zugeordnet. Abbildung 10-1 zeigt das Zustandsdiagramm für `kaesesorten`, `zahlen` und `leer`:

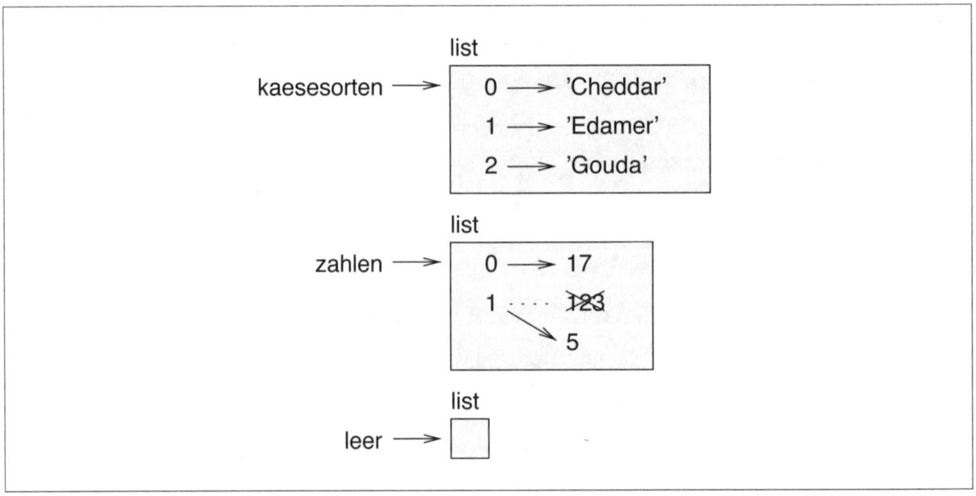

Abbildung 10-1: Zustandsdiagramm

Listen werden durch Kästen mit dem Wort »Liste« und den Elementen darin dargestellt. `kaesesorten` bezieht sich auf eine Liste mit drei Elementen mit den Indizes `0`, `1` und `2`. `zahlen` enthält zwei Elemente. Das Diagramm zeigt, dass dem zweiten Element statt dem ursprünglichen Wert `123` der Wert `5` zugewiesen wurde. `leer` bezieht sich auf eine Liste ohne Elemente.

Indizes für Listen funktionieren genauso wie Indizes für Strings:

- Ein beliebiger ganzzahliger Ausdruck kann als Index verwendet werden.
- Wenn Sie versuchen, ein Element zu lesen oder zu schreiben, das nicht existiert, erhalten Sie einen `IndexError`.
- Hat ein Index einen negativen Wert, wird dieser rückwärts vom Ende der Liste gezählt.

Der `in`-Operator funktioniert auch mit Listen:

```
>>> kaesesorten = ['Cheddar', 'Edamer', 'Gouda']
>>> 'Edamer' in kaesesorten
True
>>> 'Brie' in kaesesorten
False
```

Listen durchlaufen

Der gebräuchlichste Weg, die Elemente einer Liste zu durchlaufen, ist eine `for`-Schleife. Die Syntax ist die gleiche wie für Strings:

```
for kaese in kaesesorten:
    print(kaese)
```

Das funktioniert wunderbar, solange Sie die Elemente der Liste nur lesen möchten. Wenn Sie aber die Elemente schreiben oder aktualisieren möchten, brauchen Sie den jeweiligen Index. Häufig werden dazu die Funktionen `range` und `len` kombiniert:

```
for i in range(len(zahlen)):
    zahlen[i] = zahlen[i] * 2
```

Diese Schleife durchläuft die Liste und aktualisiert jedes Element. `len` liefert die Anzahl der Elemente in der Liste. `range` liefert eine Liste der Indizes von `0` bis `n-1`, wobei `n` gleich der Länge der Liste ist. Bei jedem Schleifendurchlauf enthält `i` den Index des nächsten Elements. Die Zuweisungsanweisung im Body verwendet wiederum `i` dazu, den alten Wert des Elements zu lesen und den neuen Wert zuzuweisen.

Bei einer `for`-Schleife für eine leere Liste wird der Body niemals ausgeführt:

```
for x in []:
    print('Dazu wird es nie kommen.')
```

Obwohl eine Liste auch eine andere Liste enthalten kann, zählt die verschachtelte Liste als ein einziges Element. Die Länge dieser Liste ist vier:

```
['spam', 1, ['Brie', 'Roquefort', 'Pol le Veq'], [1, 2, 3]]
```

Operationen mit Listen

Der Operator + konkateniert Listen:

```
>>> a = [1, 2, 3]
>>> b = [4, 5, 6]
>>> c = a + b
>>> print(c)
[1, 2, 3, 4, 5, 6]
```

Analog wiederholt der Operator * eine Liste n-mal:

```
>>> [0] * 4
[0, 0, 0, 0]
>>> [1, 2, 3] * 3
[1, 2, 3, 1, 2, 3, 1, 2, 3]
```

Im ersten Beispiel wird `[0]` viermal wiederholt. Im zweiten Beispiel wird die Liste `[1, 2, 3]` dreimal wiederholt.

Listen-Slices

Der Slice-Operator funktioniert auch mit Listen:

```
>>> t = ['a', 'b', 'c', 'd', 'e', 'f']
>>> t[1:3]
['b', 'c']
>>> t[:4]
['a', 'b', 'c', 'd']
>>> t[3:]
['d', 'e', 'f']
```

Wenn Sie den ersten Index weglassen, beginnt das Slice am Anfang. Wenn Sie den zweiten Index weglassen, geht das Slice bis zum Ende. Wenn Sie beide Indizes weglassen, ist das Slice eine Kopie der gesamten Liste.

```
>>> t[:]
['a', 'b', 'c', 'd', 'e', 'f']
```

Da Listen verändert werden können, ist es häufig besser, eine Kopie anzufertigen, bevor Sie entsprechende Operationen durchführen.

Mit einem Slice-Operator auf der linken Seite einer Zuweisung können Sie mehrere Elemente auf einmal aktualisieren:

```
>>> t = ['a', 'b', 'c', 'd', 'e', 'f']
>>> t[1:3] = ['x', 'y']
>>> print(t)
['a', 'x', 'y', 'd', 'e', 'f']
```

Methoden für Listen

Python bietet Methoden für die Verarbeitung von Listen. Beispielsweise hängt `append` ein neues Element am Ende einer Liste an:

```
>>> t = ['a', 'b', 'c']
>>> t.append('d')
>>> print(t)
['a', 'b', 'c', 'd']
```

`extend` erwartet eine Liste als Argument und hängt alle Elemente an eine andere Liste an:

```
>>> t1 = ['a', 'b', 'c']
>>> t2 = ['d', 'e']
>>> t1.extend(t2)
>>> print(t1)
['a', 'b', 'c', 'd', 'e']
```

In diesem Beispiel bleibt `t2` unverändert.

`sort` sortiert die Elemente einer Liste von unten nach oben:

```
>>> t = ['d', 'c', 'e', 'b', 'a']
>>> t.sort()
>>> print(t)
['a', 'b', 'c', 'd', 'e']
```

Keine der Methoden für Listen hat einen Rückgabewert. Sie verändern die Liste und liefern `None`. Falls Sie versehentlich `t = t.sort()` schreiben, werden Sie vom Ergebnis enttäuscht sein.

Map, Filter und Reduktion

Um alle Zahlen in einer Liste zu addieren, können Sie eine Schleife wie die folgende verwenden:

```
def addiere_alle(t):
    summe = 0
    for x in t:
        summe += x
    return summe
```

`summe` wird mit dem Wert `0` initialisiert. Bei jedem Schleifendurchgang liest `x` ein Element aus der Liste aus. Der Operator `+=` bietet eine Kurzschreibweise, um die Variable zu aktualisieren. Die folgende **erweiterte Zuweisung**

```
    summe += x
```

ist identisch mit:

```
    summe = summe + x
```

Während die Schleife ausgeführt wird, sammelt `summe` die Summe der Elemente. Eine Variable, die auf diese Weise verwendet wird, bezeichnet man manchmal auch als **Akkumulator**.

Die Summierung aller Elemente einer Liste ist eine so häufig benötigte Aufgabe, dass Python dafür die eingebaute Funktion sum zur Verfügung stellt:

```
>>> t = [1, 2, 3]
>>> sum(t)
6
```

Operationen wie diese, bei der eine Sequenz von Elementen zu einem einzigen Wert zusammengefasst wird, bezeichnet man manchmal als **Reduktion**.

Übung 10-1:

Schreiben Sie eine Funktion mit dem Namen verschachtelte_summe, die eine verschachtelte Liste von Integer-Werten erwartet und die Elemente aller verschachtelten Listen summiert.

Manchmal möchten Sie eine Liste durchlaufen, während Sie eine andere aufbauen. Die folgende Funktion nimmt beispielsweise eine Liste von Strings entgegen und liefert eine neue Liste zurück, die diese Strings als Großbuchstaben enthält:

```
def alles_gross(t):
    res = []
    for s in t:
        res.append(s.capitalize())
    return res
```

res wird mit einer leeren Liste initialisiert. Bei jedem Schleifendurchgang hängen wir das nächste Element am Ende an. Insofern ist res ebenfalls eine Art Akkumulator.

Vorgänge wie alles_gross werden manchmal als **Map** bezeichnet, weil sie eine Funktion (in diesem Fall die Methode capitalize) auf alle Elemente einer Folge anwenden.

Übung 10-2:

Verwenden Sie alles_gross, um eine Funktion mit dem Namen verschachtelt_gross zu schreiben, die eine verschachtelte Liste von Strings entgegennimmt und eine neue verschachtelte Liste liefert, in der alle Strings in Großbuchstaben enthalten sind.

Eine weitere typische Aufgabe besteht darin, nur bestimmte Elemente einer Liste auszuwählen und diese als Teilliste zurückzuliefern. Die folgende Funktion erwartet beispielsweise eine Liste von Strings und liefert eine Liste als Rückgabewert, die nur diejenigen Strings enthält, die aus Großbuchstaben bestehen:

```
def nur_grosse(t):
    res = []
    for s in t:
        if s.isupper():
            res.append(s)
    return res
```

isupper ist eine String-Methode, die True zurückliefert, wenn der String nur Großbuchstaben enthält.

Eine Funktion wie `nur_grosse` bezeichnet man als **Filter**, weil sie nur bestimmte Elemente auswählt und die anderen ausfiltert.

Die meisten typischen Operationen mit Listen lassen sich als Kombination aus Map, Filter und Reduktion umsetzen. Und da diese Aufgaben so gebräuchlich sind, bietet Python Sprachfunktionen, um diese zu unterstützen. Dazu gehören die eingebaute Funktion `map` sowie ein Operator mit dem Namen »Listen-Abstraktion«.

Übung 10-3:

Schreiben Sie eine Funktion, die eine Liste von Zahlen erwartet und die kumulative Summe zurückliefert. Der Rückgabewert soll eine neue Liste sein, in der das *i*-te Element gleich der Summe der ersten *i+1* Elemente aus der ursprünglichen Liste ist. Die kumulative Summe von `[1, 2, 3]` ist beispielsweise `[1, 3, 6]`.

Listen-Abstraktionen

Um Listen zur Laufzeit zu erzeugen, kann man zwar mit einer leeren Liste anfangen und schrittweise mit der Methode `append` weitere Elemente hinzufügen. Das kann aber sehr umständlich sein. Man kann auch die eingebauten Funktionen `map` und `filter` benutzen, was aber auch nicht immer praktisch ist, weil man dafür weitere Python-Funktionen aufrufen (und definieren) muss. Was man daher gerne hätte, ist ein kompakter Ausdruck, der am besten auch für Einzeiler geeignet ist.

Genau das bieten Listen-Abstraktionen (engl. *list comprehensions*). Wenn Sie normalerweise z. B. eine Liste der ersten 10 natürlichen Zahlen (inklusive der Null) zum Quadrat berechnen wollen, dann können Sie drei Zeilen dieser Art mit `append` schreiben:

```
quadrate = []
for x in range(10):
    quadrate.append(x**2)
```

Oder Sie schreiben drei andere Zeilen mit `map`:

```
def quadriere(x):
    return x**2

quadrate = list(map(quadriere, range(10)))
```

Das gleiche Ergebnis, `[0, 1, 4, 9, 16, 25, 36, 49, 64, 81]`, erhalten Sie aber auch mit einer Listen-Abstraktion in nur einer Zeile, bei der ein Ausdruck in eckigen Klammern (wie bei Listen) für alle Elemente einer Schleifeniteration berechnet wird:

```
quadrate = [x**2 for x in range(10)]
```

Auch die Funktionalität der eingebauten `filter`-Funktion kann man in diesen Ausdrücken nutzen, indem man eine Bedingung nach der `for`-Schleife am Ende der Listen-Abstraktion hinzufügt. Auf diese Weise lassen sich die Ergebnisse z. B. auf Zahlen beschränken, die ungerade Quadrate haben (und folglich selbst ungerade sind):

```
>>> [x**2 for x in range(10) if x**2 % 2 == 1]
[1, 9, 25, 49, 81]
```

Listen-Abstraktionen haben unter Python-Programmierern große Verbreitung gefunden und lassen sich außerdem auch in mehreren Schleifen verschachteln. Wenn man sie nicht gar zu exzessiv einsetzt, kann der Code gleichzeitig ausdrucksstark, kompakt und lesbar bleiben. Mehr dazu finden Sie unter *https://docs.python.org/3/tutorial/datastructures.html#list-comprehensions*.

Elemente löschen

Es gibt mehrere Möglichkeiten, Elemente aus einer Liste zu löschen. Wenn Sie den Index des gewünschten Elements kennen, können Sie die Methode `pop` verwenden:

```
>>> t = ['a', 'b', 'c']
>>> x = t.pop(1)
>>> print(t)
['a', 'c']
>>> print(x)
b
```

`pop` ändert die Liste und liefert das gelöschte Element zurück. Wenn Sie keinen Index angeben, wird das letzte Element gelöscht und zurückgegeben.

Brauchen Sie den gelöschten Wert nicht, können Sie den `del`-Operator verwenden:

```
>>> t = ['a', 'b', 'c']
>>> del t[1]
>>> print(t)
['a', 'c']
```

Wenn Sie das Element kennen, das Sie entfernen möchten (aber nicht seinen Index), können Sie `remove` verwenden:

```
>>> t = ['a', 'b', 'c']
>>> t.remove('b')
>>> print(t)
['a', 'c']
```

Der Rückgabewert von `remove` ist `None`.

Möchten Sie mehr als ein Element löschen, können Sie `del` mit einem Slice-Index verwenden:

```
>>> t = ['a', 'b', 'c', 'd', 'e', 'f']
>>> del t[1:5]
>>> print(t)
['a', 'f']
```

Wie gehabt, wählt das Slice alle Elemente bis zum ersten Index, aber nicht einschließlich des zweiten.

Übung 10-4:

Schreiben Sie eine Funktion mit dem Namen `mitte`, die eine Liste als Argument erwartet und eine neue Liste zurückgibt, die alle Elemente bis auf das erste und das letzte enthält. `mitte([1,2,3,4])` sollte also den Rückgabewert `[2,3]` liefern.

Übung 10-5:

Schreiben Sie eine Funktion mit dem Namen `schnipp`, die eine Liste erwartet, die das erste und das letzte Element entfernt und den Rückgabewert `None` liefert.

Listen und Strings

Ein String ist eine Sequenz von Zeichen, und eine Liste ist eine Sequenz von Werten. Aber eine Liste mit Zeichen ist nicht dasselbe wie ein String. Wenn Sie einen String in eine Liste von Zeichen konvertieren möchten, können Sie das mit `list` tun:

```
>>> s = 'spam'
>>> t = list(s)
>>> print(t)
['s', 'p', 'a', 'm']
```

Da `list` der Name einer eingebauten Funktion ist, sollten Sie ihn nicht als Variablennamen verwenden. Auch `l` sollten Sie vermeiden, weil es fast wie eine `1` aussieht. Deshalb verwende ich hier `t`.

Die Funktion `list` zerlegt einen String in einzelne Zeichen. Wenn Sie dagegen einen String in einzelne Wörter aufteilen möchten, verwenden Sie dazu die `split`-Methode:

```
>>> s = 'Sehnsucht nach den Fjorden'
>>> t = s.split()
>>> print(t)
['Sehnsucht', 'nach', 'den', 'Fjorden']
```

Mit einem optionalen Argument für das **Trennzeichen** können Sie angeben, welches Zeichen als Begrenzung für die einzelnen Wörter dienen soll. Im folgenden Beispiel wird ein Bindestrich als Trennzeichen verwendet:

```
>>> s = 'spam-spam-spam'
>>> trennzeichen = '-'
>>> s.split(trennzeichen)
['spam', 'spam', 'spam']
```

`join` macht das Gegenteil von `split`. Diese Methode erwartet eine Liste von Strings und konkateniert die einzelnen Elemente. `join` ist eine String-Methode. Sie nehmen das gewünschte Trennzeichen als String, rufen für diesen String die Methode auf und übergeben die Liste als Parameter:

```
>>> t = ['Sehnsucht', 'nach', 'den', 'Fjorden']
>>> trennzeichen = ' '
>>> trennzeichen.join(t)
'Sehnsucht nach den Fjorden'
```

In diesem Fall ist das Trennzeichen ein Leerzeichen, deshalb schreibt `join` Leerzeichen zwischen die einzelnen Wörter. Wenn Sie die Elemente ohne Zwischenraum zusammenfügen möchten, können Sie den Leerstring `''` als Trennzeichen angeben.

Objekte und Werte

Angenommen, wir führen die folgenden Zuweisungen aus:

```
a = 'banane'
b = 'banane'
```

Dann wissen wir, dass sich sowohl `a` als auch `b` auf einen String beziehen. Aber wir wissen nicht, ob sie sich auf **denselben** String beziehen. Es gibt zwei mögliche Zustände, die Sie in Abbildung 10-2 sehen.

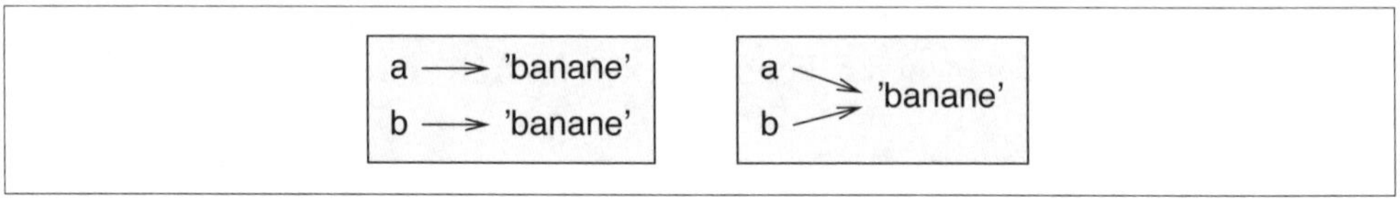

Abbildung 10-2: Zustandsdiagramm

Im ersten Fall beziehen sich `a` und `b` auf zwei unterschiedliche Objekte, die denselben Wert haben. Im zweiten Fall beziehen sie sich auf dasselbe Objekt.

Wenn Sie überprüfen möchten, ob sich zwei Variablen auf dasselbe Objekt beziehen, können Sie dafür den `is`-Operator verwenden:

```
>>> a = 'banane'
>>> b = 'banane'
>>> a is b
True
```

In diesem Fall hat Python nur ein String-Objekt angelegt, und sowohl `a` als auch `b` beziehen sich darauf.

Wenn Sie dagegen zwei Listen erstellen, erhalten Sie zwei Objekte:

```
>>> a = [1, 2, 3]
>>> b = [1, 2, 3]
>>> a is b
False
```

Entsprechend sieht das Zustandsdiagramm so wie in Abbildung 10-3 aus:

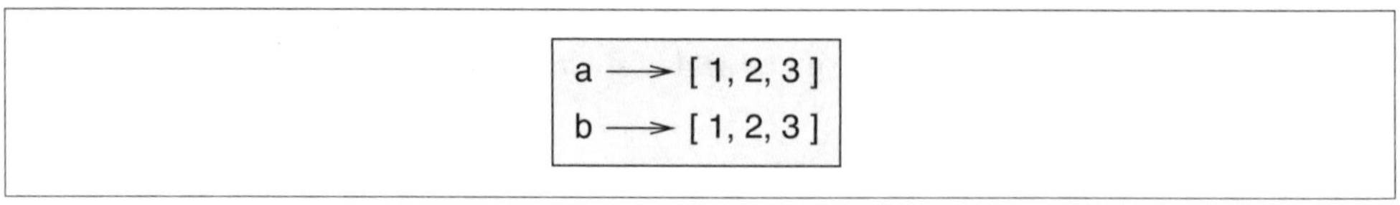

Abbildung 10-3: Zustandsdiagramm

In diesem Fall können wir sagen, dass die beiden Listen **gleich** sind, weil sie die gleichen Elemente enthalten. Sie sind aber nicht **identisch**, weil sie nicht dasselbe Objekt sind. Wenn zwei Objekte identisch sind, sind sie auch gleich. Andererseits sind zwei Objekte nicht notwendigerweise identisch, wenn sie gleich sind.

Bis jetzt haben wir die Wörter »Objekt« und »Wert« als Synonyme verwendet. Genau genommen ist es aber richtiger, wenn man sagt, dass ein Objekt einen Wert hat. Wenn Sie `[1,2,3]` eingeben, erhalten Sie ein Listen-Objekt, dessen Wert eine Folge von ganzen Zahlen ist. Enthält eine andere Liste die gleichen Elemente, können wir sagen, dass sie den gleichen Wert hat, es sich aber nicht um dasselbe Objekt handelt.

Aliasing

Wenn `a` auf ein Objekt verweist und Sie `b = a` zuweisen, verweisen beide Variablen auf dasselbe Objekt:

```
>>> a = [1, 2, 3]
>>> b = a
>>> b is a
True
```

Das entsprechende Zustandsdiagramm sieht dann wie dasjenige in Abbildung 10-4 aus.

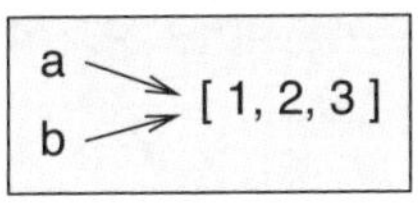

Abbildung 10-4: Zustandsdiagramm

Die Zuordnung einer Variablen zu einem Objekt nennt man **Referenz**. In diesem Beispiel gibt es zwei Referenzen auf dasselbe Objekt.

Ein Objekt, für das mehr als eine Referenz existiert, hat mehr als einen Namen, quasi einen Alias. Deswegen spricht man in diesem Fall von **Aliasing**.

Falls das Objekt veränderbar ist, für das ein Alias existiert, wirken sich Änderungen, die an einem Alias vorgenommen werden, auch auf den anderen aus:

```
>>> b[0] = 17
>>> print(a)
[17, 2, 3]
```

Dieses Verhalten kann zwar nützlich sein, aber auch zu Fehlern führen. Üblicherweise ist es sicherer, das Aliasing von veränderbaren Objekten zu vermeiden.

Bei unveränderbaren Objekten (wie etwa Strings) stellt das Aliasing kein sonderliches Problem dar:

```
a = 'banane'
b = 'banane'
```

Es kommt fast nie darauf an, ob sich `a` und `b` auf denselben String beziehen oder nicht.

Listen als Argument

Wenn Sie eine Liste an eine Funktion übergeben, erhält die Funktion eine Referenz auf die Liste. Verändert die Funktion eine als Parameter übergebene Liste, sind diese Änderungen auch für den Aufrufenden sichtbar. Im folgenden Beispiel löscht `loesche_ersten` das erste Element aus einer Liste:

```
def loesche_ersten(t):
    del t[0]
```

So wird die Funktion verwendet:

```
>>> buchstaben = ['a', 'b', 'c']
>>> loesche_ersten(buchstaben)
>>> print(buchstaben)
['b', 'c']
```

In diesem Fall sind der Parameter `t` und die Variable `buchstaben` Aliase für dasselbe Objekt. Das zugehörige Stapeldiagramm sehen Sie in Abbildung 10-5.

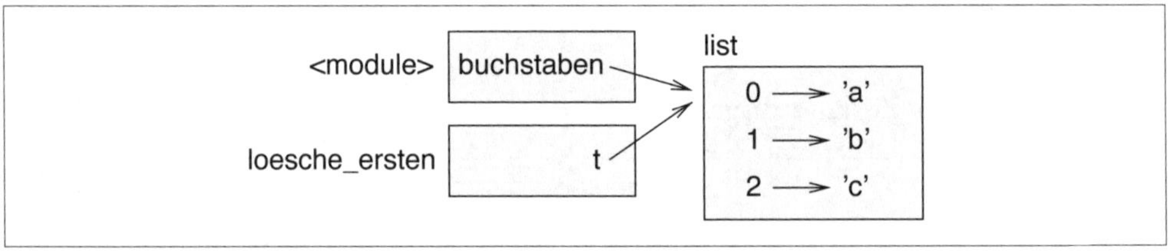

Abbildung 10-5: Stapeldiagramm

Da die Liste von zwei Frames gemeinsam genutzt wird, habe ich sie daneben dargestellt.

Es ist wichtig, zwischen Operationen zu unterscheiden, die Listen verändern, und solchen, die neue Listen erstellen. Die Methode `append` verändert beispielsweise eine Liste. Der Operator + erstellt dagegen eine neue Liste:

```
>>> t1 = [1, 2]
>>> t2 = t1.append(3)
>>> print(t1)
[1, 2, 3]
>>> print(t2)
None

>>> t3 = t1 + [4]
>>> print(t3)
[1, 2, 3, 4]
```

Dieser Unterschied ist insbesondere dann wichtig, wenn Sie Funktionen schreiben, die Listen verändern sollen. Die folgende Funktion löscht beispielsweise nicht das erste Element einer Liste:

```
def falsche_loesche_erstes(t):
    t = t[1:]              # FALSCH!
```

Der Slice-Operator erstellt eine neue Liste, und durch die Zuweisung verweist t zwar darauf, aber all das hat keinerlei Auswirkungen auf die Liste, die als Argument übergeben wurde.

Eine Alternative besteht darin, eine Funktion zu schreiben, die eine neue Liste erstellt und diese zurückgibt. Die folgende Funktion rest liefert beispielsweise alle Elemente einer Liste bis auf das erste als Rückgabewert:

```
def rest(t):
    return t[1:]
```

Diese Funktion verändert an der ursprünglichen Liste nichts. Deshalb wird sie folgendermaßen verwendet:

```
>>> buchstaben = ['a', 'b', 'c']
>>> rest = rest(buchstaben)
>>> print(rest)
['b', 'c']
```

Mengen

Python kennt noch eine weitere Form von Sequenzen, die man oberflächlich betrachtet leicht für listenähnlich halten könnte. In der Mathematik heißen sie Mengen. Ihre zwei Hauptmerkmale bestehen darin, dass die Elemente einer Menge keiner Ordnung unterliegen und dass jedes Element der Menge nur genau einmal darin vorkommen darf.

In Python existiert dafür der veränderliche Datentyp set und dessen unveränderliche Variante frozenset. Beide können Sie aus einer Liste von Objekten (Elementen) erzeugen, ersteren auch als Literal mit geschweiften Klammern, in dem die Elemente durch Kommata getrennt werden (beachten Sie, dass die Reihenfolge keine Rolle spielt):

```
>>> s1 = set([None, 1, '2', 3])
>>> s2 = {None, 1, '2', 3}
>>> s1
{1, '2', None, 3}
>>> s2
{'2', 1, 3, None}
>>> s1 == s2
True
```

In den folgenden Zeilen werden Elemente ähnlich wie bei Listen hinzugefügt und entfernt, aber mit anderen Methodennamen. Beachten Sie, dass Sie wegen der fehlenden Ordnung nicht über die Position eines Elementes darauf zugreifen können:

```
>>> s = {None, 1, '2', 3}
>>> s
{'2', 1, 3, None}
>>> s.add(4)
>>> s
{'2', 1, 3, None, 4}
>>> s.add(4)
>>> s
{'2', 1, 3, None, 4}
```

```
>>> s[0]
Traceback (most recent call last):
  File "<stdin>", line 1, in <module>
TypeError: 'set' object does not support indexing
```

Außerdem können Sie eine leere Menge als Literal nicht mit einem leeren Paar geschweifter Klammern ausdrücken, da dieses schon für Dictionaries reserviert ist. Stattdessen müssen Sie `set()` verwenden:

```
>>> s.remove(3)
>>> s
{'2', 1, None, 4}
>>> s.clear()
>>> s
set()
```

Der Inhalt eines `frozenset` lässt sich später nicht mehr verändern, was der Name ja schon ausdrückt:

```
>>> f = frozenset([1, 2, 3])
>>> f.add(4)
Traceback (most recent call last):
  File "<stdin>", line 1, in <module>
AttributeError: 'frozenset' object has no attribute 'add'
```

Solche Mengen sind immer dann vorteilhaft, wenn man sonst Listen auf verschiedenste Weise vergleichen würde, z. B. ob eine Liste in einer anderen enthalten ist oder ob sich zwei Listen überschneiden oder gänzlich verschieden sind etc.

Das sind genau die üblichen Operationen auf Mengen, die vom eingebauten Mengen-Typ bereitgestellt werden. Solche Mengenobjekte in Python haben Methoden wie `issubset`, `issuperset`, `intersection`, `difference`, `union` und noch weitere:

```
>>> s1 = {None, 1, '2', 3}
>>> s2 = {1, 3}
>>> s2.issubset(s1)
True
>>> s1.issuperset(s2)
True
>>> s1.difference(s2)
{'2', None}
>>> s3 = {1, 3, 5, 7}
>>> s1.union(s3)
{1, 3, 5, 7, '2', None}
>>> s1.symmetric_difference(s3)
{'2', None, 5, 7}
```

Und schließlich dürfen Sie auch so etwas wie Mengen-Abstraktionen analog zu Listen-Abstraktionen bilden, auch wenn dieser Name dafür eher weniger gebräuchlich ist. Die ersten beiden folgenden Codezeilen sind äquivalent und erzeugen die gleiche Menge von Quadratzahlen:

```
>>> s = {i ** 2 for i in range(10)}
>>> s = set([i ** 2 for i in range(10)])
>>> s
{0, 1, 4, 9, 16, 25, 36, 49, 64, 81}
```

Und mit der eingebauten Funktion `list` kann eine Menge in eine Liste umgewandelt werden, wobei die Reihenfolge nicht definiert ist:

```
>>> list(s)
[0, 1, 64, 4, 36, 9, 16, 49, 81, 25]
```

Debugging

Der unvorsichtige Einsatz von Listen (und anderen veränderbaren Objekten) kann zu vielen Stunden Debugging führen. Im Folgenden stelle ich Ihnen einige häufige Stolperfallen vor und erkläre, wie Sie sie vermeiden können:

1. Denken Sie daran, dass die meisten Listenmethoden das Argument verändern und `None` zurückliefern. Das ist das genaue Gegenteil der String-Methoden, die einen neuen String zurückliefern und das Original unberührt lassen.

   Wenn Sie daran gewöhnt sind, Stringcode wie den folgenden zu schreiben:

   ```
   wort = wort.strip()
   ```

   ... dann ist die Versuchung groß, Code wie den folgenden mit Listen zu schreiben:

   ```
   t = t.sort()            # FALSCH!
   ```

   Da `sort` den Wert `None` zurückliefert, werden die nächsten Operationen mit `t` höchstwahrscheinlich fehlschlagen.

   Bevor Sie mit Methoden und Operatoren für Listen arbeiten, sollten Sie die Dokumentation aufmerksam lesen und diese im interaktiven Modus testen. Die Methoden und Operatoren, die Listen mit anderen Sequenzen (wie Strings) gemeinsam haben, finden Sie unter *https://docs.python.org/3/library/stdtypes.html#common-sequence-operations*. Die Methoden und Operatoren, die nur für veränderbare Sequenzen gelten, sind unter *https://docs.python.org/3/library/stdtypes.html#mutable-sequence-types* dokumentiert.

2. Suchen Sie sich eine Syntaxvariante aus, und bleiben Sie dabei.

   Eines der Probleme mit Listen besteht darin, dass es zu viele Möglichkeiten gibt, die verschiedenen Operationen vorzunehmen. Um ein Element aus einer Liste zu entfernen, können Sie beispielsweise mit `pop`, `remove`, `del` oder sogar mit einer Slice-Zuweisung arbeiten.

   Elemente hinzufügen können Sie entweder mit der `append`-Methode oder dem Operator `+`. Angenommen, `t` ist eine Liste und `x` ein Listenelement. Dann sind die folgenden Anweisungen richtig:

   ```
   t.append(x)
   t = t + [x]
   ```

   Und diese sind falsch:

   ```
   t.append([x])           # FALSCH!
   t = t.append(x)         # FALSCH!
   t + [x]                 # FALSCH!
   t = t + x               # FALSCH!
   ```

Probieren Sie jedes dieser Beispiele im interaktiven Modus aus, und vergewissern Sie sich, dass Sie sie auch verstehen. Beachten Sie, dass nur die letzte Anweisung einen Laufzeitfehler erzeugt. Die anderen drei sind zulässig, tun aber nicht das Richtige.

3. Erstellen Sie Kopien, um Aliase zu vermeiden.

   Wenn Sie eine Methode wie `sort` verwenden möchten, die das Argument verändert, Sie aber die ursprüngliche Liste ebenfalls behalten möchten, können Sie einfach eine Kopie machen:

   ```
   orig = t[:]
   t.sort()
   ```

   In diesem Beispiel könnten Sie auch die eingebaute Funktion `sorted` nutzen, die eine neue sortierte Liste zurückliefert und das Original in Ruhe lässt.

Glossar

Liste:
Eine Folge von Werten

Element:
Einer der Werte in einer Liste (oder einer anderen Sequenz)

Index:
Integer-Wert, der ein Element in einer Liste kennzeichnet

Verschachtelte Liste:
Liste, die Element einer anderen Liste ist

Traversierung von Listen:
Sequenzieller Zugriff auf alle Elemente einer Liste

Mapping:
Beziehung, bei der jedes Element einer Menge einem Element einer anderen Menge entspricht. Listen sind beispielsweise ein Mapping von Indizes auf Elemente.

Akkumulator:
Variable, die in einer Schleife verwendet wird, um ein Ergebnis zu addieren oder zu akkumulieren

Erweiterte Zuweisung:
Anweisung, die den Wert einer Variablen mit einem Operator wie z. B. `+=` aktualisiert

Reduktion:
Verarbeitungsmuster, bei dem eine Sequenz durchlaufen wird und die Elemente zu einem einzigen Ergebnis akkumuliert werden

Map:
Verarbeitungsmuster, das eine Folge durchläuft und mit jedem Element eine Operation durchführt

Filter:
Verarbeitungsmuster, bei dem eine Liste durchlaufen wird und alle Elemente ausgewählt werden, die ein bestimmtes Kriterium erfüllen

Objekt:
Etwas, auf das sich eine Variable beziehen kann. Ein Objekt hat einen Typ und einen Wert.

Gleichheit:
Denselben Wert haben

Identität:
Bezug auf dasselbe Objekt (woraus sich auch Gleichheit ergibt)

Referenz:
Verknüpfung zwischen einer Variablen und ihrem Wert

Aliasing:
Von Aliasing spricht man, wenn sich zwei oder mehr Variablen auf dasselbe Objekt beziehen.

Trennzeichen:
Zeichen oder Zeichenfolge, die kennzeichnet, an welcher Stelle ein String geteilt werden soll

Mengen:
Eine Variante von Listen, die mathematischen Mengen mit den zugehörigen Mengenoperationen entspricht

Übungen

Übung 10-6:

Schreiben Sie eine Funktion mit dem Namen `ist_sortiert`, die eine Liste als Parameter erwartet und `True` zurückliefert, wenn die Liste aufsteigend sortiert ist, und ansonsten den Wert `False` zurückgibt. Sie können davon ausgehen (als Vorbedingung), dass die Elemente der Liste mit den relationalen Operatoren <, > usw. vergleichbar sind.

Beispielsweise sollte `ist_sortiert([1,2,2])` den Wert `True` und `ist_sortiert(['b','a'])` das Ergebnis `False` liefern.

Übung 10-7:

Zwei Wörter werden dann als Anagramm bezeichnet, wenn Sie die Buchstaben des einen Worts so umstellen können, dass Sie das andere Wort erhalten. Schreiben Sie eine Funktion mit dem Namen `ist_anagramm`, die zwei Strings erwartet und `True` liefert, wenn es sich um Anagramme handelt.

Übung 10-8:

Das Geburtstagsparadoxon:

1. Schreiben Sie eine Funktion mit dem Namen `hat_duplikate`, die eine Liste erwartet und `True` zurückliefert, wenn eines der Elemente mehr als einmal darin enthalten ist. Die ursprüngliche Liste soll dabei nicht verändert werden.
2. 23 Studenten sitzen in einem Hörsaal. Wie hoch ist die Wahrscheinlichkeit, dass zwei davon am selben Tag Geburtstag haben? Diese Wahrscheinlichkeit können Sie schätzen, indem Sie 23 zufällige Geburtstage generieren und auf Übereinstimmungen prüfen. Tipp: Zufallsgeburtstage können Sie mit der Funktion `randint` aus dem Modul `random` erzeugen.

Mehr zu diesem Thema erfahren Sie unter *http://de.wikipedia.org/wiki/Geburtstagsparadoxon*. Und die Lösung finden Sie unter *geburtstag.py*.

Übung 10-9:

Schreiben Sie eine Funktion mit dem Namen `entferne_duplikate`, die eine Liste als Parameter erwartet und eine Liste zurückliefert, die nur die eindeutigen Elemente aus dem Original enthält. Tipp: Sie brauchen nicht in der gleichen Reihenfolge vorzukommen.

Übung 10-10:

Schreiben Sie eine Funktion, die die Datei *wortliste.txt* ausliest und eine Liste mit einem Element pro Wort erstellt. Schreiben Sie zwei Versionen dieser Funktion, eine mit der `append`-Methode und eine nach dem Muster `t = t + [x]`. Welche Version dauert länger? Warum?

Tipp: Verwenden Sie das Modul `time`, um die verstrichene Zeit zu messen.

Lösung: *wortliste_erstellen.py*

Übung 10-11:

Um herauszufinden, ob sich ein bestimmtes Wort in der Liste befindet, könnten Sie den `in`-Operator verwenden. Aber das wäre zu langsam, weil dabei alle Wörter durchsucht werden.

Da sich die Wörter in alphabetischer Reihenfolge befinden, können wir das Ganze etwas beschleunigen – und zwar mit einem Verfahren, das man Bisektion nennt (oder auch »binäre Suche«). Das funktioniert ähnlich wie das Nachschlagen eines Worts im Wörterbuch: Sie fangen in der Mitte an und sehen nach, ob das gesuchte Wort vor oder nach dem Wort in der Mitte kommt. Davon abhängig suchen Sie in der ersten oder in der zweiten Hälfte.

In beide Richtungen halbieren Sie erneut den Suchraum. Wenn eine Wortliste 113.809 Wörter enthält, sind nur etwa 17 Schritte erforderlich, um das Wort zu finden oder herauszufinden, dass es nicht in der Liste enthalten ist.

Schreiben Sie eine Funktion mit dem Namen `bisektion`, die eine sortierte Liste sowie einen Zielwert erwartet und den Index des Werts in der Liste liefert, falls dieser in der Liste vorkommt. Ansonsten soll sie `None` zurückgeben.

Oder Sie lesen die Dokumentation für das Modul `bisect` und verwenden das Modul.

Lösung: *bisektion.py*

Übung 10-12:

Zwei Wörter sind ein »umgekehrtes Paar«, wenn beide Wörter jeweils die Umkehrung des anderen sind. Schreiben Sie ein Programm, das alle umgekehrten Paare in der Wortliste findet.

Lösung: *umgekehrtes_paar.py*

Übung 10-13:

Zwei Wörter sind »verschränkt«, wenn sich daraus ein neues Wort bilden lässt, indem man abwechselnd Buchstaben aus den beiden Wörtern nach dem Reißverschlussverfahren aneinanderreiht. Beispielsweise ergibt sich aus einer Verschränkung von »Zeug« und »ihn« das Wort »Ziehung«.

Lösung: *verschraenkte_woerter.py*

Hinweis: Diese Übung wurde angeregt durch ein Beispiel von *http://puzzlers.org*.

1. Schreiben Sie ein Programm, das alle Wortpaare auflistet, die sich verschränken lassen. Tipp: Zählen Sie nicht alle Paare auf!
2. Können Sie Wörter finden, die sich dreifach verschränken lassen – bei denen sich also aus jedem dritten Zeichen aus dem ersten, zweiten und dritten Wort ein neues Wort bilden lässt? Beispiel: »Sie«, »irr« und »bin« ergeben »Sibiriern«.

KAPITEL 11

Dictionaries

Ein **Dictionary** ist wie eine Liste, aber generischer. In einer Liste müssen die Indizes Integer-Werte sein, in einem Dictionary können Sie dagegen (fast) alle Datentypen als Index verwenden.

Ein Dictionary können Sie sich als Mapping zwischen einer Reihe von Indizes (**Schlüssel** genannt) und einer Reihe von Werten vorstellen. Die Verknüpfung eines Schlüssels mit einem Wert bezeichnet man als **Schlüssel/Wert-Paar** oder manchmal als **Element**.

Als Beispiel erstellen wir ein Dictionary in Form eines echten Wörterbuchs, das deutsche Wörter mit spanischen Wörtern verknüpft. Entsprechend sind sowohl die Schlüssel als auch die Werte Strings.

Die Funktion `dict` erstellt ein neues Dictionary ohne Elemente. Da `dict` der Name einer eingebauten Funktion ist, sollten Sie dieses Wort nicht als Variablennamen verwenden.

```
>>> de2es = dict()
>>> print(de2es)
{}
```

Die geschweiften Klammern `{}` stehen für ein leeres Dictionary. Um dem Wörterbuch Elemente hinzuzufügen, verwenden Sie eckige Klammern:

```
>>> de2es['eins'] = 'uno'
```

Diese Zeile erzeugt ein Element, das dem Schlüssel `'eins'` den Wert `'uno'` zuweist. Wenn wir das Dictionary jetzt noch mal ausgeben, sehen wir ein Schlüssel/Wert-Paar, bei dem Schlüssel und Wert mit einem Doppelpunkt voneinander getrennt dargestellt werden:

```
>>> print(de2es)
{'eins': 'uno'}
```

Dieses Ausgabeformat ist gleichzeitig auch ein Eingabeformat. Mit der folgenden Zeile können Sie beispielsweise ein neues Wörterbuch mit drei Elementen erstellen:

```
>>> de2es = {'eins': 'uno', 'zwei': 'dos', 'drei': 'tres'}
```

Wenn Sie anschließend `de2es` ausgeben, werden Sie überrascht sein:

```
>>> print(de2es)
{'eins': 'uno', 'drei': 'tres', 'zwei': 'dos'}
```

Die Reihenfolge der Schlüssel/Wert-Paare ist nicht dieselbe. Wenn Sie dasselbe Beispiel auf Ihrem Computer eintippen, erhalten Sie vielleicht sogar noch ein anderes Ergebnis. Die Reihenfolge der Elemente in einem Dictionary ist nicht vorhersehbar.

Das ist aber kein Problem, weil die Elemente eines Dictionary ja nicht mit Integer-Indizes indiziert werden. Stattdessen rufen Sie die Werte über den entsprechenden Schlüssel ab:

```
>>> print(de2es['zwei'])
'dos'
```

Der Schlüssel `'zwei'` ist immer dem Wert `'dos'` zugeordnet, daher spielt die Reihenfolge der Elemente auch keine Rolle.

Sollte der Schlüssel nicht im Dictionary enthalten sein, erhalten Sie eine Ausnahme:

```
>>> print(de2es['vier'])
KeyError: 'vier'
```

Die Funktion `len` gibt es auch für Dictionaries. Sie liefert die Anzahl der Schlüssel/Wert-Paare:

```
>>> len(de2es)
3
```

Der `in`-Operator funktioniert ebenfalls mit Dictionaries. Er teilt Ihnen mit, ob etwas als Schlüssel im Dictionary vorkommt (nicht als Wert).

```
>>> 'eins' in de2es
True
>>> 'uno' in de2es
False
```

Um festzustellen, ob ein Wert im Dictionary enthalten ist, können Sie die Methode `values` verwenden, die alle Werte als Liste zurückliefert. Anschließend können Sie den `in`-Operator nutzen:

```
>>> werte = de2es.values()
>>> 'uno' in werte
True
```

Der `in`-Operator verwendet unterschiedliche Algorithmen für Listen und Dictionaries. Für Listen verwendet er einen Suchalgorithmus, wie im Abschnitt »Suchen« auf Seite 93 beschrieben. Wenn die Liste länger wird, verlängert sich damit auch die Suchzeit direkt proportional. Für Dictionaries verwendet Python einen Algorithmus mit dem Namen **Hashtabelle**, der eine bemerkenswerte Eigenschaft hat: Der `in`-Operator braucht immer ungefähr gleich lang, unabhängig davon, wie viele Elemente sich in einem Dictionary befinden. Ich werde jetzt nicht erklären, wie das möglich ist. Mehr dazu können Sie unter *http://de.wikipedia.org/wiki/Hashtabelle* erfahren.

Übung 11-1:

Schreiben Sie eine Funktion, die die Wörter aus `wortliste.txt` einliest und als Schlüssel in einem Dictionary speichert. Die jeweiligen Werte spielen keine Rolle. Anschließend können Sie mit dem in-Operator schnell feststellen, ob sich ein bestimmter String im Dictionary befindet.

Wenn Sie Übung 10-11 gemacht haben, können Sie die Geschwindigkeit dieser Implementierung mit dem in-Operator für Listen und der Bisektionssuche vergleichen.

Dictionary als Menge von Zählern

Angenommen, Sie haben einen String und möchten zählen, wie oft jedes Zeichen darin vorkommt. Dafür gibt es mehrere Möglichkeiten:

1. Sie könnten 26 Variablen erstellen, für jeden Buchstaben des Alphabets eine. Anschließend könnten Sie den String durchlaufen und für jeden Buchstaben den entsprechenden Zähler erhöhen, vermutlich mit einer verketteten Bedingung.
2. Sie könnten eine Liste mit 26 Elementen erstellen. Anschließend konvertieren Sie jeden Buchstaben in eine Zahl (mit der eingebauten Funktion ord), verwenden diese Zahl als Index für die Liste und erhöhen den entsprechenden Zähler.
3. Oder Sie erstellen ein Dictionary mit den Buchstaben als Schlüssel und dem jeweiligen Zähler als entsprechenden Wert. Wenn Sie einen Buchstaben zum ersten Mal finden, fügen Sie ein entsprechendes Element dem Dictionary hinzu. Bei jedem weiteren Mal erhöhen Sie einfach den Wert des vorhandenen Elements.

Jede dieser Varianten führt dieselbe Berechnung durch. Aber in jedem Fall wird die Berechnung auf unterschiedliche Weise implementiert.

Eine **Implementierung** ist ein bestimmter Lösungsansatz für eine Berechnung. Manche Implementierungen sind besser geeignet als andere. Die Implementierung mit dem Dictionary hat beispielsweise den Vorteil, dass wir uns – da wir nicht von vornherein wissen, welche Zeichen in dem String vorkommen – entsprechend nur um die Zeichen kümmern müssen, die auch tatsächlich darin enthalten sind.

Der entsprechende Code könnte folgendermaßen aussehen:

```
def histogramm(s):
    d = dict()
    for c in s:
        if c not in d:
            d[c] = 1
        else:
            d[c] += 1
    return d
```

Der Name der Funktion lautet **histogramm**. Das ist ein statistischer Begriff für eine Menge von Zählern (oder Häufigkeiten).

In der ersten Zeile der Funktion wird ein leeres Dictionary angelegt. Die for-Schleife durchläuft den String. Bei jedem Schleifendurchlauf erstellen wir für jedes Zeichen c, das sich nicht im Dictionary befindet, ein neues Element mit dem Schlüssel c und dem

Anfangswert 1 (schließlich haben wir das Zeichen bisher nur einmal gefunden). Wenn c sich bereits im Dictionary befindet, erhöhen wir d[c].

Und so funktioniert es:

```
>>> h = histogramm('brontosaurus')
>>> print(h)
{'a': 1, 'b': 1, 'o': 2, 'n': 1, 's': 2, 'r': 2, 'u': 2, 't': 1}
```

Das Programm zeigt uns, dass die Buchstaben 'a' und 'b' einmal, 'o' zweimal usw. vorkommen.

Übung 11-2:

Dictionaries stellen eine Methode mit dem Namen get zur Verfügung, die einen Schlüssel und einen Standardwert erwartet. Wenn der Schlüssel im Dictionary vorkommt, liefert get den entsprechenden Wert. Ansonsten erhalten Sie den Standardwert zurück. Ein Beispiel:

```
>>> h = histogramm('a')
>>> print(h)
{'a': 1}
>>> h.get('a', 0)
1
>>> h.get('b', 0)
0
```

Schreiben Sie eine kürzere Fassung von histogramm mit der Methode get. Damit sollten Sie in der Lage sein, die if-Anweisung zu eliminieren.

Schleifen und Dictionaries

Wenn Sie ein Dictionary mit einer for-Anweisung kombinieren, können Sie damit die Schlüssel durchlaufen. Beispielsweise gibt print_hist jeden Schlüssel und den entsprechenden Wert aus:

```
def print_hist(h):
    for c in h:
        print(c, h[c])
```

Und so sieht die Ausgabe aus:

```
>>> h = histogramm('papagei')
>>> print_hist(h)
a 2
p 2
e 1
i 1
g 1
```

Auch in diesem Fall befinden sich die Schlüssel in keiner vorhersehbaren Reihenfolge.

Übung 11-3:

Dictionaries bieten eine Methode mit dem Namen `keys`, die die Schlüssel des Dictionarys unsortiert als Liste zurückliefert.

Passen Sie `print_hist` so an, dass die Schlüssel und entsprechenden Werte in alphabetischer Reihenfolge angezeigt werden.

Inverse Suche

Angenommen, Sie haben ein Dictionary `d` und einen Schlüssel `s`. Dann ist es einfach, den entsprechenden Wert `w = d[s]` zu finden.

Aber was ist, wenn Sie `w` haben und `s` suchen? Dann haben Sie zwei Probleme: Zum einen kann es mehrere Schlüssel geben, die dem Wert `w` entsprechen. Je nach Anwendung können Sie einfach einen davon aussuchen, oder Sie erstellen eine Liste, die alle Schlüssel enthält. Das zweite Problem besteht darin, dass es keine einfache Syntax für die sogenannte **inverse Suche** gibt. Sie müssen selbst nach den Schlüsseln suchen.

Hier sehen Sie eine Funktion, die einen Wert erwartet und den ersten Schlüssel zurückgibt, der diesem Wert entspricht:

```
def inverse_suche(d, w):
    for s in d:
        if d[s] == w:
            return s
    raise ValueError
```

Diese Funktion ist ein weiteres Beispiel für ein Suchmuster. Allerdings kommt darin eine Funktion vor, die wir bisher nicht kennen: `raise`. Die `raise`-Anweisung löst eine Ausnahme aus, in diesem Fall einen `ValueError`, der üblicherweise darauf hinweist, dass es ein Problem mit einem der Parameterwerte gibt.

Wenn wir das Ende der Schleife erreicht haben, bedeutet das, dass `w` nicht im Dictionary als Wert vorkommt. Daher lösen wir eine Ausnahme aus.

Hier sehen Sie ein Beispiel für eine erfolgreiche inverse Suche:

```
>>> h = histogramm('papagei')
>>> s = inverse_suche(h, 2)
>>> print(s)
a
```

Und ein Beispiel für eine nicht erfolgreiche inverse Suche:

```
>>> s = inverse_suche(h, 3)
Traceback (most recent call last):
  File "<stdin>", zeile 1, in ?
  File "<stdin>", zeile 5, in inverse_suche
ValueError
```

Wenn Sie eine Ausnahme auslösen, erhalten Sie dasselbe Resultat, das auch Python auslösen würde: Es werden ein Traceback und eine Fehlermeldung ausgegeben.

Sie können der raise-Anweisung auch eine detaillierte Fehlermeldung als optionales Argument übergeben. Ein Beispiel:

```
>>> raise ValueError, 'Wert nicht im Dictionary enthalten'
Traceback (most recent call last):
  File "<stdin>", line 1, in <module>
ValueError: Wert nicht im Dictionary enthalten
```

Eine inverse Suche ist wesentlich langsamer als eine herkömmliche Suche. Wenn Sie häufig invers suchen oder das entsprechende Dictionary eine bestimmte Größe erreicht, wird die Leistung Ihres Programms darunter leiden.

Übung 11-4:

Passen Sie inverse_suche so an, dass die Funktion eine Liste aller Schlüssel zurückliefert, die w entsprechen (oder eine leere Liste).

Dictionaries und Listen

Listen können als Werte in einem Dictionary enthalten sein. Angenommen, Sie haben ein Dictionary, das Buchstaben und deren Häufigkeit abbildet. Nehmen wir weiter an, dass Sie es invertieren möchten, sprich ein Dictionary erstellen, das die Häufigkeiten den jeweiligen Buchstaben zuordnet. Da es mehrere Buchstaben mit derselben Häufigkeit geben kann, sollen die Werte im invertierten Dictionary eine Liste von Buchstaben sein.

Hier sehen Sie eine Funktion, die ein Dictionary invertiert:

```
def invertiere_dict(d):
    invers = dict()
    for schluessel in d:
        wert = d[schluessel]
        if wert not in invers:
            invers[wert] = [schluessel]
        else:
            invers[wert].append(schluessel)
    return invers
```

Bei jedem Schleifendurchlauf enthält schluessel einen Schlüssel aus d und wert den entsprechenden Wert. Wenn wert nicht in invers enthalten ist, haben wir diesen Wert bisher noch nicht erfasst. In diesem Fall erstellen wir ein neues Element und initialisieren es mit einer **einelementigen Menge** (einer Liste, die nur ein Element enthält). Andernfalls kennen wir diesen Wert bereits und hängen den entsprechenden Schlüssel ans Ende der Liste an.

Beispiel:

```
>>> hist = histogramm('papagei')
>>> print(hist)
{'a': 2, 'p': 2, 'e': 1, 'i': 1, 'g': 1}
>>> invers = invertiere_dict(hist)
>>> print(invers)
{1: ['e', 'i', 'g'], 2: ['a', 'p']}
```

Abbildung 11-1 ist ein Zustandsdiagramm für `hist` und `invers`. Ein Dictionary wird darin als Kasten mit dem Typ `dict` abgebildet, der die Schlüssel/Wert-Paare enthält. Wenn die Werte Integer, Fließkommazahlen oder Strings sind, zeichne ich sie üblicherweise in den Kasten. Aber Listen stelle ich immer außerhalb des Kastens dar, um das Diagramm überschaubar zu halten.

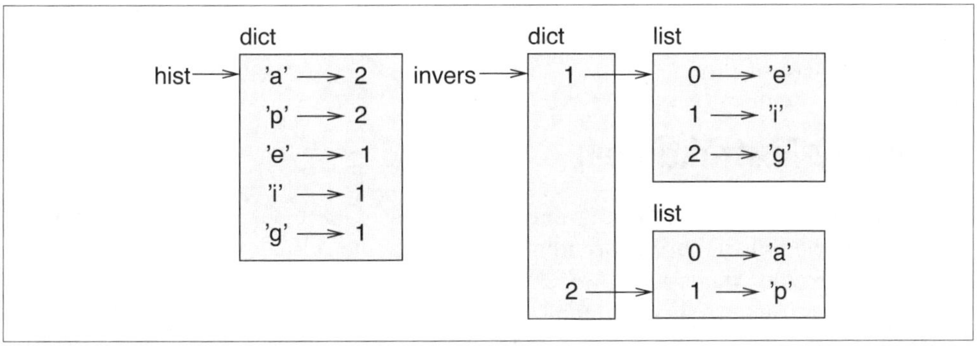

Abbildung 11-1: Zustandsdiagramm

Listen können, wie wir in diesem Beispiel gesehen haben, Werte in einem Dictionary sein, aber keine Schlüssel. Folgendes passiert, falls Sie es dennoch versuchen:

```
>>> t = [1, 2, 3]
>>> d = dict()
>>> d[t] = 'Hoppla'
Traceback (most recent call last):
  File "<stdin>", line 1, in <module>
TypeError: unhashable type: 'list'
```

Ich habe ja bereits erwähnt, dass Dictionaries mit einer Hashtabelle implementiert sind, daher darf der Schlüssel auch nicht **unhashable** sein.

Ein **Hash** ist eine Funktion, die einen beliebigen Wert entgegennimmt und dafür einen Integer zurückliefert. Dictionaries nutzen diese Integer, die sogenannten Hashwerte, um Schlüssel/Wert-Paare zu speichern und zu suchen.

Dieses System funktioniert wunderbar, wenn die Schlüssel nicht veränderbar sind. Sind die Schlüssel dagegen veränderbar, wie beispielsweise Listen, gibt es unschöne Effekte. Wenn Sie ein Schlüssel/Wert-Paar erstellen, »hasht« Python den Schlüssel und speichert ihn an der entsprechenden Stelle. Wenn Sie nun den Schlüssel ändern und erneut hashen, weist er auf eine andere Speicherstelle. In diesem Fall erhalten Sie zwei Einträge für denselben Schlüssel oder sind nicht mehr in der Lage, einen Schlüssel zu finden. In beiden Fällen würde das Dictionary nicht mehr korrekt funktionieren.

Das ist der Grund dafür, dass Schlüssel »hashable« sein müssen und veränderliche Typen wie Listen nicht zulässig sind. Die einfachste Möglichkeit, diese Begrenzung zu umgehen, sind »Tupel«. Darauf kommen wir im nächsten Kapitel zu sprechen.

Da Dictionaries veränderbar sind, können wir sie ebenfalls nicht als Schlüssel, aber **sehr wohl** als Werte verwenden.

Übung 11-5:

Lesen Sie die Dokumentation der Dictionary-Methode `setdefault`, und schreiben Sie damit eine kürzere Fassung von `invertiere_dict`.

Lösung: *invertiere_dict.py*

Dictionary-Abstraktionen

Dictionaries und Listen haben noch weitere Berührungspunkte, denn Listen können nicht nur innerhalb von Dictionaries vorkommen, sondern sind oftmals die Ausgangsbasis für die Erzeugung von Dictionaries. Auch das möchte man gern mit einem möglichst kompakten Ausdruck machen können statt mit mehreren verschachtelten Anweisungen. Ein Analogon dazu haben Sie bereits im Abschnitt »Listen-Abstraktionen« auf Seite 119 für Listen gesehen. Auch bei Dictionaries ist das praktisch, wenn es mit nur einem Ausdruck möglich ist, denn gerade Dictionaries werden sehr oft aus bereits bestehenden Datenstrukturen gebildet – in der Regel aus Sequenzen, also z. B. Listen.

Betrachten Sie die folgenden verschiedenen Möglichkeiten, um genau das gleiche Dictionary zu erstellen (wie Sie schon wissen, spielt die Reihenfolge in der Ausgabe keine Rolle):

```
>>> {'zwei': 2, 'drei': 3, 'vier': 4}
{'drei': 3, 'vier': 4, 'zwei': 2}

>>> dict(zwei=2, drei=3, vier=4)
{'drei': 3, 'vier': 4, 'zwei': 2}

>>> dict([('zwei', 2), ('drei', 3), ('vier', 4)])
{'drei': 3, 'vier': 4, 'zwei': 2}

>>> dict(zip(['zwei', 'drei', 'vier'], [2, 3, 4]))
{'drei': 3, 'vier': 4, 'zwei': 2}
```

In der ersten Zeile geben Sie ein Dictionary-Literal mit allen Schlüssel/Wert-Paaren explizit an. Die beiden Zeilen danach verwenden die eingebaute Funktion `dict`. Damit können Sie ein Dictionary aus Schlüsselwortargumenten bzw. einer Liste von Schlüssel/Wert-Paaren (als Tupel) erzeugen. Dieselben Tupel werden in der vierten Zeile mit der eingebauten Funktion `zip` aus einer Folge von Sequenzen erzeugt. (Die Funktion `zip` wird im Abschnitt »Listen und Tupel« auf Seite 152 noch genauer beschrieben.)

Die letzten beiden Beispiele benutzen bereits Listen bei der Erzeugung eines Dictionarys. Aber die Art von Abstraktion, die Sie bei Listen schon gesehen haben, entsteht erst, wenn man eine `for`-Schleife und optional eine `if`-Bedingung in der Abstraktion benutzt. Wie das folgende Beispiel zeigt, ist die Syntax dafür sehr einfach, elegant und intuitiv verständlich:

```
>>> worte = 'null eins zwei drei vier fünf'.split()
>>> zahlen = range(len(worte))
```

```
>>> {w: z ** 2 for w, z in zip(worte, zahlen) if z % 2 == 1}
{'drei': 9, 'eins': 1, 'fünf': 25}
```

Die dritte Zeile stellt einen Ausdruck für eine Dictionary-Abstraktion dar (engl. *dictionary comprehension*). Er steht in geschweiften Klammern (was ein erster Hinweis auf ein Dictionary ist) und beschreibt am Anfang Schlüssel/Wert-Paare, die wie bei normalen Dictionary-Literalen durch einen Doppelpunkt getrennt sind. Der Schleifen- und Bedingungsteil ist genauso aufgebaut wie bei Listen-Abstraktionen. Und auch für Dictionary-Abstraktionen gilt, dass Sie diese über mehrere Schleifen mit jeweils einem eigenen Bedingungsteil verschachteln können.

Memos

Wenn Sie mit der `fibonacci`-Funktion aus dem Abschnitt »Noch ein Beispiel« auf Seite 73 herumgespielt haben, wird Ihnen aufgefallen sein, dass die Funktion umso länger braucht, je größer das angegebene Argument ist. Außerdem nimmt die Laufzeit sehr schnell zu.

Sehen Sie sich Abbildung 11-2 mit dem **Aufrufdiagramm** für `fibonacci` mit `n=4` an:

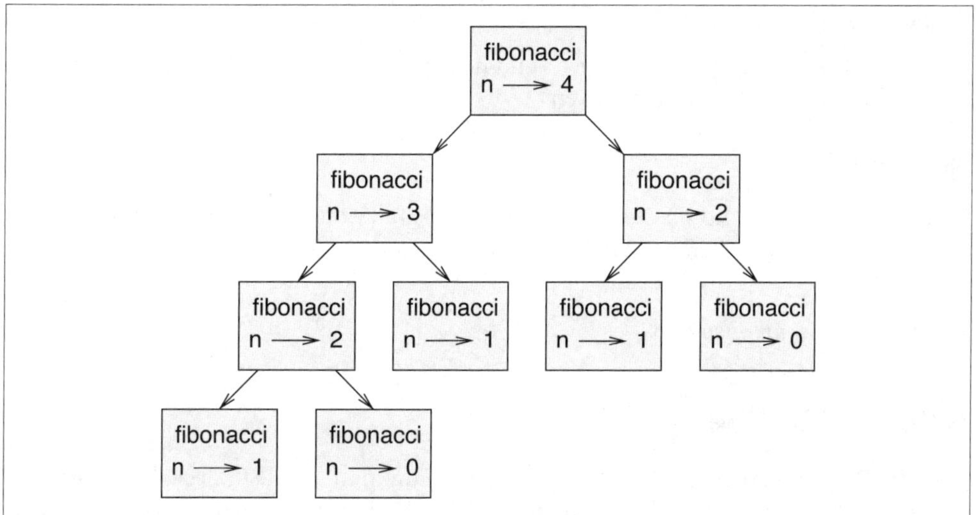

Abbildung 11-2: Aufrufdiagramm

Ein Aufrufdiagramm zeigt eine Reihe von Funktionsframes mit Linien, die jeden Frame mit den Frames der jeweils aufgerufenen Funktionen verbinden. Ganz oben im Diagramm steht `fibonacci` mit `n=4`, was `fibonacci` mit `n=3` und `n=2` aufruft. `fibonacci` mit `n=3` ruft wiederum `fibonacci` mit `n=2` und `n=1` auf usw.

Zählen Sie mal, wie oft `fibonacci(0)` und `fibonacci(1)` aufgerufen werden. Diese Lösung ist nicht effizient, und das Ganze wird immer schlimmer, je größer das Argument wird.

Eine Alternative besteht darin, die bereits berechneten Werte in einem Dictionary zu sammeln. Einen zuvor berechneten Wert, der für die spätere Verwendung gespeichert wird, bezeichnet man als **Memo**. Hier sehen Sie eine Implementierung von `fibonacci` mit Memos:

```
bekannt = {0:0, 1:1}

def fibonacci(n):
    if n in bekannt:
        return bekannt[n]

    res = fibonacci(n-1) + fibonacci(n-2)
    bekannt[n] = res
    return res
```

`bekannt` ist ein Dictionary, in dem alle Fibonacci-Zahlen abgelegt werden, die wir bereits kennen. Wir beginnen mit zwei Elementen: `0` entspricht `0`, und `1` entspricht `1`.

Jedes Mal, wenn `fibonacci` aufgerufen wird, überprüfen wir `bekannt`. Wenn das Ergebnis bereits vorhanden ist, können wir es sofort zurückgeben. Ansonsten muss der neue Wert berechnet, ins Dictionary eingefügt und zurückgeliefert werden.

Übung 11-6:

Führen Sie diese Version von `fibonacci` und das Original mit einer Reihe von Parametern aus, und vergleichen Sie die Laufzeiten.

Übung 11-7:

Schreiben Sie eine Memo-Fassung der Ackermann-Funktion aus Übung 6-5, und schauen Sie, ob sich in dieser Version die Funktion mit größeren Argumenten auswerten lässt. Tipp: Nein.

Lösung: *ackermann_memo.py*

Globale Variablen

Im vorigen Beispiel wurde `bekannt` außerhalb der Funktion angelegt, deshalb gehört es zu dem besonderen Frame mit dem Namen `__main__`. Variablen in `__main__` werden manchmal als **global** bezeichnet, weil Sie von jeder Funktion aus darauf zugreifen können. Im Gegensatz zu lokalen Variablen, die verschwinden, wenn die jeweilige Funktion beendet wird, bleiben globale Variablen von einem Funktionsaufruf zum nächsten erhalten.

Globale Variablen werden häufig als **Flags** bezeichnet. Das sind Boolesche Variablen, die anzeigen, ob eine Bedingung erfüllt ist oder nicht. Beispielsweise verwenden manche Programme ein Flag mit dem Namen `verbose`, das angibt, wie detailliert die Ausgabe des Programms ist:

```
verbose = True

def Beispiel1():
```

```
    if verbose:
        print('Beispiel1 wird ausgeführt')
```

Wenn Sie versuchen, einer globalen Variablen einen anderen Wert zuzuweisen, werden Sie überrascht sein. Das folgende Beispiel soll mitverfolgen, ob die Funktion bereits aufgerufen wurde:

```
wurde_aufgerufen = False

def Beispiel2():
    wurde_aufgerufen = True          # FALSCH
```

Aber wenn Sie dieses Beispiel ausführen, werden Sie feststellen, dass sich der Wert von `wurde_aufgerufen` nicht ändert. Das Problem liegt darin, dass `Beispiel2` eine neue lokale Variable mit dem Namen `wurde_aufgerufen` anlegt. Die lokale Variable verschwindet, wenn die Funktion endet, und hat keine Auswirkungen auf die globale Variable.

Um eine globale Variable innerhalb einer Funktion zu verwenden, müssen Sie sie zuvor **deklarieren**:

```
wurde_aufgerufen = False

def Beispiel2():
    global wurde_aufgerufen
    wurde_aufgerufen = True
```

Die Anweisung `global` sagt dem Interpreter ungefähr Folgendes: »Wenn ich innerhalb dieser Funktion `wurde_aufgerufen` sage, meine ich die globale Variable. Erstelle bitte keine lokale.«

Hier sehen Sie ein Beispiel, in dem eine globale Variable aktualisiert werden soll:

```
zaehler = 0

def Beispiel3():
    zaehler = zaehler + 1          # FALSCH
```

Wenn Sie dieses Beispiel ausführen, erhalten Sie:

```
UnboundLocalError: local variable 'zaehler' referenced before assignment
```

Python geht davon aus, dass `zaehler` lokal ist. Entsprechend lesen Sie die Variable aus, bevor Sie sie anlegen. Auch hier besteht die Lösung wieder darin, `zaehler` als global zu deklarieren:

```
def Beispiel3():
    global zaehler
    zaehler += 1
```

Wenn der globale Wert einem veränderbaren Typ angehört, können Sie ihn auch ändern, ohne diesen vorher zu deklarieren:

```
bekannt = {0:0, 1:1}

def Beispiel4():
    bekannt[2] = 1
```

Entsprechend können Sie Elemente einer globalen Liste oder eines globalen Dictionarys hinzufügen, löschen oder ersetzen. Aber wenn Sie dic Variable erneut zuweisen möchten, müssen Sie sie zuvor deklarieren:

```
def Beispiel5():
    global bekannt
    bekannt = dict()
```

Long Integer

Wenn Sie `fibonacci(50)` berechnen, erhalten Sie:

```
>>> fibonacci(50)
12586269025
```

In Python 2 steht noch ein `L` am Ende, d.h., Sie erhalten `12586269025L`, weil es sich dort bei dem Ergebnis um einen »Long Integer« vom Typ `long` handelt. Dort haben Werte vom Typ `int` noch einen begrenzten Wertebereich. Long Integer können dagegen beliebig groß sein, brauchen aber auch mit zunehmender Größe immer mehr Speicherplatz und Laufzeit.

Die mathematischen Operatoren und die Funktionen im Modul `math` arbeiten auch mit Long Integers, so dass üblicherweise jeder Code, der mit `int` funktioniert, auch mit `long` arbeiten kann.

Jedes Mal, wenn das Ergebnis einer Berechnung für einen Integer zu groß ist, konvertiert Python (in der Version 2) das Ergebnis automatisch in einen Long Integer:

```
>>> 1000 * 1000
1000000
>>> 100000 * 100000
10000000000L
```

Im ersten Fall hat das Ergebnis den Typ `int`, im zweiten Fall ist es ein `long`.

Ab Python 3 gibt es keinen `long` mehr. Alle Integer, sogar wirklich große, sind vom Typ `int`.

Übung 11-8:

Die Potenzierung großer Integer ist die Grundlage gebräuchlicher Algorithmen für die Verschlüsselung mit öffentlichen Schlüsseln. Lesen Sie den Wikipedia-Artikel über den RSA-Algorithmus (*http://de.wikipedia.org/wiki/RSA-Kryptosystem*), und schreiben Sie Funktionen zum Verschlüsseln und Entschlüsseln von Nachrichten.

Debugging

Wenn Sie mit größeren Datenmengen arbeiten, kann es ziemlich umständlich werden, beim Debugging die Daten von Hand ausgeben und überprüfen zu müssen. Hier sind einige Vorschläge für das Debugging großer Datenmengen:

Reduzieren Sie die Eingaben:
: Verringern Sie falls möglich die Größe der Datenmenge. Wenn ein Programm beispielsweise eine Textdatei einliest, beginnen Sie einfach mit den ersten zehn Zeilen oder der kleinstmöglichen Stichprobe. Dazu können Sie entweder die Dateien direkt bearbeiten oder (vorzugsweise) das Programm so ändern, dass nur die ersten `n` Zeilen gelesen werden.

  Falls ein Fehler auftritt, können Sie `n` auf den kleinsten Wert reduzieren, für den sich der Fehler manifestiert, und den Wert nach und nach erhöhen, während Sie die Fehler finden und beseitigen.

Überprüfen Sie Zusammenfassungen und Typen:
: Anstatt die gesamte Datenmenge auszugeben und zu überprüfen, können Sie auch Zusammenfassungen der Daten ausgeben: beispielsweise die Anzahl der Elemente in einem Dictionary oder die Summe einer Liste mit Zahlen.

  Häufig treten Laufzeitfehler auf, weil ein Wert nicht den richtigen Typ hat. Um solche Fehler aufzuspüren, reicht es oft aus, den Typ des jeweiligen Werts auszugeben.

Automatische Überprüfung:
: Manchmal können Sie auch Code schreiben, der automatisch Fehler aufspürt. Wenn Sie beispielsweise den Durchschnitt einer Liste mit Zahlen berechnen, können Sie überprüfen, ob das Ergebnis größer als das größte Element der Liste oder kleiner als das kleinste ist. Solche Prüfungen bezeichnet man als »Plausibilitätsprüfungen«, weil dabei ermittelt wird, ob die Ergebnisse plausibel sind.

  Eine weitere Möglichkeit besteht darin, die Ergebnisse zweier unterschiedlicher Berechnungen zu vergleichen und zu überprüfen, ob diese konsistent sind. Das bezeichnet man als »Konsistenzprüfung«.

Ausgabe formatieren:
: Wenn Sie die Debugging-Ausgaben entsprechend formatieren, ist es einfacher, Fehler zu erkennen. Ein Beispiel hierfür haben wir im Abschnitt »Debugging« auf Seite 74 gesehen. Das Modul `pprint` bietet die Funktion `pprint`, die die eingebauten Typen in einem für Menschen besser lesbaren Format ausgibt.

Auch hier gilt wieder: Die Zeit, die Sie in das Scaffolding investieren, kann die für das Debugging erforderliche Zeit reduzieren.

Glossar

Dictionary:
: Zuordnung einer Reihe von Schlüsseln zu den entsprechenden Werten

Schlüssel/Wert-Paar:
: Darstellung der Zuordnung eines Schlüssels zu einem Wert

Element:
: Anderer Name für Schlüssel/Wert-Paar

Schlüssel:
: Objekt, das in einem Dictionary als erster Teil eines Schlüssel/Wert-Paars steht

Wert:
: Objekt, das in einem Dictionary als zweiter Teil eines Schlüssel/Wert-Paars steht. Diese Definition ist zutreffender als unsere bisherige Verwendung des Worts »Wert«.

Implementierung:
: Verfahren, eine Berechnung umzusetzen

Hashtabelle:
: Algorithmus für die Implementierung von Python-Dictionaries

Hashfunktion:
: Funktion, die von einer Hashtabelle verwendet wird, um den Speicherort für einen Schlüssel zu finden

Hashable:
: Typ, der über eine Hashfunktion verfügt. Unveränderbare Typen wie Integer, Fließkommazahlen und Strings sind »hashable«, veränderbare Typen wie Listen und Dictionaries dagegen nicht.

Suche:
: Dictionary-Operation, die einen Schlüssel erwartet und den entsprechenden Wert sucht

Inverse Suche:
: Dictionary-Operation, die einen Wert erwartet und den oder die entsprechenden Schlüssel sucht

Einelementige Menge:
: Liste (oder andere Sequenz), die nur ein Element enthält

Aufrufdiagramm:
: Diagramm, das jeden während der Ausführung eines Programms erstellten Frame zeigt. Dabei zeigen Pfeile an, welche Funktion welche aufgerufen hat.

Histogramm:
: Menge von Zählern

Memo:
: Berechneter Wert, der zwischengespeichert wird, um unnötige weitere Berechnungen einzusparen

Globale Variable:
: Außerhalb einer Funktion definierte Variable, auf die Sie von jeder Funktion aus zugreifen können

Flag:
: Boolesche Variable, die angibt, ob eine Bedingung erfüllt ist

Deklaration:
: Anweisung, wie z. B. `global`, die dem Interpreter Informationen zu einer Variablen gibt

Übungen

Übung 11-9:

Wenn Sie Übung 10-8 gelöst haben, gibt es bereits eine Funktion mit dem Namen `hat_duplikate`, die eine Liste als Parameter erwartet und `True` zurückliefert, wenn eines der Objekte mehr als einmal in der Liste vorkommt.

Verwenden Sie ein Dictionary, um eine schnellere und einfachere Version von `hat_duplikate` zu schreiben.

Lösung: *hat_duplikate.py*

Übung 11-10:

Zwei Wörter sind »rotierende Paare«, wenn Sie durch Rotation des einen Worts das andere bilden können (siehe `rotiere_wort` in Übung 8-12).

Schreiben Sie ein Programm, das eine Wortliste einliest und alle rotierenden Paare findet.

Lösung: *rotiere_paare.py*

KAPITEL 12

Tupel

Tupel sind unveränderbar

Ein Tupel ist eine Sequenz von Werten. Die Werte können beliebigen Typs sein und werden mit Integer-Werten indiziert. Insofern sind Tupel Listen sehr ähnlich. Der Unterschied ist allerdings, dass Tupel nicht veränderbar sind.

Syntaktisch ist ein Tupel eine kommaseparierte Liste von Werten:

```
>>> t = 'a', 'b', 'c', 'd', 'e'
```

Es ist zwar nicht zwingend notwendig, aber üblicherweise werden Tupel in Klammern geschrieben:

```
>>> t = ('a', 'b', 'c', 'd', 'e')
```

Um ein Tupel mit einem einzigen Element zu erstellen, müssen Sie ein abschließendes Komma schreiben:

```
>>> t1 = 'a',
>>> type(t1)
builtins.tuple
```

Ein Wert in Klammern ist dagegen kein Tupel:

```
>>> t2 = ('a')
>>> type(t2)
builtins.str
```

Eine weitere Möglichkeit, Tupel zu erstellen, bietet die eingebaute Funktion `tuple`. Ohne Angabe eines Arguments können Sie damit auch ein leeres Tupel erstellen:

```
>>> t = tuple()
>>> print(t)
()
```

Wenn Sie als Argument eine Sequenz übergeben (String, Liste oder Tupel), erhalten Sie ein Tupel mit allen Elementen dieser Sequenz:

```
>>> t = tuple('lupinen')
>>> print(t)
('l', 'u', 'p', 'i', 'n', 'e', 'n')
```

Da `tuple` der Name einer eingebauten Funktion ist, sollten Sie ihn nicht als Variablennamen verwenden.

Die meisten Operatoren von Listen funktionieren auch mit Tupeln. Der Klammer-Operator indiziert ein Element:

```
>>> t = ('a', 'b', 'c', 'd', 'e')
>>> print(t[0])
'a'
```

Und der Slice-Operator wählt einen Bereich von Elementen aus:

```
>>> print(t[1:3])
('b', 'c')
```

Wenn Sie aber versuchen, eines der Elemente des Tupels zu ändern, erhalten Sie einen Fehler:

```
>>> t[0] = 'A'
TypeError: objekt doesn't support item assignment
```

Sie können die Elemente eines Tupels nicht ändern, aber ein Tupel durch ein anderes ersetzen:

```
>>> t = ('A',) + t[1:]
>>> print(t)
('A', 'b', 'c', 'd', 'e')
```

Tupel-Zuweisung

Häufig ist es nützlich, die Werte zweier Variablen zu vertauschen. Bei herkömmlichen Zuweisungen müssen Sie dafür temporäre Variablen einsetzen. So würden Sie beispielsweise die Werte von `a` und `b` vertauschen:

```
>>> temp = a
>>> a = b
>>> b = temp
```

Diese Lösung ist eher umständlich, die **Tupel-Zuweisung** ist da deutlich eleganter:

```
>>> a, b = b, a
```

Die linke Seite ist ein Tupel von Variablen, die rechte Seite ein Tupel von Ausdrücken. Jeder Wert wird der entsprechenden Variablen zugewiesen. Vor der Zuweisung werden alle Ausdrücke auf der rechten Seite ausgewertet.

Die Anzahl der Variablen auf der linken Seite der Zuweisung und die Anzahl der Werte auf der rechten Seite müssen gleich sein:

```
>>> a, b = 1, 2, 3
ValueError: too many values to unpack
```

Genauer gesagt, kann die rechte Seite der Zuweisung eine beliebige Sequenz sein (String, Liste oder Tupel). Wenn Sie beispielsweise eine E-Mail-Adresse in den Benutzernamen und die Domain aufteilen möchten, können Sie das folgendermaßen tun:

```
>>> adr = 'monty@python.org'
>>> uname, domain = adr.split('@')
```

Der Rückgabewert von `split` ist eine Liste mit zwei Elementen. Das erste Element wird `uname` zugewiesen, das zweite `domain`.

```
>>> print(uname)
monty
>>> print(domain)
python.org
```

Tupel als Rückgabewerte

Genau genommen kann eine Funktion nur einen Wert zurückgeben. Aber wenn der Rückgabewert ein Tupel ist, ist der Effekt der gleiche, als würden Sie mehrere Werte zurückliefern. Wenn Sie beispielsweise zwei Integer dividieren und dabei den Quotienten und den Rest berechnen möchten, wäre es ineffizient, `x/y` und dann `x%y` zu berechnen. In diesem Fall ist es besser, beides gleichzeitig zu berechnen.

Die eingebaute Funktion `divmod` erwartet zwei Argumente und gibt ein Tupel mit zwei Werten zurück: den Quotienten und den Rest. Das Ergebnis können Sie als Tupel speichern:

```
>>> t = divmod(7, 3)
>>> print(t)
(2, 1)
```

Oder Sie speichern die Elemente separat mithilfe einer Tupel-Zuweisung ab:

```
>>> quot, rest = divmod(7, 3)
>>> print(quot)
2
>>> print(rest)
1
```

Hier sehen Sie ein Beispiel für eine Funktion, die ein Tupel zurückliefert:

```
def min_max(t):
    return min(t), max(t)
```

`max` und `min` sind eingebaute Funktionen, die das größte und das kleinste Element einer Sequenz suchen. `min_max` berechnet beide Werte und gibt ein Tupel mit den beiden Werten zurück.

Argument-Tupel mit variabler Länge

Funktionen können eine variable Anzahl von Argumenten entgegennehmen. Ein Parametername, der mit * beginnt, **sammelt** die Argumente in einem Tupel. Die Funktion `printalles` nimmt beispielsweise eine beliebige Anzahl von Argumenten in Empfang und gibt sie aus:

```
def printalles(*args):
    print(args)
```

Der Sammelparameter kann einen beliebigen Namen haben, heißt aber üblicherweise `args`. So funktioniert die Funktion:

```
>>> printalles(1, 2.0, '3')
(1, 2.0, '3')
```

Das Gegenteil davon ist die **Streuung**. Wenn Sie eine Sequenz von Werten haben und diese als mehrere Argumente an eine Funktion übergeben möchten, können Sie den Operator * verwenden. `divmod` erwartet beispielsweise exakt zwei Argumente, ein Tupel können Sie dagegen nicht übergeben:

```
>>> t = (7, 3)
>>> divmod(t)
TypeError: divmod expected 2 arguments, got 1
```

Wenn Sie dagegen das Tupel aufteilen, funktioniert es:

```
>>> divmod(*t)
(2, 1)
```

Übung 12-1:

Viele der eingebauten Funktionen verwenden Argument-Tupel mit variabler Länge. `max` und `min` können beispielsweise eine beliebige Anzahl von Argumenten entgegennehmen:

```
>>> max(1,2,3)
3
```

Bei `sum` ist das anders:

```
>>> sum(1,2,3)
TypeError: sum expected at most 2 arguments, got 3
```

Schreiben Sie eine Funktion mit dem Namen `gesamt_summe`, die eine beliebige Anzahl von Argumenten summiert und das Ergebnis zurückgibt.

Listen und Tupel

`zip` ist eine eingebaute Funktion, die zwei oder mehr Sequenzen nach dem Reißverschlussverfahren zu einem Iterator über Tupel zusammenfasst. Dabei enthält jedes Tupel ein Element aus jeder Sequenz. In Python 2 liefert `zip` eine Liste mit Tupeln. Aber im Wesentlichen verhält sich auch ein Iterator wie eine Liste.

Das folgende Beispiel »zippt« einen String und eine Liste:

```
>>> s = 'abc'
>>> t = [0, 1, 2]
```

```
>>> list(zip(s, t))
[('a', 0), ('b', 1), ('c', 2)]
```

Das Ergebnis ist eine Liste von Tupeln, wobei jedes Tupel einen Buchstaben aus dem String und das entsprechende Element aus der Liste enthält.

Wenn die Sequenzen nicht die gleiche Länge haben, hat das Ergebnis die Länge der kürzeren Sequenz:

```
>>> list(zip('Eber', 'Alb'))
[('E', 'A'), ('b', 'l'), ('e', 'b')]
```

Sie können eine Tupel-Zuweisung auch in einer for-Schleife verwenden, um eine Liste von Tupeln zu durchlaufen:

```
t = [('a', 0), ('b', 1), ('c', 2)]
for zeichen, zahl in t:
    print(zahl, zeichen)
```

Bei jedem Schleifendurchlauf wählt Python das nächste Tupel in der Liste aus und weist die Elemente den Variablen zeichen und zahl zu. So sieht die Ausgabe der Schleife aus:

```
0 a
1 b
2 c
```

Wenn Sie zip, for und die Tupel-Zuweisung kombinieren, erhalten Sie eine nützliche Konstruktion, um zwei (oder mehrere) Sequenzen gleichzeitig zu durchlaufen. Die Funktion hat_treffer nimmt beispielsweise zwei Sequenzen t1 und t2 und liefert True, wenn es einen Index i gibt, für den t1[i] == t2[i] gilt.

```
def hat_treffer(t1, t2):
    for x, y in zip(t1, t2):
        if x == y:
            return True
    return False
```

Möchten Sie die Elemente einer Sequenz und deren Indizes durchlaufen, können Sie die eingebaute Funktion enumerate nutzen:

```
for index, element in enumerate('abc'):
    print(index, element)
```

So sieht die Ausgabe der Schleife aus:

```
0 a
1 b
2 c
```

Genau so.

Dictionaries und Tupel

Dictionaries verfügen über eine Methode mit dem Namen items, die einen Iterator über Tupel zurückliefert, wobei jedes Tupel ein Schlüssel/Wert-Paar ist:

```
>>> d = {'a':0, 'b':1, 'c':2}
>>> t = d.items()
>>> print(list(t))
[('a', 0), ('c', 2), ('b', 1)]
```

Wie Sie es bereits vom Dictionary kennen, befinden sich die Elemente in keiner bestimmten Reihenfolge. In Python 2 liefert `items` eine Liste von Tupeln, aber für die meisten Anwendungen verhalten sich Iteratoren genau wie Listen.

In der anderen Richtung können Sie eine Liste mit Tupeln dazu verwenden, ein neues Dictionary zu initialisieren:

```
>>> t = [('a', 0), ('c', 2), ('b', 1)]
>>> d = dict(t)
>>> print(d)
{'a': 0, 'c': 2, 'b': 1}
```

Die Kombination aus `dict` und `zip` bietet eine kompakte Möglichkeit, ein Dictionary zu erstellen:

```
>>> d = dict(zip('abc', range(3)))
>>> print(d)
{'a': 0, 'c': 2, 'b': 1}
```

Die Dictionary-Methode `update` erwartet ebenfalls eine Liste von Tupeln und fügt sie als Schlüssel/Wert-Paare einem vorhandenen Dictionary hinzu.

Durch die Kombination aus `items`, Tupel-Zuweisung und `for` erhalten Sie eine Möglichkeit, die Schlüssel und Werte eines Dictionarys zu durchlaufen:

```
for schluessel, wert in d.items():
    print(wert, schluessel)
```

So sieht die Ausgabe der Schleife aus:

```
0 a
2 c
1 b
```

Wieder einmal.

Häufig werden Tupel als Schlüssel in Dictionaries verwendet (in erster Linie, weil Sie keine Listen verwenden können). Ein Telefonverzeichnis könnte beispielsweise Paare aus Nachname und Vorname der entsprechenden Telefonnummer zuordnen. Vorausgesetzt, wir haben `nachname`, `vorname` und `nummer` definiert, könnten wir schreiben:

```
verzeichnis[nachname,vorname] = nummer
```

Der Ausdruck in den eckigen Klammern ist ein Tupel. Dieses Dictionary könnten wir dann mithilfe der Tupel-Zuweisung durchlaufen:

```
for nachname, vorname in verzeichnis:
    print(vorname, nachname, verzeichnis[nachname,vorname])
```

Diese Schleife durchläuft die Schlüssel in `verzeichnis`, die wiederum Tupel sind. Die Elemente jedes Tupels werden `nachname` und `vorname` zugewiesen. Anschließend gibt die Schleife den jeweiligen Namen und die entsprechende Telefonnummer aus.

Es gibt zwei Möglichkeiten, Tupel in einem Zustandsdiagramm darzustellen. Die detailliertere Version zeigt die Indizes und Elemente so, wie sie auch in einer Liste erscheinen würden. Das Tupel `('Cleese', 'John')` würde beispielsweise so wie in Abbildung 12-1 dargestellt.

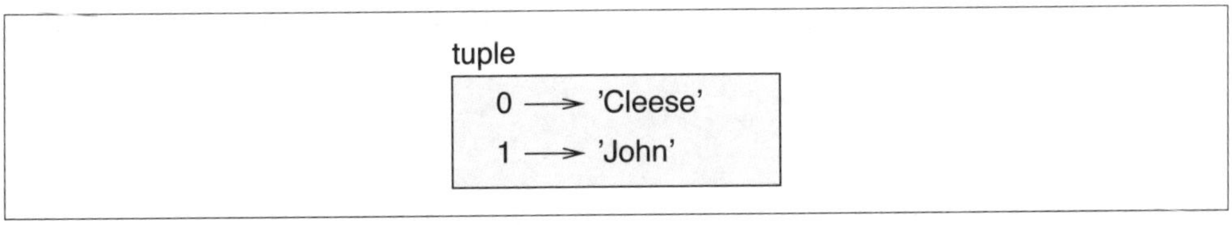

Abbildung 12-1: Zustandsdiagramm

Aber in einem größeren Diagramm würden Sie vielleicht die Details weglassen. Ein Diagramm für das Telefonverzeichnis könnte dann so wie in Abbildung 12-2 aussehen.

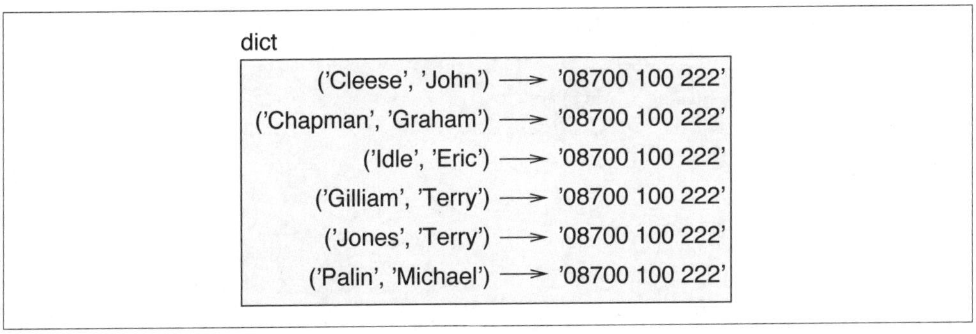

Abbildung 12-2: Zustandsdiagramm

Hier werden die Tupel mit der Python-Syntax als grafische Kurzschreibweise dargestellt.

Die Telefonnummer im Diagramm ist übrigens die Beschwerdenummer der BBC, also bitte nicht anrufen!

Tupel vergleichen

Die relationalen Operatoren können Sie auch mit Tupeln und anderen Sequenzen verwenden. Python beginnt damit, die ersten Elemente jeder Sequenz zu vergleichen. Falls diese gleich sind, macht Python mit den nächsten Elementen weiter, bis es auf Elemente stößt, die sich unterscheiden. Eventuell nachfolgende Elemente werden nicht berücksichtigt (selbst wenn sie wirklich groß sind).

```
>>> (0, 1, 2) < (0, 3, 4)
True
```

```
>>> (0, 1, 2000000) < (0, 3, 4)
True
```

Die sort-Funktion arbeitet auf die gleiche Weise: Sie sortiert zunächst anhand des ersten Elements. Sollte es dann erforderlich sein, sortiert sie anhand des zweiten Elements usw.

Dieses Verfahren lehnt sich an ein Muster an, das mit **DSU** abgekürzt wird:

Decorate:
: »Dekorieren« Sie die Sequenz, indem Sie eine Liste mit Tupeln mit einem oder mehreren Schlüsseln für die Sortierung vor den eigentlichen Elementen der Sequenz erstellen.

Sort:
: Sortieren Sie diese Liste.

Undecorate:
: Entfernen Sie die Dekoration wieder, und extrahieren Sie die sortierten Elemente der Sequenz.

Nehmen wir beispielsweise an, Sie haben eine Liste mit Wörtern, die Sie der Länge nach absteigend sortieren möchten:

```
def sortiere_nach_laenge(worte):
    t = []
    for wort in worte:
       t.append((len(wort), wort))

    t.sort(reverse=True)

    res = []
    for laenge, wort in t:
        res.append(wort)
    return res
```

Die erste Schleife erstellt eine Liste mit Tupeln, die als ersten Wert die Länge des Worts und als zweiten das Wort enthält.

sort vergleicht das erste Element, also die Länge, und zieht das zweite Element nur heran, um gleichrangige Elemente zu sortieren. Das Schlüsselwortargument reverse=True weist sort an, absteigend zu sortieren.

Die zweite Schleife durchläuft die Liste mit Tupeln und erstellt eine Liste von Wörtern in nach der Länge absteigender Reihenfolge.

Übung 12-2:

In diesem Beispiel werden Wörter mit gleicher Länge alphabetisch absteigend sortiert. In manchen Fällen möchten Sie aber vielleicht, dass Wörter mit gleicher Länge in zufälliger Reihenfolge erscheinen. Passen Sie das Beispiel so an, dass Wörter mit gleicher Länge in zufälliger Reihenfolge sortiert werden. Tipp: Werfen Sie einen Blick auf die random-Funktion im Modul random.

Lösung: *unbestaendige_sortierung.py*

Sequenzen mit Sequenzen

Bisher habe ich mich auf Listen mit Tupeln konzentriert. Aber fast alle Beispiele in diesem Kapitel funktionieren auch mit Listen mit Listen, Tupeln mit Tupeln und Tupeln mit Listen. Um Ihnen die Aufzählung aller möglichen Kombinationen zu ersparen, ist es einfacher, wenn wir einfach von Sequenzen mit Sequenzen sprechen.

In vielen Zusammenhängen sind die verschiedenen Arten von Sequenzen (Strings, Listen und Tupel) austauschbar. Wie und warum wählen Sie also eine dieser Optionen aus?

Fangen wir mit dem Offensichtlichen an: Strings bieten die begrenztesten Möglichkeiten, da die Sequenz aus Zeichen bestehen muss. Außerdem sind Strings nicht veränderbar. Wenn Sie also die Zeichen in einem String ändern müssen (ohne einen neuen String zu erstellen), würden Sie wahrscheinlich eine Liste von Buchstaben verwenden.

Listen sind gebräuchlicher als Tupel. Das liegt in erster Linie daran, dass sie veränderbar sind. Es gibt aber einige Fälle, in denen Sie Tupeln den Vorzug geben könnten:

1. In manchen Situationen, wie beispielsweise innerhalb einer `return`-Anweisung, ist es syntaktisch einfacher, ein Tupel anstelle einer Liste zu erstellen. In anderen Fällen ist eine Liste vielleicht praktischer.
2. Wenn Sie eine Sequenz als Dictionary-Schlüssel verwenden möchten, müssen Sie einen unveränderlichen Typ wie ein Tupel oder einen String verwenden.
3. Wenn Sie eine Sequenz als Argument an eine Funktion übergeben, reduzieren Sie mit Tupeln das Risiko unerwarteten Verhaltens aufgrund von Aliasing.

Da Tupel unveränderbar sind, bieten sie keine Methoden wie `sort` und `reverse`, die vorhandene Listen ändern. Allerdings bietet Python die eingebauten Funktionen `sorted` und `reversed`, die eine beliebige Sequenz als Parameter entgegennehmen und eine neue Liste mit denselben Elementen in einer anderen Reihenfolge zurückliefern.

Debugging

Listen, Dictionaries und Tupel werden allgemein als **Datenstrukturen** bezeichnet. In diesem Kapitel beginnen wir, uns mit zusammengesetzten Datenstrukturen zu befassen, wie etwa Listen mit Tupeln und Dictionaries, die Tupel als Schlüssel und Listen als Werte enthalten. Zusammengesetzte Datenstrukturen sind nützlich, aber auch anfällig für das, was ich **Strukturfehler** nenne: Fehler, die dann auftreten, wenn eine Datenstruktur den falschen Typ, die falsche Größe oder die falsche Zusammensetzung hat. Wenn Sie beispielsweise eine Liste mit einem Integer erwarten und ich Ihnen einfach nur einen ganz normalen Integer gebe (nicht in einer Liste), funktioniert das nicht.

Als Hilfe für das Debugging solcher Fehler habe ich für die Programm-Suite Swampy ein Modul mit dem Namen `structshape` geschrieben, das eine Funktion – ebenfalls mit dem Namen `structshape` – bereitstellt, die eine beliebige Datenstruktur als Argument entgegennimmt und einen String zurückliefert, der die entsprechende Form zusammenfasst. Sie können das Modul unter folgender Adresse herunterladen: *http://thinkpython.com/code/structshape.py*

Hier sehen Sie das Ergebnis für eine einfache Liste:

```
>>> from structshape import structshape
>>> t = [1,2,3]
>>> print(structshape(t))
list of 3 int
```

Ein schickeres Programm würde natürlich »list of 3 ints« schreiben. Aber es war einfacher, mich nicht um die Mehrzahl zu kümmern. (Es gibt nur eine englischsprachige Version von Swampy.) Hier sehen Sie eine Liste mit Listen:

```
>>> t2 = [[1,2], [3,4], [5,6]]
>>> print(structshape(t2))
list of 3 list of 2 int
```

Wenn die Elemente einer Liste nicht vom selben Typ sind, werden sie von `structshape` nacheinander nach Typ gruppiert:

```
>>> t3 = [1, 2, 3, 4.0, '5', '6', [7], [8], 9]
>>> print(structshape(t3))
list of (3 int, float, 2 str, 2 list of int, int)
```

Hier sehen Sie eine Liste mit Tupeln:

```
>>> s = 'abc'
>>> lt = zip(t, s)
>>> print(structshape(lt))
list of 3 tuple of (int, str)
```

Und hier ein Dictionary mit zwei Elementen, die Integer mit Strings verknüpfen:

```
>>> d = dict(lt)
>>> print(structshape(d))
dict of 3 int->str
```

Sollten Sie Probleme haben, Ihre Datenstrukturen im Auge zu behalten, kann `structshape` Ihnen helfen.

Glossar

Tupel:
: Unveränderbare Sequenz von Elementen

Tupel-Zuweisung:
: Zuweisung mit einer Sequenz auf der rechten Seite und einem Tupel von Variablen auf der linken Seite. Zuerst wird die rechte Seite ausgewertet. Anschließend werden die Elemente den entsprechenden Variablen auf der linken Seite zugewiesen.

Sammlung:
: Zusammenstellung eines Argument-Tupels variabler Länge

Streuung:
Behandlung einer Sequenz als Liste von Argumenten

DSU:
Abkürzung für »Decorate–Sort–Undecorate« (dekorieren, sortieren, Dekoration entfernen). Ein Muster, bei dem zunächst eine Liste mit Tupeln mit entsprechenden Sortierkriterien erstellt wird. Die Tupel werden dann sortiert, und anschließend wird wieder ein Teil des Ergebnisses extrahiert.

Datenstruktur:
Sammlung von zusammengehörigen Werte in Listen, Dictionaries, Tupeln usw.

Form (einer Datenstruktur):
Zusammenfassung von Typ, Größe und Zusammenstellung einer Datenstruktur

Übungen

Übung 12-3:

Schreiben Sie eine Funktion mit dem Namen `am_haeufigsten`, die einen String entgegennimmt und die darin enthaltenen Zeichen ihrer Häufigkeit nach in absteigender Reihenfolge ausgibt. Suchen Sie Textbeispiele aus verschiedenen Sprachen, und untersuchen Sie, wie sich die Häufigkeit der Buchstaben in den verschiedenen Sprachen unterscheidet. Vergleichen Sie Ihre Ergebnisse mit den Tabellen unter *http://de.wikipedia.org/wiki/Buchstabenhäufigkeit*.

Lösung: *am_haeufigsten.py*

Übung 12-4:

Mehr Anagramme!

1. Schreiben Sie ein Programm, das eine Wortliste aus einer Datei einliest (siehe den Abschnitt »Wortlisten einlesen« auf Seite 105) und alle Wortgruppen ausgibt, die Anagramme sind.

   So könnte die Ausgabe in etwa aussehen:

   ```
   ['ahnender', 'andrehen', 'naehernd', 'naehrend', 'nahender']
   ['verheilt', 'verhielt', 'verleiht']
   ['inserent', 'innerste', 'internes', 'reinsten', 'steinern']
   ```

   Tipp: Eventuell möchten Sie ein Dictionary erstellen, das von einer Gruppe von Buchstaben auf eine Liste mit Wörtern verweist, die mit diesen Zeichen gebildet werden können. Dabei stellt sich die Frage, wie Sie die Gruppen von Buchstaben so darstellen können, dass Sie sie als Schlüssel verwenden können.

2. Passen Sie das bisherige Programm so an, dass es die größte Anagrammgruppe als erste ausgibt, dann die zweite usw.

3. In Scrabble spricht man von einem »Bingo«, wenn Sie alle sieben Steine auf einmal spielen und mit einem Stein auf dem Spielbrett ein Wort mit acht Buchstaben bilden können. Mit welcher Gruppe von acht Buchstaben sind die meisten Bingos möglich?

   Lösung: *anagramm_gruppen.py*

Übung 12-5:

Zwei Wörter bilden ein »Metathese-Paar«, wenn Sie eines in das andere verwandeln können, indem Sie zwei Zeichen vertauschen, beispielsweise »forsch« und »frosch«. Schreiben Sie ein Programm, das alle Metathese-Paare in der Wortliste findet. Tipp: Testen Sie nicht alle Wortpaare, und testen Sie nicht alle möglichen Vertauschungen.

Lösung: *metathese.py*

Hinweis: Diese Übung wurde angeregt durch ein Beispiel von *http://puzzlers.org*.

Übung 12-6:

Und wieder ein *Car Talk*-Rätsel:

> Was ist das längste Wort, das ein gültiges deutsches Wort bleibt, auch wenn Sie einen Buchstaben nach dem anderen entfernen?
>
> Die Buchstaben dürfen von beiden Enden oder aus der Mitte entfernt werden. Aber Sie dürfen keine Buchstaben neu anordnen. Jedes Mal, wenn Sie ein Zeichen entfernen, muss ein anderes deutsches Wort übrig bleiben. Zum Schluss wird nur noch ein Buchstabe übrig bleiben, der natürlich kein ganzes Wort mehr ergeben kann. Ich möchte wissen, wie das längste solche Wort heißt und wie viele Zeichen es enthält.
>
> Ich gebe Ihnen ein kleines Beispiel: »Pfand«. Sie beginnen mit »Pfand« und entfernen das P am Anfang. Übrig bleibt das Wort »fand«. Anschließend entfernen Sie das »d« am Ende und erhalten »Fan«. Wenn Sie nun noch das »F« entfernen, bleibt »an« und schließlich nur noch das »a«.

Schreiben Sie ein Programm, das solche Wörter findet und das längste ausgibt.

Diese Übung ist ein bisschen komplizierter als die meisten anderen, deshalb gebe ich Ihnen einige Tipps:

1. Sie könnten eine Funktion schreiben, die ein Wort erwartet und eine Liste aller Wörter berechnet, die aus diesem Wort gebildet werden können, nachdem ein Buchstabe entfernt wurde. Das sind sozusagen die »Kinder« dieses Worts.
2. Rekursiv gesehen, ist ein Wort reduzierbar, wenn alle seine Kinder reduzierbar sind. Als Basisfall können Sie davon ausgehen, dass der Leerstring reduzierbar ist.
3. Für eine bessere Leistung Ihres Programms können Sie für alle Wörter ein Memo anlegen, von denen Sie bereits wissen, dass sie reduzierbar sind.

Lösung: *reduzierbar.py*

KAPITEL 13

Fallstudie: Die Wahl der richtigen Datenstruktur

Häufigkeitsanalyse für Wörter

Wie üblich, sollten Sie mindestens eine der folgenden Übungen versuchen, bevor Sie meine Lösungen lesen.

Übung 13-1:

Schreiben Sie ein Programm, das eine Datei einliest, jede Zeile in Wörter zerlegt, Whitespace und Interpunktionszeichen aus den Wörtern entfernt und sie in Kleinbuchstaben konvertiert.

Tipp: Das Modul `string` stellt zwei nützliche Zeichenfolgen zur Verfügung: `whitespace` – mit Leerzeichen, Tab, Zeilenvorschub usw. – sowie `punctuation` mit Interpunktionszeichen. Mal sehen, ob wir Python fluchen lassen können:

```
>>> import string
>>> print(string.punctuation)
!"#$%&'()*+,-./:;<=>?@[\]^_`{|}~
```

Außerdem können Sie versuchen, die String-Methoden `strip`, `replace` und `translate` zu verwenden.

Übung 13-2:

Besuchen Sie die Website von Project Gutenberg (*http://www.gutenberg.org/wiki/DE_Hauptseite*), und laden Sie Ihr bevorzugtes urheberrechtsfreies Buch im Textformat herunter.

Ändern Sie das Programm aus der vorherigen Übung so, dass es das heruntergeladene Buch liest, die Header-Informationen am Anfang der Datei überspringt und den Rest der Datei wie zuvor verarbeitet.

Passen Sie anschließend das Programm so an, dass es die Gesamtzahl der Wörter im Buch zählt und berechnet, wie oft jedes dieser Wörter verwendet wird.

Geben Sie die Anzahl der unterschiedlichen im Buch verwendeten Wörter aus. Vergleichen Sie mehrere Bücher von unterschiedlichen Autoren aus unterschiedlichen Regionen. Welcher Autor nutzt den umfangreichsten Wortschatz?

Übung 13-3:

Überarbeiten Sie das Programm aus der vorigen Übung dahin gehend, dass es die 20 am häufigsten verwendeten Wörter im Buch anzeigt.

Übung 13-4:

Ändern Sie das vorige Programm so, dass es eine Wortliste einliest (siehe den Abschnitt »Wortlisten einlesen« auf Seite 105), und geben Sie alle Wörter aus dem Buch aus, die nicht in der Wortliste stehen. Wie viele davon sind Tippfehler? Wie viele davon sind gebräuchliche Wörter, die eigentlich in der Wortliste stehen müssten, und wie viele sind eher ungewöhnlich? (Denken Sie daran, dass die Wortliste für Kreuzworträtsel gedacht ist und daher »ä« als »ae«, »ö« als »oe, »ü« als »ue« und »ß« als »ss« geschrieben werden.)

Zufallszahlen

Wenn man Computerprogramme mit den gleichen Eingaben füttert, erzeugen sie meistens die gleichen Ausgaben. Deshalb sagt man ihnen **Determinismus** nach. Determinismus ist üblicherweise eine gute Sache, da wir ja auch erwarten, dass dieselbe Berechnung dasselbe Ergebnis liefert. Bei manchen Anwendungen möchten wir aber, dass der Computer unberechenbar ist. Spiele sind nur eines von vielen Beispielen dafür.

Es ist gar nicht so einfach, ein Programm wirklich unberechenbar zu machen. Aber es gibt Möglichkeiten, es wenigstens so wirken zu lassen. Eine solche Möglichkeit sind Algorithmen, die **Pseudozufallszahlen** erzeugen. Pseudozufallszahlen sind nicht wirklich zufällig, weil sie durch deterministische Berechnungen generiert werden. Aber wenn man die Zahlen nur ansieht, ist es nahezu unmöglich, sie von echten Zufallszahlen zu unterscheiden.

Das Modul `random` stellt Funktionen bereit, die Pseudozufallszahlen erzeugen (die ich von nun an nur noch »Zufallszahlen« nenne).

Die Funktion `random` liefert eine zufällige Fließkommazahl zwischen 0,0 und 1,0 (einschließlich 0,0, aber ohne 1,0). Jedes Mal, wenn Sie `random` aufrufen, erhalten Sie die nächste Zahl aus einer langen Reihe. Für eine kleine Kostprobe können Sie die folgende Schleife ausführen:

```
import random

for i in range(10):
    x = random.random()
    print(x)
```

Die Funktion `randint` erwartet die Parameter `low` und `high` und liefert einen Integer zwischen `low` und `high` (einschließlich der beiden Maximalwerte).

```
>>> random.randint(5, 10)
5
>>> random.randint(5, 10)
9
```

Um ein Element aus einer Sequenz zufällig auszuwählen, können Sie `choice` verwenden:

```
>>> t = [1, 2, 3]
>>> random.choice(t)
2
>>> random.choice(t)
3
```

Das Modul `random` bietet auch Funktionen, mit denen Sie zufällige Werte aus stetigen Verteilungen wie der gaußschen, der Gamma-, der Exponentialverteilung sowie einigen anderen auswählen können.

Übung 13-5:

Schreiben Sie eine Funktion mit dem Namen `waehle_aus_hist`, die ein Histogramm erwartet (siehe den Abschnitt »Dictionary als Menge von Zählern« auf Seite 135) und einen Zufallswert aus dem Histogramm liefert, der anhand der Wahrscheinlichkeit in Relation zur Häufigkeit ausgewählt wird. Für das folgende Histogramm

```
>>> t = ['a', 'a', 'b']
>>> hist = histogramm(t)
>>> print(hist)
{'a': 2, 'b': 1}
```

sollte Ihre Funktion beispielsweise `'a'` mit der Wahrscheinlichkeit *2:3* und `'b'` mit der Wahrscheinlichkeit *1:3* zurückgeben.

Worthistogramm

Sie sollten die bisherigen Übungen wenigstens versuchen, bevor Sie weitermachen. Die Lösung finden Sie unter dem Namen *analyse_buch.py* in den Codebeispielen. Außerdem brauchen Sie *buddenbrooks.txt*.

Hier sehen Sie ein Programm, das eine Datei liest und ein Histogramm der Wörter in der Datei erstellt:

```
import string

def verarbeite_datei(dateiname):
    hist = dict()
    fp = open(dateiname)
    for zeile in fp:
        verarbeite_zeile(zeile, hist)
    return hist
```

```
def verarbeite_zeile(zeile, hist):
    zeile = zeile.replace('-', ' ')

    for wort in zeile.split():
        wort = wort.strip(string.punctuation + string.whitespace)
        wort = wort.lower()

        hist[wort] = hist.get(wort, 0) + 1

hist = verarbeite_datei('buddenbrooks.txt')
```

Dieses Programm liest *buddenbrooks.txt*, eine Datei mit dem Text von *Die Buddenbrooks* von Thomas Mann.

`verarbeite_datei` durchläuft die Zeilen der Datei und übergibt eine nach der anderen an `verarbeite_zeile`. Das Histogramm `hist` wird dabei als Akkumulator verwendet.

`verarbeite_zeile` verwendet die String-Methode `replace`, um die Bindestriche durch Leerzeichen zu ersetzen, bevor die Zeile mit `split` in eine Liste mit Strings zerlegt wird. Anschließend durchlaufen wir diese Liste mit Wörtern, entfernen mit `strip` Interpunktionszeichen und wandeln mit `lower` alle Buchstaben in Kleinbuchstaben um. (Kurz gesagt: Die Strings werden »konvertiert«. Denken Sie daran, dass Strings unveränderbar sind. Entsprechend liefern Methoden wie `strip` und `lower` neue Strings zurück.)

In einem letzten Schritt aktualisiert `verarbeite_zeile` das Histogramm, indem ein neues Element erstellt oder ein vorhandenes aktualisiert wird.

Um die Summe der Wörter im Buch insgesamt zu berechnen, können wir die Häufigkeiten im Histogramm addieren:

```
def summe_woerter(hist):
    return sum(hist.values())
```

Die Anzahl der unterschiedlichen Wörter entspricht der Anzahl der Elemente im Dictionary:

```
def unterschiedliche_woerter(hist):
    return len(hist)
```

Und hier ist der Code, um das Resultat auszugeben:

```
print('Gesamtzahl Wörter:', summe_woerter(hist))
print('Anzahl der unterschiedlichen Wörter:', unterschiedliche_woerter(hist))
```

Schließlich das Ergebnis:

```
Gesamtzahl Wörter: 235864
Anzahl der unterschiedlichen Wörter: 26674
```

Die häufigsten Wörter

Die häufigsten Wörter können wir mithilfe des DSU-Musters finden. Die Funktion `haeufigste_woerter` erwartet ein Histogramm und liefert eine Liste von Wort-Frequenz-Tupeln, absteigend sortiert nach Häufigkeit:

```
def haeufigste_woerter(hist):
    t = []
    for schluessel, wert in hist.items():
        t.append((wert, schluessel))

    t.sort(reverse=True)
    return t
```

Die folgende Schleife gibt die zehn häufigsten Wörter aus:

```
t = haeufigste_woerter(hist)
print('Die häufigsten Wörter lauten:')
for haeuf, wort in t[0:10]:
    print(wort, '\t', haeuf)
```

Und hier sind die Ergebnisse für *Die Buddenbrooks*:

```
Die häufigsten Wörter lauten:
und  9650
die  5753
der  4941
er  3745
in  3457
mit  3253
zu  3234
sie  3191
das  2605
sich  2595
```

Optionale Parameter

Eingebaute Funktionen und Methoden, die eine variable Anzahl von Argumenten erwarten, haben wir bereits gesehen. Es ist aber auch möglich, benutzerdefinierte Funktionen mit optionalen Argumenten zu schreiben. Hier sehen Sie eine Funktion, die die häufigsten Wörter in einem Histogramm ausgibt:

```
def print_haeufigste_woerter(hist, anz=10):
    t = haeufigste_woerter(hist)
    print('Die häufigsten Wörter lauten:')
    for haeuf, wort in t[:anz]:
        print(wort, '\t', haeuf)
```

Der erste Parameter ist erforderlich, der zweite optional. Der **Standardwert** von `anz` ist `10`.

Wenn Sie nur ein Argument angeben:

```
print_haeufigste_woerter(hist)
```

erhält `anz` den Standardwert. Geben Sie jedoch zwei Argumente an:

```
print_haeufigste_woerter(hist, 20)
```

dann erhält `anz` stattdessen den Wert des Arguments. Anders ausgedrückt: Das optionale Argument **überschreibt** den Standardwert.

Wenn eine Funktion sowohl erforderliche als auch optionale Parameter enthält, müssen Sie zuerst alle erforderlichen Parameter angeben und dann die optionalen.

Dictionary-Subtraktion

Die Wörter, die im Buch vorkommen, aber nicht in unserer Wortliste *wortliste.txt* stehen, können wir dadurch ermitteln, dass wir zwei Mengen voneinander subtrahieren. Wir suchen also alle Wörter aus Menge 1 (die Wörter im Buch), die nicht in Menge 2 (die Wörter in der Liste) enthalten sind.

`subtrahiere` erwartet die beiden Dictionaries `buch_hist` und `wortliste_hist` und liefert ein neues Dictionary, das alle Schlüssel aus `buch_hist` enthält, die nicht in `wortliste_hist` enthalten sind. Da uns die Werte nicht interessieren, verwenden wir einfach `None`. Eine Besonderheit an dieser Stelle ist die Tatsache, dass unsere Wortliste keine deutschen Sonderzeichen enthält (weil es ja eine »Kreuzwortliste« ist). Damit wir bei unserer Subtraktion nicht alle Wörter erhalten, die zwar in der Wortliste stehen, aber eben nicht mit Umlauten oder scharfem S, müssen wir diese Zeichen vorher mit `replace` ersetzen.

```
def subtrahiere(buch_hist, wortliste_hist):
    res = {}
    for schluessel in buch_hist:
        ersetzt = schluessel.replace('ä', 'ae').replace('ü', 'ue').replace('ö',
'oe').replace('ß', 'ss')
        if ersetzt not in wortliste_hist:
            res[schluessel] = None
    return res
```

In der vierten Zeile ersetzen wir die deutschen Sonderzeichen und weisen das Ergebnis der temporären Variablen `ersetzt` zu. Diese Variable nutzen wir lediglich, um das so veränderte Wort mit den Wörtern in unserer Wortliste zu vergleichen. Als Schlüssel für das Ergebnis-Dictionary verwenden wir natürlich das ursprüngliche Wort mit Sonderzeichen, damit wir es entsprechend ausgeben können.

Um alle Wörter zu finden, die nicht in *wortliste.txt* stehen, können wir `verarbeite_datei` nutzen, um ein Histogramm für *wortliste.txt* zu erstellen, und subtrahieren anschließend:

```
woerter = verarbeite_datei('wortliste.txt')
diff = subtrahiere(hist, woerter)

print("Folgende Wörter aus dem Buch sind nicht in der Wortliste enthalten:")
for wort in diff.keys():
    print(wort, end=' ')
```

Hier einige Ergebnisse aus *Die Buddenbrooks*:

```
Folgende Wörter aus dem Buch sind nicht in der Wortliste enthalten:
dunkelgrauen hinabwallenden anheim gab geheime hauptpastor kaufmannsstand iuris nieder
parkettierten blendenden familienoberhaupt kurzum auftauchen ...
```

Manche dieser Wörter sind ungewöhnlich oder nicht mehr allzu gebräuchlich. Andere dagegen, wie beispielsweise »geheime«, sollten dagegen auf jeden Fall in der Liste stehen!

Zufallswörter

Der einfachste Algorithmus, um ein Wort aus dem Histogramm zufällig herauszugreifen, besteht darin, eine Liste mit mehreren Kopien aller Wörter der berechneten Häufigkeit entsprechend zu erstellen und dann aus der Liste zu wählen:

```
def zufalls_wort(h):
    t = []
    for wort, haeuf in h.items():
        t.extend([wort] * haeuf)

    return random.choice(t)
```

Der Ausdruck `[wort] * haeuf` erstellt eine Liste mit `haeuf` Kopien des Strings `wort`. Die Methode `extend` funktioniert ähnlich wie `append`, allerdings ist in diesem Fall das Argument eine Sequenz.

Übung 13-6:

Dieser Algorithmus funktioniert, ist aber nicht sehr effizient. Jedes Mal, wenn Sie ein Zufallswort auswählen, wird die Liste neu erstellt, die genauso groß wie das ursprüngliche Buch ist. Eine naheliegende Verbesserung besteht darin, die Liste einmal zu erstellen und mehrfach zu verwenden. Trotzdem ist die Liste immer noch sehr groß.

Eine Alternative wäre:

1. Verwenden Sie `keys`, um die Liste der Wörter im Buch zu erhalten.
2. Erstellen Sie eine Liste, die die kumulative Summe der Worthäufigkeiten enthält (siehe Übung 10-3). Das letzte Element in dieser Liste wäre die Summe der Anzahl der Wörter im Buch, *n*.
3. Wählen Sie eine Zufallszahl zwischen 1 und *n*. Nutzen Sie eine Bisektionssuche (siehe Übung 10-11), um den Index zu finden, an dem die Zufallszahl in der kumulativen Summe eingesetzt werden soll.
4. Verwenden Sie diesen Index, um das entsprechende Wort in der Wortliste zu finden.

Schreiben Sie ein Programm, das diesen Algorithmus verwendet, um ein zufälliges Wort aus dem Buch auszuwählen.

Lösung: *analyse_buch2.py*

Markov-Analyse

Wenn Sie Wörter zufällig aus einem Buch auswählen, können Sie sich einen Eindruck vom verwendeten Wortschatz machen. Aber Sie erhalten wahrscheinlich keinen korrekten Satz:

```
ist ein langen see und tom macht besonderes gruppen um pflegten steifte sich
ließ erörtert
```

Eine Folge zufällig ausgewählter Wörter ergibt nur selten Sinn, weil zwischen den aufeinanderfolgenden Wörtern keine Beziehung besteht. In einem realen Satz erwarten Sie, dass auf einen Artikel ein Adjektiv oder ein Nomen folgt und kein Verb oder Adverb.

Eine Möglichkeit, solche Beziehungen zu bestimmen, ist die Markov-Analyse. Dabei wird für eine Sequenz von Wörtern die Wahrscheinlichkeit bestimmt, dass ein bestimmtes Wort auf ein anderes folgt. So beginnt beispielsweise der Monty-Python-Song *Eric, the Half a Bee*:

> Half a bee, philosophically, Must, ipso facto, half not be. But half the bee has got to be Vis a vis, its entity. D'you see? But can a bee be said to be or not to be an entire bee. When half the bee is not a bee. Due to some ancient injury?

In diesem Text folgt auf die Phrase »half the« immer das Wort »bee«. Auf »the bee« folgt entweder »has« oder »is«.

Das Ergebnis einer Markov-Analyse ist ein Mapping von jedem Präfix (z. B. »half the« und »the bee«) auf alle möglichen Suffixe (wie »has« und »is«).

Sobald Sie eine solche Zuordnungstabelle haben, können Sie einen Zufallstext erzeugen, indem Sie mit einem beliebigen Präfix beginnen und nach dem Zufallsprinzip aus der Liste der möglichen Suffixe auswählen. Im nächsten Schritt kombinieren Sie dann das Ende des Präfix mit dem neuen Suffix, um daraus das nächste Präfix zu bilden, usw.

Wenn Sie in unserem Beispiel mit dem Präfix »Half a« beginnen, muss das nächste Wort »bee« lauten, weil das Präfix nur einmal im Text vorkommt. Das nächste Präfix ist »a bee«, das nächste Suffix könnte also »philosophically«, »be« oder »due« sein.

In diesem Beispiel ist die Länge des Präfix immer 2. Sie können aber natürlich eine Markov-Analyse mit einem Präfix beliebiger Länge durchführen.

Übung 13-7:

Markov-Analyse:

1. Schreiben Sie ein Programm, das Text aus einer Datei liest und eine Markov-Analyse durchführt. Das Ergebnis sollte ein Dictionary sein, das Präfixe einer Sammlung möglicher Suffixe zuordnet. Diese Sammlung kann eine Liste, ein Tupel oder ein Dictionary sein. Entscheiden Sie sich für eine geeignete Datenstruktur. Testen Sie Ihr Programm mit einem Präfix der Länge 2. Schreiben Sie das Programm aber so, dass Sie es auch mit anderen Präfixen ausführen können.
2. Erweitern Sie das bisherige Programm um eine Funktion, die auf Grundlage der Markov-Analyse Zufallstexte schreibt. Hier sehen Sie ein Beispiel aus *Die Buddenbrooks* mit der Präfixlänge 2:

   Übrigens genoß Kai Graf Mölln eines gewissen Respekts wegen der Wildheit und zügellosen Unbotmäßigkeit, die man mir gleich bei der Sache. »Ihr redet und redet«, rief Christian außer sich. dann verstummte sie eingeschüchtert. Aber seine halbbewußten Bedürfnisse waren stärker, er selbst fühlte sich unaussprechlich müde Er wird begreifen, daß es wie »Nally« klang; Madame Kethelsen das Stockwerk und auch die übrigen voreilig und verspätet ineinander hallenden

Schallmassen nicht innehielten, einem aufdringlichen und in erstaunlicher Rundung über das andere ... ja, unausstehlich, das muß wahr sein.

In diesem Beispiel habe ich die Interpunktionszeichen nicht von den Wörtern entfernt. Das Ergebnis ist beinahe syntaktisch korrekt, aber eben nicht ganz. Semantisch ergibt das Ganze ebenfalls fast Sinn, aber auch nicht wirklich.

Was passiert, wenn Sie die Länge des Präfix erhöhen? Ist der Zufallstext dann sinnvoller?

3. Sie können auch versuchen, die Texte von zwei oder mehr Büchern zu analysieren. Der Zufallstext mischt dann den Wortschatz und die Phrasen aus mehreren Quellen. Vielleicht führt das zu interessanten Ergebnissen.

Hinweis: Diese Fallstudie basiert auf einem Beispiel von Kernighan and Pike, *The Practice of Programming*, Addison-Wesley, 1999.

Sie sollten versuchen, diese Übung zu lösen, bevor Sie weiterlesen. Meine Lösung finden Sie unter dem Namen *markov.py* in den Codebeispielen. Außerdem brauchen Sie *buddenbrooks.txt*.

Datenstrukturen

Zufallstexte mit der Markov-Analyse sind witzig, aber diese Übung hat auch noch einen anderen Sinn: die Wahl der richtigen Datenstruktur. In der vorherigen Übung mussten Sie entscheiden:

- wie Sie die Präfixe abbilden,
- wie Sie die Sammlung möglicher Suffixe abbilden und
- wie Sie das Mapping von jedem Präfix auf die Sammlung möglicher Suffixe abbilden.

Okay, die letzte Frage ist einfach. Die einzige Mapping-Möglichkeit, die wir kennengelernt haben, ist ein Dictionary.

Für die Präfixe lauten die naheliegenden Optionen String, Liste mit Strings oder Tupel mit Strings. Für die Suffixe steht eine Liste oder ein Histogramm (Dictionary) zur Auswahl.

Wie sollen Sie sich entscheiden? In einem ersten Schritt sollten Sie darüber nachdenken, welche Operationen Sie für die jeweilige Datenstruktur implementieren möchten. Bei den Präfixen müssen wir in der Lage sein, ein Wort am Anfang zu entfernen und ein anderes Wort am Ende anzuhängen. Wenn das aktuelle Präfix beispielsweise »Half a« und das nächste Wort »bee« ist, müssen Sie daraus als nächstes Präfix »a bee« bilden können.

Ihre Wahl mag zunächst vielleicht auf eine Liste fallen, weil Sie dann Elemente einfach hinzufügen und entfernen können. Aber wir müssen die Präfixe auch als Schlüssel in einem Dictionary verwenden können. Daher kommen Listen nicht infrage. Mit Tupeln können Sie zwar nichts hinzufügen oder entfernen, aber mit dem Additionsoperator können Sie ein neues Tupel erstellen:

```
def verschieben(praefix, wort):
    return praefix[1:] + (wort,)
```

verschieben erwartet ein Tupel mit Wörtern, praefix und den String wort. Die Funktion bildet daraus ein neues Tupel, das bis auf das erste Wort die Wörter aus praefix enthält und am Ende um wort verlängert wird.

Zur Suffixsammlung müssen wir unter anderem neue Suffixe hinzufügen (oder die Häufigkeit vorhandener erhöhen) sowie ein Element zufällig auswählen können.

Das Hinzufügen eines neuen Suffix ist sowohl mit einer Liste als auch mit einem Histogramm einfach. Die zufällige Auswahl eines Elements aus einer Liste ist ebenfalls sehr einfach, bei einem Histogramm ist das schon komplizierter (siehe Übung 13-6).

Bisher haben wir uns mit Datenstrukturen vor allem im Hinblick auf die Einfachheit der Implementierung auseinandergesetzt. Aber bei der Wahl von Datenstrukturen sind auch andere Faktoren zu berücksichtigen. Einer davon ist die Laufzeit. Manchmal gibt es theoretische Gründe, die vermuten lassen, dass eine Datenstruktur schneller als eine andere ist. Beispielsweise habe ich erwähnt, dass der in-Operator mit Dictionaries schneller funktioniert als mit Listen, zumindest wenn die Anzahl der Elemente groß ist.

Aber oft wissen Sie nicht von Anfang an, welche Implementierung schneller sein wird. Dann können Sie einfach beide implementieren und herausfinden, welche besser funktioniert. Diese Vorgehensweise bezeichnet man als **Benchmarking**. Eine praktische Alternative besteht darin, sich für die Datenstruktur zu entscheiden, die am einfachsten zu implementieren ist, um zu sehen, ob sie für die geplante Anwendung schnell genug ist. Wenn ja, haben Sie Ihr Ziel bereits erreicht. Und für den anderen Fall gibt es Tools, wie etwa das Modul profile, mit denen Sie die Stellen in einem Programm finden können, die die meiste Zeit in Anspruch nehmen.

Ein weiterer Faktor, den Sie berücksichtigen müssen, ist der Speicherplatz. Ein Histogramm für die verschiedenen Wörter in einem Text kann unter Umständen weniger Speicherplatz in Anspruch nehmen, weil Sie jedes Wort nur einmal ablegen müssen – unabhängig davon, wie oft es im Text vorkommt. Wenn Sie Speicherplatz sparen, kann das in manchen Fällen dazu führen, dass Ihr Programm schneller läuft. Und im Extremfall kann es passieren, dass Ihr Programm überhaupt nicht läuft, wenn Ihnen der Speicher ausgeht. Bei den meisten Anwendungen muss der Speicherhunger allerdings erst an zweiter Stelle nach der Laufzeit berücksichtigt werden.

Ein abschließender Gedanke dazu: In dieser Diskussion sind wir davon ausgegangen, dass wir sowohl für die Analyse als auch für die Erzeugung dieselbe Datenstruktur verwenden. Da dies voneinander getrennte Phasen sind, ist es aber genauso möglich, eine Datenstruktur für die Analyse zu verwenden und diese für die Erzeugung von Inhalten dann in eine andere Struktur zu konvertieren. Entsprechend können Sie dann Laufzeit sparen, wenn Sie dadurch bei der Erzeugung der Inhalte mehr Zeit sparen, als Sie durch die Konvertierung verlieren.

Debugging

Wenn Sie ein Programm debuggen – insbesondere wenn Sie an einem besonders hartnäckigen Fehler arbeiten –, sollten Sie die folgenden vier Dinge versuchen:

Lesen:
: Untersuchen Sie Ihren Code. Lesen Sie ihn durch, und überprüfen Sie, ob der Programmcode wirklich das sagt, was Sie ausdrücken wollten.

Ausführen:
: Experimentieren Sie, indem Sie Änderungen vornehmen und verschiedene Versionen ausführen. Oft werden Probleme dann offensichtlich, wenn Sie an der richtigen Stelle im Programm das Richtige anzeigen. Aber manchmal müssen Sie eine gewisse Zeit in Scaffolding investieren.

Grübeln:
: Nehmen Sie sich Zeit zum Nachdenken. Was für eine Art von Fehler ist es: ein Syntaxfehler, ein Laufzeitfehler oder ein semantischer Fehler? Welche Informationen erhalten Sie aus Fehlermeldungen oder aus den Ausgaben des Programms? Welche Art von Fehler könnte das Problem verursachen, vor dem Sie stehen? Was haben Sie zuletzt geändert, bevor das Problem aufgetaucht ist?

Einen Schritt zurückgehen:
: Ab einem gewissen Punkt ist es am besten, wenn Sie einen Schritt zurückgehen und die letzten Änderungen so lange rückgängig machen, bis Sie wieder ein Programm haben, das funktioniert – und das Sie verstehen. Dann können Sie erneut Funktionalitäten hinzufügen.

Gerade Programmieranfänger versteifen sich oft auf eine dieser Aktivitäten und vergessen dabei die anderen. Und jede dieser Herangehensweisen zeichnet ein eigenes Schadensbild.

Wenn ein Tippfehler das Problem verursacht, kann es helfen, den Code zu lesen. Bei einem Denkfehler bringt das relativ wenig. Wenn Sie nicht verstehen, was Ihr Programm macht, können Sie es hundertmal lesen und finden den Fehler trotzdem nicht – weil der Fehler in Ihren Kopf steckt.

Es kann helfen, wenn Sie einfach experimentieren – vor allem wenn Sie kleine und einfache Tests durchführen. Aber wenn Sie experimentieren, ohne nachzudenken oder Ihren Code zu lesen, können Sie in eine Falle geraten, die ich »Irrfahrtsprogrammierung« nenne. Dabei nehmen Sie so lange irgendwelche Änderungen vor, bis das Programm das Richtige tut. Es erübrigt sich, darauf hinzuweisen, dass die Irrfahrtsprogrammierung sehr lange dauern kann.

Nehmen Sie sich Zeit, um nachzudenken. Debugging ist wie eine Experimentalwissenschaft. Dafür brauchen Sie mindestens eine Hypothese darüber, wo das Problem liegt. Gibt es zwei oder mehr Möglichkeiten, müssen Sie sich einen Test einfallen lassen, durch den Sie eine davon ausschließen können.

Eine Pause hilft beim Nachdenken. Genauso wie darüber reden. Wenn Sie das Problem jemand anderem (oder sich selbst) erklären, finden Sie manchmal die Antwort, bevor Sie die Frage zu Ende gestellt haben.

Aber selbst die besten Debugging-Techniken versagen, wenn es zu viele Fehler gibt oder wenn der Code, den Sie zum Laufen bekommen möchten, zu umfangreich oder zu kompliziert ist. Manchmal besteht die beste Option darin, einen Schritt zurückzugehen und das Programm so lange zu vereinfachen, bis es funktioniert und Sie es verstehen.

Programmieranfänger zögern häufig, einen Schritt zurückzugehen, weil sie es nicht ausstehen können, auch nur eine einzige Zeile Code zu löschen (selbst wenn sie falsch ist). Wenn Sie sich damit besser fühlen, kopieren Sie Ihr Programm in eine andere Datei, bevor Sie es zerlegen. Dann können Sie die einzelnen Teile Stück für Stück wieder einfügen.

Um einen hartnäckigen Fehler aufzuspüren, müssen Sie manchmal lesen, ausführen, grübeln und auch einen Schritt zurückgehen. Wenn Sie sich zu lange mit einer dieser Aktivitäten aufhalten, versuchen Sie es mit der nächsten.

Glossar

Deterministisch:
: Als »deterministisch« bezeichnet man ein Programm, das bei gleicher Eingabe bei jedem Ablauf dasselbe Ergebnis erzielt.

Pseudozufallszahlen:
: Sequenz von Zahlen, die zufällig zu sein scheinen, aber von einem deterministischen Programm berechnet werden

Standardwert:
: Wert, den ein optionaler Parameter erhält, falls kein Argument angegeben wird

Überschreiben:
: Ersetzen eines Standardwerts durch ein Argument

Benchmarking:
: Auswahl von Datenstrukturen durch Implementierung von Alternativen und Testläufe dieser Alternativen mit Stichproben der möglichen Eingaben

Übungen

Übung 13-8:

Der »Rang« eines Worts entspricht der Position dieses Worts in einer Liste von Wörtern, die nach ihrer Häufigkeit sortiert sind: Das häufigste Wort hat Rang 1, das zweithäufigste Rang 2 usw.

Das zipfsche Gesetz beschreibt eine Beziehung zwischen den Rängen und Häufigkeiten von Wörtern in natürlichen Sprachen (*http://de.wikipedia.org/wiki/Zipfsches_Gesetz*). Konkret besagt dieses Gesetz, dass die Häufigkeit f eines Worts mit dem Rang r sich folgendermaßen errechnet:

$$f = cr^{-s}$$

Dabei sind s und c Parameter, die von der Sprache und dem Text abhängen. Wenn Sie den Logarithmus beider Seiten dieser Gleichung berechnen, erhalten Sie:

$$\log f = \log c - s \log r$$

Wenn Sie also log f und log r grafisch darstellen, sollten Sie eine gerade Linie mit der Steigung -s erhalten und log c schneiden.

Schreiben Sie ein Programm, das Text aus einer Datei liest, die Häufigkeiten der verschiedenen Werte bestimmt und in absteigender Reihenfolge nach Häufigkeit zusammen mit log f und log r für jedes Wort eine Linie zeichnet. Verwenden Sie das Grafikprogramm Ihrer Wahl, um die Ergebnisse grafisch darzustellen und zu überprüfen, ob sie eine gerade Linie ergeben. Können Sie den Wert von s schätzen?

Lösung: *zipf.py*. Für die Graphen müssen Sie unter Umständen *matplotlib* installieren (siehe *http://matplotlib.sourceforge.net/*).

KAPITEL 14

Dateien

Persistenz

Die meisten Programme, die wir bisher gesehen haben, sind insofern flüchtig, als sie nur für begrenzte Zeit ausgeführt werden. Solche Programme generieren bestimmte Ausgaben, aber sobald das Programm endet, verschwinden die Daten. Wenn Sie das Programm erneut ausführen, fangen Sie wieder von vorne an.

Andere Programme sind dagegen **persistent**, werden also längere Zeit (oder dauerhaft) ausgeführt. Diese Programme speichern zumindest einen Teil ihrer Daten dauerhaft (beispielsweise auf einer Festplatte). Wenn solche Programme beendet und neu gestartet werden, machen sie an der Stelle weiter, an der sie zuvor aufgehört haben.

Beispiele für persistente Programme sind Betriebssysteme – die so ziemlich immer laufen, solange der Computer an ist – und Webserver, die ständig laufen und auf Anforderungen aus dem Netzwerk warten.

Eine der einfachsten Möglichkeiten für Programme, Daten zu speichern, sind Textdateien. Wir haben bereits Programme gesehen, die Textdateien lesen. In diesem Kapitel sehen wir uns auch Programme an, die Dateien schreiben.

Eine weitere Möglichkeit besteht darin, den Zustand des Programms in einer Datenbank zu speichern. In diesem Kapitel stelle ich Ihnen daher ebenfalls eine einfache Datenbank und das Modul `pickle` vor, mit dem es ganz einfach ist, Programmdaten zu speichern.

Lesen und schreiben

Eine Textdatei ist eine Sequenz von Zeichen, die auf einem dauerhaften Medium, wie etwa einer Festplatte, einem Flashspeicher oder einer CD-ROM, gespeichert wird. Im Abschnitt »Wortlisten einlesen« auf Seite 105 haben Sie bereits gesehen, wie Sie eine Datei öffnen und lesen können.

Um eine Datei zu schreiben, müssen Sie sie mit dem Modus `'w'` als zweiten Parameter öffnen:

```
>>> fout = open('ausgabe.txt', 'w')
>>> print(fout)
<_io.TextIOWrapper name='ausgabe.txt' mode='w' encoding='UTF-8'>
```

Vorsicht: Wenn Sie eine vorhandene Datei im Schreibmodus öffnen, werden die alten Daten dadurch gelöscht. Sollte die Datei nicht bereits existieren, wird eine neue erstellt.

Die `write`-Methode schreibt Daten in eine Datei:

```
>>> zeile1 = "Edle Jungfrau...\n"
>>> fout.write(zeile1)
```

Auch in diesem Fall merkt sich das Dateiobjekt die aktuelle Stelle. Wenn Sie also `write` erneut aufrufen, werden die Daten am Ende angefügt.

```
>>> zeile2 = "Verschwindet und preist irgendein anderes Gör.\n"
>>> fout.write(zeile2)
```

Wenn Sie mit dem Schreiben fertig sind, müssen Sie die Datei schließen:

```
>>> fout.close()
```

Formatoperator

Das Argument für die Methode `write` muss ein String sein. Wenn wir andere Werte in eine Datei schreiben möchten, müssen wir diese zuvor in einen String konvertieren. Die einfachste Möglichkeit dafür besteht in der Funktion `str`:

```
>>> x = 52
>>> f.write(str(x))
```

Eine weitere Möglichkeit ist der **Formatoperator** `%`. Bei Integer-Werten steht `%` für den Modulos-Operator. Aber wenn der erste Operand ein String ist, steht `%` für den Formatoperator.

Der erste Operand ist der **Format-String**, der eine oder mehrere **Formatsequenzen** enthält, die bestimmen, wie der zweite Operand formatiert werden soll. Das Ergebnis ist wieder ein String.

Die Formatsequenz `'%d'` bedeutet beispielsweise, dass der zweite Operand als Integer formatiert werden soll (`d` steht für »decimal«):

```
>>> kamele = 42
>>> '%d' % kamele
'42'
```

Das Ergebnis ist der String `'42'`, nicht zu verwechseln mit dem Integer-Wert `42`.

Eine Formatsequenz kann an beliebiger Stelle im String erscheinen, wodurch Sie auch einen Wert in einen Satz einfügen können:

```
>>> kamele = 42
>>> 'Ich habe %d Kamele gesehen.' % kamele
'Ich habe 42 Kamele gesehen.'
```

Wenn es mehr als eine Formatsequenz im String gibt, muss das zweite Argument ein Tupel sein. Jeder Formatsequenz wird der Reihe nach ein Element des Tupels zugeordnet.

Im folgenden Beispiel wird '%d' für die Formatierung eines Integers, '%g' für die Formatierung einer Fließkommazahl (fragen Sie bitte nicht, warum) und '%s' für die Formatierung eines Strings verwendet:

```
>>> 'In %d Jahren habe ich %g %s.' % (3, 0.1, 'Kamele gesehen')
'In 3 Jahren habe ich 0.1 Kamele gesehen.'
```

Die Anzahl der Elemente im Tupel muss mit der Anzahl der Formatsequenzen im String übereinstimmen. Außerdem müssen die Typen der Elemente den Formatsequenzen entsprechen:

```
>>> '%d %d %d' % (1, 2)
TypeError: not enough arguments for format string
>>> '%d' % 'dollars'
TypeError: %d format: a number is required, not str
```

Im ersten Beispiel sind es nicht genug Elemente, im zweiten hat das Element den falschen Typ.

Der Formatoperator ist mächtig, kann aber schwierig in der Anwendung sein. Mehr darüber können Sie unter *https://docs.python.org/3/library/string.html#string-formatting* erfahren.

format-Methode

Wenn man ein Argument öfter in einen String einsetzen muss, kann es Sinn machen, statt eines Tupels ein Dictionary zu benutzen, dessen Schlüsselwerte man in der Formatsequenz angeben muss. Das kann auch dann vorteilhaft sein, wenn ein Tupel relativ viele Elemente hat und/oder sich deren Reihenfolge noch öfter ändert:

```
>>> 'Gestern habe ich %(anz)d %(tier)s gesehen, wirklich %(anz)d!' % {'anz': 7, 'tier':
'Kamele'}
'Gestern habe ich 7 Kamele gesehen, wirklich 7!'
```

Bei der String-Formatierung mit dem Formatoperator '%' muss man sich entweder für ein Tupel oder für ein Dictionary als zweites Argument entscheiden, was manchmal zu unflexibel ist. Deswegen gibt es seit Python 2.6 eine weitere, allgemeinere Möglichkeit, Strings zu formatieren: die String-Methode `format`. Sie kombiniert Positions- und Schlüsselwortargumente wie folgt:

```
>>> 'In {0}d Jahren habe ich {tiere}s {aktion}s.' % (23, 'tiere':'Kamele', 'akti-
on':'fotografiert')
'In 3 Jahren habe ich 0.1 Kamele gesehen.'
```

Eine zusätzliche Flexibilität ergibt sich daraus, dass in den Formatsequenzen nun auch weitere Python-eigene Syntax erlaubt ist, z. B. der Attributzugriff mit dem Punkt-Operator oder der Zugriff auf einzelne Sequenzelemente mit []:

```
>>> satz = 'In {0} Jahren habe ich {1} {tiere} {aktion[1]}.'
>>> satz.format(23, 10000, tiere='Kamele', aktion=['fotografiert', 'gemalt'])
'In 23 Jahren habe ich 10000 Kamele gemalt.'
```

Der Formatoperator ist schon mächtig, und die Format-Methode bietet noch viel mehr Möglichkeiten, bei denen man leicht den Überblick verlieren kann. Mehr dazu können Sie unter *https://docs.python.org/3/library/string.html#string-formatting* erfahren.

Dateinamen und Pfade

Dateien sind in **Verzeichnissen** organisiert (die auch Ordner genannt werden). Für jedes laufende Programm gibt es ein aktuelles Verzeichnis, das als Standardverzeichnis für die meisten Vorgänge verwendet wird. Wenn Sie beispielsweise eine Datei zum Lesen öffnen, sucht Python im aktuellen Verzeichnis nach ihr.

Das Modul `os` bietet Funktionen für die Arbeit mit Dateien und Verzeichnissen (»os« steht für »operating system«, also für das Betriebssystem). `os.getcwd` liefert beispielsweise den Namen des aktuellen Verzeichnisses:

```
>>> import os
>>> cwd = os.getcwd()
>>> print(cwd)
/home/dinsdale
```

`cwd` steht für »current working directory«, also das aktuelle Arbeitsverzeichnis. In diesem Fall lautet das Ergebnis `/home/dinsdale` – das ist das Home-Verzeichnis des Benutzers mit dem Namen `dinsdale`.

Einen String wie `cwd`, der eine Datei kennzeichnet, bezeichnet man als **Pfad**. Ein **relativer Pfad** geht vom aktuellen Verzeichnis aus. Ein **absoluter Pfad** geht im Gegensatz dazu vom Wurzelverzeichnis des Dateisystems aus.

Die Pfade, mit denen wir bis jetzt tun hatten, waren einfach nur Dateinamen und damit also relativ zum aktuellen Verzeichnis. Den absoluten Pfad einer Datei können Sie mit `os.path.abspath` abfragen:

```
>>> os.path.abspath('memo.txt')
'/home/dinsdale/memo.txt'
```

`os.path.exists` prüft, ob eine Datei oder ein Verzeichnis existiert:

```
>>> os.path.exists('memo.txt')
True
```

Wenn die Datei existiert, können Sie mit `os.path.isdir` feststellen, ob es sich dabei um ein Verzeichnis handelt:

```
>>> os.path.isdir('memo.txt')
False
>>> os.path.isdir('musik')
True
```

Entsprechend können Sie mit os.path.isfile überprüfen, ob es sich um eine einfache Datei handelt.

os.listdir liefert eine Liste der Dateien (und auch der anderen Verzeichnisse) im angegebenen Verzeichnis:

```
>>> os.listdir(cwd)
['musik', 'fotos', 'memo.txt']
```

Um diese Funktionen zu veranschaulichen, durchläuft das folgende Beispiel ein Verzeichnis, gibt die Namen aller Dateien aus und ruft sich selbst rekursiv für alle Unterverzeichnisse auf:

```
def durchlaufe(verz_name):
    for name in os.listdir(verz_name):
        pfad = os.path.join(verz_name, name)

        if os.path.isfile(pfad):
            print(pfad)
        else:
            durchlaufe(pfad)
```

os.pfad.join erwartet ein Verzeichnis und einen Dateinamen und kombiniert diese miteinander zu einem vollständigen Pfad.

Übung 14-1:

Das Modul os enthält eine Funktion mit dem Namen walk, die unserer recht ähnlich, aber vielseitiger ist. Lesen Sie die Dokumentation, und geben Sie mit dieser Funktion die Namen der Dateien eines angegebenen Verzeichnisses und der Unterverzeichnisse aus.

Lösung: *durchlaufe.py*

Ausnahmen abfangen

Beim Lesen und Schreiben von Dateien kann eine Menge schiefgehen. Wenn Sie eine Datei öffnen möchten, die nicht existiert, erhalten Sie beispielsweise einen IOError:

```
>>> fin = open('boese_datei')
IOError: [Errno 2] No such file or directory: 'boese_datei'
```

Das passiert, wenn Sie keine Zugriffsberechtigungen für eine Datei haben:

```
>>> fout = open('/etc/passwd', 'w')
IOError: [Errno 13] Permission denied: '/etc/passwd'
```

Und wenn Sie versuchen, ein Verzeichnis zum Lesen zu öffnen, erhalten Sie:

```
>>> fin = open('/home')
IOError: [Errno 21] Is a directory
```

Um diese Fehler zu vermeiden, können Sie natürlich Funktionen wie `os.pfad.exists` und `os.pfad.isfile` verwenden. Das erfordert aber eine Menge Zeit und Code, um alle Möglichkeiten zu überprüfen. (`Errno 21` kann vieles bedeuten; es können hier mindestens 21 verschiedene Dinge schiefgelaufen sein.)

Am besten versuchen Sie einfach Ihr Glück und kümmern sich um die Probleme dann, wenn sie auftreten. Genau dafür gibt es die `try`-Anweisung. Die Syntax ähnelt der Syntax einer `if`-Anweisung:

```
try:
    fin = open('boese_datei')
    for zeile in fin:
        print(zeile)
    fin.close()
except:
    print('Es ist etwas schiefgelaufen.')
```

Python beginnt damit, die `try`-Klausel auszuführen. Wenn alles gut geht, überspringt Python die `except`-Klausel und macht weiter. Wird eine Ausnahme ausgelöst, verlässt das Programm die `try`-Klausel und führt die `except`-Klausel aus.

Wenn Sie eine Ausnahme mit einer `try`-Anweisung behandeln, spricht man davon, dass Sie eine Ausnahme **abfangen**. In diesem Beispiel gibt die `except`-Klausel eine Fehlermeldung aus, die nicht sehr hilfreich ist. Üblicherweise fangen Sie aber eine Ausnahme ab, um das Problem zu beheben, es erneut zu versuchen oder wenigstens um das Programm würdevoll zu beenden.

Übung 14-2:

Schreiben Sie eine Funktion mit dem Namen `sed`, die folgende Argumente erwartet: ein Suchmuster als String, einen String, durch den dieses Muster ersetzt werden soll, sowie zwei Dateinamen als String. Die Funktion soll die erste Datei lesen und den Inhalt in die zweite Datei schreiben (und diese erstellen, falls notwendig). Wenn das Suchmuster in der Datei vorkommt, soll es durch den entsprechenden String ersetzt werden.

Falls ein Fehler beim Öffnen, Lesen oder Schließen der Dateien auftritt, soll Ihr Programm die Ausnahme abfangen, eine Fehlermeldung ausgeben und die Ausführung beenden.

Lösung: *sed.py*

Datenbanken

Eine **Datenbank** ist eine Datei, die für die Speicherung von Daten strukturiert ist. Die meisten Datenbanken sind insofern wie ein Dictionary organisiert, als sie Schlüsseln entsprechende Werte zuweisen. Der größte Unterschied besteht darin, dass sich eine Datenbank auf einer Festplatte befindet (oder auf einem anderen permanenten Speicher), damit die Daten auch dann erhalten bleiben, wenn das Programm beendet wurde.

Das Modul dbm (in Python 2 noch unter dem Namen anydbm verfügbar) stellt eine Schnittstelle für die Erstellung und Aktualisierung von Datenbankdateien zur Verfügung. Als Beispiel werde ich eine Datenbank erstellen, die Bildunterschriften für Bilddateien speichert.

Das Öffnen einer Datenbank gleicht dem Öffnen anderer Dateien:

```
>>> import dbm
>>> db = dbm.open('bildunterschriften.db', 'c')
```

Der Modus 'c' bedeutet, dass die Datenbank erstellt werden soll, falls sie nicht bereits existiert. Als Rückgabewert erhalten Sie ein Datenbankobjekt, mit dem Sie Operationen wie mit einem Dictionary durchführen können (größtenteils). Wenn Sie ein neues Element erstellen, aktualisiert dbm die Datenbankdatei. Anders als in Python 2 müssen in Python 3 die Schlüssel und Werte in der Datenbank Bytes sein. Strings werden sonst mit der vorgegebenen Standardkodierung in Bytes umgewandelt.

```
>>> db['cleese.png'] = 'Foto von John Cleese.'
```

Greifen Sie auf eines der Elemente zu, liest dbm die Datei:

```
>>> print(db['cleese.png'])
b'Foto von John Cleese.'
```

Wenn Sie einem vorhandenen Schlüssel einen neuen Wert zuweisen, ersetzt dbm den alten Wert:

```
>>> db['cleese.png'] = 'Foto von John Cleese bei einem Silly Walk.'
>>> print(db['cleese.png'])
b'Foto von John Cleese bei einem Silly Walk.'
```

Viele Dictionary-Methoden wie etwa keys und items funktionieren auch mit Datenbankobjekten. Entsprechend können Sie ein Datenbankobjekt auch mit einer for-Anweisung durchlaufen:

```
for schluessel in db.keys():
    print(schluessel)
```

Genau wie bei anderen Dateien sollten Sie die Datenbank schließen, wenn Sie fertig sind:

```
>>> db.close()
```

Pickling

Eine Einschränkung von dbm besteht darin, dass die Schlüssel und Werte Bytes (in Python 2: Strings) sein müssen. Wenn Sie versuchen, einen anderen Typ zu verwenden, erhalten Sie einen Fehler.

Das pickle-Modul kann aber Abhilfe schaffen. Es kann beinahe jeden Objekttyp in einen Byte-Stream übersetzen und solche Byte-Streams auch wieder zurück in Objekte umwandeln.

`pickle.dumps` erwartet ein Objekt als Parameter und liefert einen entsprechenden Byte-Stream als Rückgabewert (`dumps` steht historisch bedingt für »dump string«):

```
>>> import pickle
>>> t = [1, 2, 3]
>>> pickle.dumps(t)
b'\x80\x03]q\x00(K\x01K\x02K\x03e.'
```

Dieses Format ist für Menschen nicht verständlich, es soll aber auch nur für `pickle` leicht zu interpretieren sein. `pickle.loads` (»load string«) stellt daraus wieder ein Objekt her:

```
>>> t1 = [1, 2, 3]
>>> s = pickle.dumps(t1)
>>> t2 = pickle.loads(s)
>>> print(t2)
[1, 2, 3]
```

Obwohl das neue Objekt denselben Wert wie das alte hat, ist es (im Allgemeinen) nicht dasselbe Objekt:

```
>>> t1 == t2
True
>>> t1 is t2
False
```

Anders ausgedrückt: Wenn Sie ein Objekt mit `pickle` konvertieren und wieder zurückkonvertieren, hat das den gleichen Effekt, als würden Sie das Objekt kopieren.

Mit `pickle` können Sie auch andere Typen als Strings/Bytes in einer Datenbank speichern. Diese Kombination ist so gebräuchlich, dass sie in einem Modul mit dem Namen `shelve` gekapselt wurde.

Übung 14-3:

Meine Lösung für Übung 12-4 finden Sie in den Codebeispielen unter dem Namen *anagramm_gruppen.py*. Sie werden erkennen, dass ich darin ein Dictionary erstelle, das einem sortierten String eine Liste mit Wörtern zuordnet, die mit diesen Zeichen buchstabiert werden können. Beispielsweise wird `'inserent'` die Liste `['innerste', 'internes', 'reinsten', 'steinern']` zugeordnet.

Schreiben Sie ein Modul, das `anagramm_gruppen` importiert und zwei neue Funktionen bereitstellt: `speichere_anagramme` soll das Anagramm-Dictionary in einem »shelf« speichern, und `lese_anagramme` soll ein Wort nachschlagen und die Liste seiner Anagramme zurückgeben.

Lösung: *anagramm_db.py*

Pipes

Die meisten Betriebssysteme stellen eine Kommandozeile zur Verfügung, die auch als **Shell** bezeichnet wird. In einer Shell können Sie üblicherweise Befehle eingeben, um durch das Dateisystem zu navigieren und Anwendungen zu starten. Unter Unix können Sie beispielsweise mit `cd` das Verzeichnis wechseln, mit `ls` den Verzeichnisinhalt anzeigen oder einen Webbrowser starten, indem Sie beispielsweise `firefox` eingeben.

Jedes Programm, das Sie von der Shell aus starten können, können Sie auch mit Python mithilfe einer **Pipe** starten. Eine Pipe ist ein Objekt, das ein laufendes Programm abbildet.

Der Unix-Befehl `ls -l` zeigt normalerweise den Inhalt des aktuellen Verzeichnisses (ausführlich) an. Befehle wie `ls` können Sie mit `os.popen`[1] aufrufen:

```
>>> cmd = 'ls -l'
>>> fp = os.popen(cmd)
```

Das Argument ist ein String, der einen Shell-Befehl enthält. Der Rückgabewert ist ein Objekt, das sich wie eine geöffnete Datei verhält. Sie können die Ausgabe des `ls`-Prozesses mit `readline` zeilenweise auslesen oder den gesamten Prozess mit `read` abrufen:

```
>>> res = fp.read()
```

Wenn Sie fertig sind, schließen Sie die Pipe wie eine Datei:

```
>>> stat = fp.close()
>>> print(stat)
None
```

Der Rückgabewert ist der finale Status des `ls`-Prozesses; `None` bedeutet, dass der Prozess normal (also ohne Fehler) beendet wurde.

Die meisten Unix-Systeme bieten beispielsweise einen Befehl mit dem Namen `md5sum`, der den Inhalt einer Datei liest und eine Prüfsumme berechnet (`md5` unter OS X). Auf der Seite *http://de.wikipedia.org/wiki/Message-Digest_Algorithm_5* können Sie mehr über MD5 erfahren. Mit diesem Befehl haben Sie eine effiziente Möglichkeit, zu überprüfen, ob zwei Dateien denselben Inhalt haben. Die Wahrscheinlichkeit, dass unterschiedliche Inhalte dieselbe Prüfsumme ergeben, ist sehr gering (so gering, dass es sehr unwahrscheinlich ist, dass dieser Fall eintritt, bevor das Universum in sich zusammenfällt).

Mit einer Pipe können Sie `md5sum` von Python aus starten und das Ergebnis aufrufen:

```
>>> dateiname = 'book.txt'
>>> cmd = 'md5sum ' + dateiname
>>> fp = os.popen(cmd)
>>> res = fp.read()
>>> stat = fp.close()
>>> print(res)
1e0033f0ed0656636de0d75144ba32e0  book.tex
>>> print(stat)
None
```

1 `popen` ist mittlerweile überholt. Das bedeutet, dass wir diese Funktion eigentlich nicht mehr verwenden und stattdessen das Modul `subprocess` nutzen sollten. Aber in einfacheren Fällen finde ich `subprocess` unnötig kompliziert. Also werde ich `popen` so lange weiterverwenden, bis es entfernt wird.

Übung 14-4:

In einer großen Sammlung von MP3-Dateien kann es manchmal mehr als eine Version desselben Songs geben, die in verschiedenen Verzeichnissen oder unter verschiedenen Dateinamen abgelegt sind. Das Ziel dieser Übung besteht darin, solche Duplikate zu finden.

1. Schreiben Sie ein Programm, das ein Verzeichnis und alle Unterverzeichnisse rekursiv durchsucht und die vollständigen Pfade aller Dateien mit einem bestimmten Suffix (beispielsweise `.mp3`) zurückliefert. Tipp: In `os.path` gibt es mehrere nützliche Funktionen für die Manipulation von Datei- und Pfadnamen.
2. Duplikate können Sie ermitteln, indem Sie mit `md5sum` eine Checksumme für jede Datei berechnen. Wenn zwei Dateien dieselbe Checksumme haben, sind die Inhalte wahrscheinlich identisch.
3. Um wirklich sicherzugehen, können Sie den Unix-Befehl `diff` verwenden.

Lösung: *finde_duplikate.py*. Diese Datei funktioniert nur unter Unix/Linux/OS X, da unter Windows standardmäßig weder `md5sum` noch `diff` zur Verfügung steht.

Module schreiben

Sie können jede Datei, die Python-Code enthält, als Modul importieren. Angenommen, Sie haben eine Datei mit dem Namen *wc.py*, die den folgenden Code enthält:

```
def zeilenzaehler(dateiname):
    zaehler = 0
    for zeile in open(dateiname):
        zaehler += 1
    return zaehler

print(zeilenzaehler('wc.py'))
```

Wenn Sie dieses Programm ausführen, liest es sich selbst ein und gibt die Anzahl der Zeilen in der Datei aus – in diesem Fall 7. Sie können die Datei auch folgendermaßen importieren:

```
>>> import wc
7
```

Jetzt haben Sie das Modulobjekt `wc`:

```
>>> print(wc)
<module 'wc' from 'wc.py'>
```

Die Funktion mit dem Namen `zeilenzaehler` rufen Sie dann folgendermaßen auf:

```
>>> wc.zeilenzaehler('wc.py')
7
```

Und so schreiben Sie Module in Python.

Das einzige Problem in diesem Beispiel besteht darin, dass beim Import des Moduls der Testcode im unteren Teil ausgegeben wird. Normalerweise werden beim Import eines Moduls die neuen Funktionen zwar definiert, aber nicht ausgeführt.

Programme, die als Module importiert werden, sind meistens nach dem folgenden Muster geschrieben:

```
if __name__ == '__main__':
    print(zeilenzaehler('wc.py'))
```

`__name__` ist eine eingebaute Variable, die gesetzt ist, wenn das Programm gestartet wird. Wird das Programm als Skript ausgeführt, hat `__name__` den Wert `__main__`. In diesem Fall wird der Testcode ausgeführt. Ansonsten wissen Sie, dass das Modul importiert wird, und der Testcode wird übersprungen.

Übung 14-5:

Tippen Sie dieses Beispiel in eine Datei mit dem Namen *wc.py*, und führen Sie sie als Skript aus. Starten Sie anschließend den Python-Interpreter, und geben Sie `import wc` ein. Was ist der Wert von `__name__`, wenn das Modul importiert wird?

Warnung: Wenn Sie ein Modul importieren, das bereits importiert wurde, macht Python überhaupt nichts. Die Datei wird nicht erneut eingewiesen, selbst wenn Sie sie verändert haben.

Möchten Sie also ein Modul erneut laden, können Sie dazu die eingebaute Funktion `reload` verwenden. Das kann teilweise aber verzwickt werden. Am sichersten ist es daher, wenn Sie den Interpreter neu starten und das Modul erneut importieren.

Debugging

Wenn Sie Dateien lesen und schreiben, kann es Probleme mit Whitespace (Leerraum) geben. Solche Fehler können schwierig aufzuspüren sein, weil Leerzeichen, Tabs und Zeilenvorschübe normalerweise unsichtbar sind:

```
>>> s = '1 2\t 3\n 4'
>>> print(s)
1 2  3
 4
```

In solchen Fällen kann die eingebaute Funktion `repr` hilfreich sein: Sie erwartet ein beliebiges Objekt als Argument und liefert die String-Repräsentation dieses Objekts. Für Strings werden die Whitespace-Zeichen mit Backslash-Sequenzen dargestellt:

```
>>> print(repr(s))
'1 2\t 3\n 4'
```

Das kann sich beim Debugging als sehr nützlich erweisen.

Ein weiteres Problem kann sich dadurch ergeben, dass unterschiedliche Betriebssysteme verschiedene Zeichen für den Zeilenumbruch nutzen. Manche Systeme verwenden eine neue Zeile, dargestellt durch `\n`, andere wiederum den Wagenrücklauf `\r`. Und manche Betriebssysteme verwenden beides. Falls Sie Dateien zwischen verschiedenen Betriebssystemen verschieben, können diese Inkonsistenzen Probleme bereiten.

Für die meisten Betriebssysteme gibt es Anwendungen, die ein Format ins andere konvertieren. Weitere Informationen dazu finden Sie unter *http://de.wikipedia.org/wiki/Zeilenumbruch*. Natürlich können Sie auch selbst eine solche Anwendung programmieren.

Glossar

Persistenz:
: Bezieht sich auf ein Programm, das dauerhaft ausgeführt wird und wenigstens einen Teil seiner Daten in einem permanenten Speicher ablegt

Formatoperator:
: Operator `%`, der einen Format-String sowie ein Tupel entgegennimmt und einen String erzeugt, der die Elemente des Tupels dem Format-String entsprechend formatiert

Format-String:
: String, der zusammen mit dem Formatoperator verwendet wird und Formatsequenzen enthält

Formatsequenz:
: Zeichenfolge in einem Format-String, beispielsweise `%d`, die angibt, wie ein Wert formatiert werden soll

Textdatei:
: In einem permanenten Speicher, beispielsweise auf einer Festplatte, gespeicherte Zeichenfolge

Verzeichnis:
: Benannte Sammlung von Dateien, auch Ordner genannt

Pfad:
: String, der auf eine Datei oder ein Verzeichnis verweist

Relativer Pfad:
: Pfadangabe, die vom aktuellen Verzeichnis ausgeht

Absoluter Pfad:
: Pfad, der mit dem obersten Verzeichnis des Dateisystems beginnt

Abfangen einer Ausnahme:
: Mit den Anweisungen `try` und `except` können Sie verhindern, dass ein Programm durch eine Ausnahme beendet wird.

Datenbank:
: Datei, deren Inhalte wie ein Dictionary mit Schlüsseln organisiert sind, für die entsprechende Werte existieren

Übungen

Übung 14-6:

Das Modul `urllib` stellt Methoden für die Veränderung von URLs und für den Download von Informationen aus dem Internet zur Verfügung. Das folgende Beispiel lädt eine geheime Nachricht von `oreilly.de` herunter und gibt sie aus:

```
from urllib.request import urlopen

conn = urlopen('http://www.oreilly.de/catalog/thinkpythonger/chapter/geheim.html')
for zeile in conn:
    print(zeile.decode('utf8').strip())
```

Führen Sie diesen Code aus, und befolgen Sie die Anweisungen, die Sie auf diese Weise erhalten.

Lösung: *us_plz.py*

KAPITEL 15

Klassen und Objekte

Die Codebeispiele für dieses Kapitel finden Sie unter *Punkt1.py*. Die Lösungen für die Übungen befinden sich in der Datei *Punkt1_loesung.py*.

Benutzerdefinierte Typen

Wir haben viele der eingebauten Typen von Python bereits verwendet. Nun definieren wir einen eigenen Typ. Für dieses Beispiel erstellen wir einen Typ mit dem Namen `Punkt`, der einen Punkt im zweidimensionalen Raum abbildet.

In der mathematischen Schreibweise werden Punkte oft in Klammern geschrieben, wobei ein Komma die Koordinaten voneinander trennt. *(0,0)* steht also beispielsweise für den Ursprung, während *(x,y)* einen Punkt beschreibt, der *x* Einheiten rechts und *y* Einheiten oberhalb des Ursprung liegt.

Es gibt mehrere Möglichkeiten, wie wir Punkte in Python abbilden können:

- Wir könnten die Koordinaten separat in zwei Variablen `x` und `y` speichern.
- Wir könnten die Koordinaten als Elemente in einer Liste oder einem Tupel ablegen.
- Wir könnten einen neuen Typ für die Darstellung von Punkten als Objekte erstellen.

Die Erstellung eines neuen Typs ist (ein bisschen) komplizierter als die anderen beiden Optionen, bietet aber Vorteile, die Ihnen bald einleuchten werden.

Benutzerdefinierte Typen werden auch als **Klassen** bezeichnet. Eine Klassendefinition sieht folgendermaßen aus:

```
class Punkt(object):
    """Bildet einen Punkt im zweidimensionalen Raum ab."""
```

Dieser Header gibt an, dass die neue Klasse ein `Punkt`, eine Art von `object` ist – also ein eingebauter Typ.

Der Body ist ein Docstring, der erklärt, wozu die Klasse gut ist. Sie können auch Variablen und Funktionen innerhalb einer Klassendefinition definieren, aber dazu kommen wir später.

Durch die Definition einer Klasse mit dem Namen Punkt erstellen Sie ein Klassen-Objekt:

```
>>> print(Punkt)
<class '__main__.Punkt'>
```

Weil Punkt auf der obersten Ebene definiert ist, lautet der vollständige Name __main__.Punkt.

Das Klassen-Objekt ist wie eine Fabrik für die Herstellung von Objekten. Um einen Punkt zu erzeugen, rufen Sie Punkt wie eine Funktion auf:

```
>>> leer = Punkt()
>>> print(leer)
<__main__.Punkt instance at 0xb7e9d3ac>
```

Der Rückgabewert ist eine Referenz auf ein Punkt-Objekt, das wir der Variablen leer zugewiesen haben. Die Erstellung eines neues Objekts bezeichnet man als **Instanziierung**, und das neue Objekt ist eine **Instanz** der Klasse.

Wenn Sie eine Instanz mit print ausgeben, sagt Python Ihnen, welcher Klasse diese Instanz angehört und an welcher Stelle im Speicher sie gespeichert ist (das Präfix 0x bedeutet, dass es sich bei der nachfolgenden Zahl um eine Hexadezimalzahl handelt).

Attribute

Instanzen können Sie mithilfe der Punktschreibweise Werte zuweisen:

```
>>> leer.x = 3.0
>>> leer.y = 4.0
```

Diese Syntax ist der Syntax für die Auswahl einer Variablen aus einem Modul wie beispielsweise math.pi oder string.whitespace recht ähnlich. In diesem Fall weisen wir allerdings benannten Elementen eines Objekts Werte zu. Diese Elemente bezeichnet man als **Attribute**.

Das folgende Diagramm zeigt das Ergebnis dieser Zuweisungen. Ein Zustandsdiagramm, das ein Objekt und dessen Attribute darstellt, bezeichnet man als **Objektdiagramm** (siehe Abbildung 15-1).

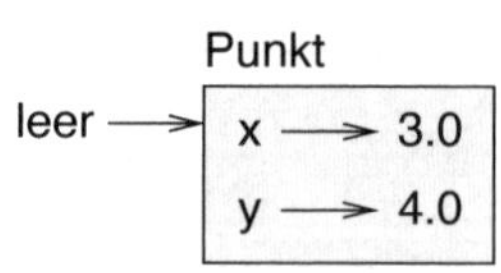

Abbildung 15-1: Objektdiagramm

Die Variable leer bezieht sich auf ein Punkt-Objekt mit zwei Attributen. Und jedes dieser Attribute bezieht sich auf eine Fließkommazahl.

Den Wert eines Attributs können Sie mit der gleichen Syntax auslesen:

```
>>> print(leer.y)
4.0
>>> x = leer.x
>>> print(x)
3.0
```

Der Ausdruck `leer.x` bedeutet: »Nimm das Objekt, auf das sich `leer` bezieht, und rufe den Wert von `x` ab.« In diesem Fall weisen wir diesen Wert einer Variablen mit dem Namen `x` zu. Es gibt keinen Namenskonflikt zwischen der Variablen `x` und dem Attribut `x`.

Die Punktschreibweise können Sie als Teil eines beliebigen Ausdrucks verwenden. Ein Beispiel:

```
>>> print('(%g, %g)' % (leer.x, leer.y))
(3.0, 4.0)
>>> entfernung = math.sqrt(leer.x**2 + leer.y**2)
>>> print(entfernung)
5.0
```

Instanzen werden auf die gewohnte Art als Argument übergeben, beispielsweise so:

```
def print_punkt(p):
    print('(%g, %g)' % (p.x, p.y))
```

`print_punkt` erwartet einen Punkt als Argument und zeigt ihn in der mathematischen Notation an. Um die Funktion aufzurufen, können Sie `leer` als Argument übergeben:

```
>>> print_punkt(leer)
(3.0, 4.0)
```

Innerhalb der Funktion ist `p` ein Alias für `leer`. Wenn die Funktion also `p` modifiziert, ändert sich dadurch auch `leer`.

Übung 15-1:

Schreiben Sie eine Funktion mit dem Namen `entfernung_zwischen_punkten`, die zwei Punkte als Argument erwartet und die Entfernung dazwischen zurückliefert.

Rechtecke

Manchmal ist es naheliegend, welche Attribute ein Objekt haben soll. In anderen Fällen müssen Sie genau nachdenken. Angenommen, Sie entwerfen eine Klasse für die Abbildung von Rechtecken. Welche Attribute würden Sie verwenden, um die Position und die Größe des Rechtecks zu beschreiben? Den Neigungswinkel können Sie ignorieren. Gehen Sie der Einfachheit halber davon aus, dass das Rechteck entweder vertikal oder horizontal liegt.

Es gibt mindestens zwei Möglichkeiten:

- Sie könnten eine Ecke des Rechtecks (oder den Mittelpunkt) sowie die Breite und Höhe festlegen.
- Sie könnten zwei gegenüberliegende Ecken definieren.

Zum jetzigen Zeitpunkt ist es schwierig zu sagen, welche Variante die bessere ist. Deshalb implementieren wir in diesem Beispiel die erste.

So sieht unsere Klassendefinition aus:

```
class Rechteck(object):
    """Bildet ein Rechteck ab.

    Attribute: breite, hoehe, ecke.
    """
```

Der Docstring nennt die Attribute. breite und hoehe sind Zahlen. ecke ist ein Punkt-Objekt, das die untere linke Ecke bestimmt.

Um ein Rechteck abzubilden, müssen Sie ein Rechteck-Objekt instanziieren und den Attributen entsprechende Werte zuweisen:

```
box = Rechteck()
box.breite = 100.0
box.hoehe = 200.0
box.ecke = Punkt()
box.ecke.x = 0.0
box.ecke.y = 0.0
```

Der Ausdruck box.ecke.x bedeutet: »Nimm das Objekt, auf das sich box bezieht, und wähle das Attribut mit dem Namen ecke. Nimm anschließend dieses Objekt, und wähle das Attribut mit dem Namen x.«

Abbildung 15-2 zeigt den Zustand dieses Objekts. Ein Objekt, das ein Attribut eines anderen Objekts ist, nennt man **eingebettetes Objekt**.

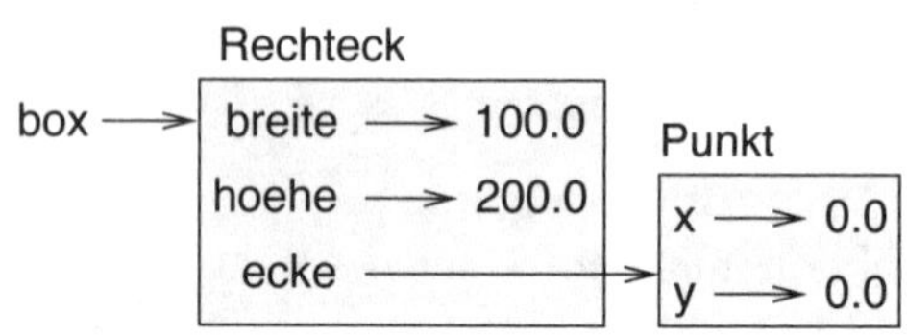

Abbildung 15-2: Objektdiagramm

Instanzen als Rückgabewerte

Funktionen können auch Instanzen zurückgeben. Die Funktion suche_mittelpunkt erwartet beispielsweise ein Rechteck als Argument und liefert einen Punkt mit den Koordinaten des Mittelpunkts des Rechtecks:

```
def suche_mittelpunkt(re):
    p = Punkt()
    p.x = re.ecke.x + re.breite/2.0
    p.y = re.ecke.y + re.hoehe/2.0
    return p
```

Hier sehen Sie ein Beispiel, das box als Argument übergibt und den Ergebnispunkt der Variablen mittelpunkt zuweist:

```
>>> mittelpunkt = suche_mittelpunkt(box)
>>> print_punkt(mittelpunkt)
(50.0, 100.0)
```

Objekte sind veränderbar

Den Zustand eines Objekts können Sie ändern, indem Sie einem seiner Attribute einen Wert zuweisen. Wenn Sie beispielsweise die Größe eines Rechtecks ändern möchten, ohne seine Position zu verändern, können Sie die Werte von breite und hoehe entsprechend anpassen:

```
box.breite = box.breite + 50
box.hoehe = box.breite + 100
```

Außerdem können Sie Funktionen schreiben, die Objekte verändern. Die Funktion vergroessere_rechteck erwartet beispielsweise ein Rechteck-Objekt mit den Zahlen dbreite und dhoehe als Argumente und addiert die beiden Zahlen zur bisherigen Breite und Höhe des Rechtecks hinzu:

```
def vergroessere_rechteck(re, dbreite, dhoehe):
    re.breite += dbreite
    re.hoehe += dhoehe
```

Das folgende Beispiel zeigt das Ergebnis:

```
>>> print(box.breite)
100.0
>>> print(box.hoehe)
200.0
>>> vergroessere_rechteck(box, 50, 100)
>>> print(box.breite)
150.0
>>> print(box.hoehe)
300.0
```

Innerhalb der Funktion ist re ein Alias für box. Wenn die Funktion also re verändert, ändert sich dadurch auch box entsprechend.

Übung 15-2:

Schreiben Sie eine Funktion mit dem Namen verschiebe_rechteck, die ein Rechteck und zwei Zahlen mit den Namen dx und dy als Argumente erwartet. Die Funktion soll die Position des Rechtecks anpassen, indem dx zur x-Koordinate von ecke und dy zur y-Koordinate von ecke addiert wird.

Kopieren

Durch Aliasing kann ein Programm schwer lesbar werden, weil Objektänderungen an einer Stelle zu unerwarteten Effekten an einer anderen Stelle führen können. Es ist schwierig, alle Variablen im Auge zu behalten, die sich auf ein bestimmtes Objekt beziehen.

Eine Alternative zum Aliasing sind Kopien des Objekts. Das Modul copy enthält eine Funktion mit dem Namen copy, mit der Sie ein beliebiges Objekt duplizieren können:

```
>>> p1 = Punkt()
>>> p1.x = 3.0
>>> p1.y = 4.0

>>> import copy
>>> p2 = copy.copy(p1)
```

p1 und p2 enthalten dieselben Daten, es handelt sich aber nicht um denselben Punkt:

```
>>> print_punkt(p1)
(3.0, 4.0)
>>> print_punkt(p2)
(3.0, 4.0)
>>> p1 is p2
False
>>> p1 == p2
False
```

Der is-Operator zeigt, dass p1 und p2 nicht dasselbe Objekt sind – genau das, was wir erwartet haben. Aber vielleicht haben Sie ja gedacht, dass == den Wert True ergibt, da die beiden Punkte dieselben Daten enthalten? In diesem Fall werden Sie enttäuscht sein, dass das Standardverhalten des Operators == dasselbe ist wie das des is-Operators: Er überprüft die Identität von Objekten, nicht die Gleichheit. Wie wir später sehen werden, können Sie dieses Verhalten aber ändern.

Wenn Sie ein Rechteck mit copy.copy duplizieren, werden Sie dagegen feststellen, dass zwar das Rechteck-Objekt kopiert wird, nicht aber der eingebettete Punkt.

```
>>> box2 = copy.copy(box)
>>> box2 is box
False
>>> box2.ecke is box.ecke
True
```

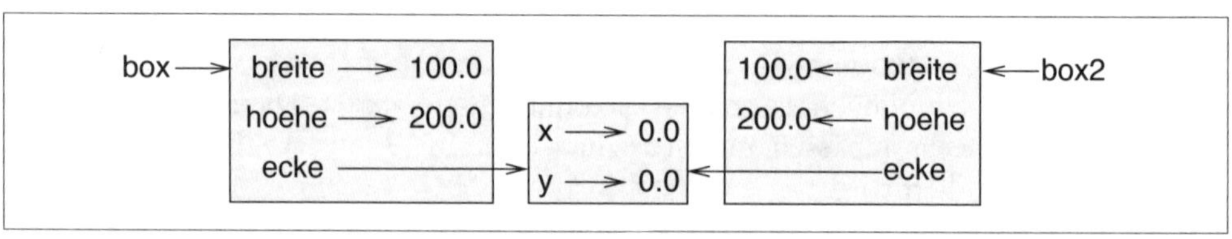

Abbildung 15-3: Objektdiagramm

Abbildung 15-3 zeigt, wie das Objektdiagramm in diesem Fall aussieht. Diesen Vorgang bezeichnet man als **flache Kopie**, weil dabei zwar das Objekt selbst und jegliche enthaltenen Referenzen kopiert werden, aber nicht die eingebetteten Objekte.

In den meisten Anwendungen ist das nicht das, was Sie möchten. In diesem Beispiel hätte der Aufruf von `vergroessere_rechteck` mit einem der Rechtecke keinerlei Auswirkungen auf das andere. Ein Aufruf von `verschiebe_rechteck` mit einem der Rechtecke würde dagegen beide verändern! Dieses Verhalten ist verwirrend und fehleranfällig.

Glücklicherweise enthält das Modul `copy` eine Methode mit dem Namen `deepcopy`. Diese Methode kopiert nicht nur das Objekt selbst, sondern auch alle Objekte, auf die sich das Objekt bezieht, sowie alle Objekte, auf die sich wiederum diese Objekte beziehen usw. Es wird Sie nicht weiter überraschen, dass man dieses Verfahren als **tiefe Kopie** bezeichnet.

```
>>> box3 = copy.deepcopy(box)
>>> box3 is box
False
>>> box3.ecke is box.ecke
False
```

`box3` und `box` sind vollkommen eigenständige Objekte.

Übung 15-3:

Schreiben Sie eine Version von `verschiebe_rechteck`, die ein neues Rechteck erstellt und zurückgibt, anstatt das alte zu verändern.

Debugging

Beim Umgang mit Objekten werden Sie es anfangs höchstwahrscheinlich mit einer Reihe neuer Ausnahmen zu tun bekommen. Wenn Sie beispielsweise versuchen, auf ein Attribut zuzugreifen, das nicht existiert, erhalten Sie einen `AttributeError`:

```
>>> p = Punkt()
>>> print(p.z)
AttributeError: Punkt instance has no attribute 'z'
```

Sollten Sie sich nicht sicher sein, zu welchem Typ ein Objekt gehört, können Sie das folgendermaßen feststellen:

```
>>> type(p)
<type '__main__.Punkt'>
```

Und mit der eingebauten Funktion `hasattr` können Sie ermitteln, ob ein Objekt ein bestimmtes Attribut hat:

```
>>> hasattr(p1, 'x')
True
>>> hasattr(p1, 'z')
False
```

Das erste Argument kann ein beliebiges Objekt sein, das zweite Argument muss ein String mit dem Namen eines Attributs sein.

Glossar

Klasse:
: Benutzerdefinierter Typ. Durch eine Klassendefinition wird ein neues Klassenobjekt erstellt.

Klassen-Objekt:
: Ein Objekt, das Informationen über einen benutzerdefinierten Typ enthält. Mit einem Klassen-Objekt können Sie Instanzen des entsprechenden Typs erstellen.

Instanz:
: Ein Objekt einer bestimmten Klasse

Attribut:
: Benannter Wert, der einem Objekt zugeordnet ist

Eingebettetes Objekt:
: Ein Objekt, das als Attribut eines anderen Objekts gespeichert wurde

Flache Kopie:
: Kopie der Inhalte eines Objekts einschließlich aller Referenzen auf eingebettete Objekte. Eine flache Kopie wird durch die Funktion `copy` im Modul `copy` implementiert.

Tiefe Kopie:
: Kopie der Inhalte eines Objekts sowie aller eingebetteten Objekte und aller darin eingebetteten Objekte usw. Eine tiefe Kopie wird durch die Funktion `deepcopy` im Modul `copy` implementiert.

Objektdiagramm:
: Diagramm, das Objekte, deren Attribute sowie die Werte dieser Attribute zeigt

Übungen

Übung 15-4:

Swampy (siehe Kapitel 4) stellt ein Modul mit dem Namen `World` zur Verfügung, das einen benutzerdefinierten Typ enthält, der ebenfalls `World` heißt. So können Sie ihn importieren:

```
from swampy.World import World
```

Der folgende Code erstellt ein `World`-Objekt und ruft die Methode `mainloop` auf, die auf den Benutzer wartet:

```
welt = World()
welt.mainloop()
```

Daraufhin sollte ein Fenster mit einer Titelleiste und einem leeren Quadrat erscheinen. Wir werden dieses Fenster verwenden, um Punkte, Rechtecke und andere Formen zu zeichnen. Fügen Sie die folgenden Zeilen vor dem Aufruf von `mainloop` ein, und führen Sie das Programm erneut aus:

```
canvas = welt.ca(width=500, height=500, background='white')
bbox = [[-150,-100], [150, 100]]
canvas.rectangle(bbox, outline='black', width=2, fill='green4')
```

Nun sollten Sie ein grünes Rechteck mit einer schwarzen Außenlinie sehen. In der ersten Zeile erstellen wir ein Canvas-Objekt, das im Fenster als weißes Quadrat dargestellt wird. Dieses Objekt bietet Methoden, wie beispielsweise `rectangle`, mit denen Sie Formen zeichnen können.

`bbox` ist eine Liste mit Listen, die die »Bounding Box«, also den Begrenzungsrahmen des Rechtecks, darstellt. Das erste Koordinatenpaar ist die linke untere Ecke des Rechtecks, das zweite Koordinatenpaar bildet die obere rechte Ecke.

So können Sie einen Kreis zeichnen:

```
canvas.circle([-25,0], 70, outline=None, fill='red')
```

Der erste Parameter gibt das Koordinatenpaar für den Kreismittelpunkt an, der zweite Parameter ist der Radius.

Wenn Sie diese Zeile in das Programm einfügen, sollte das Ergebnis wie die Flagge von Bangladesch aussehen (siehe *http://de.wikipedia.org/wiki/Nationalflaggen*).

1. Schreiben Sie eine Funktion mit dem Namen `zeichne_rechteck`, die ein Canvas-Objekt und ein Rechteck als Argumente erwartet und das Rechteck auf dem Canvas darstellt.
2. Erweitern Sie Ihr Rechteck-Objekt um ein Attribut mit dem Namen `farbe` und passen Sie `zeichne_ rechteck` so an, dass dieses Farbattribut als Füllfarbe verwendet wird.
3. Schreiben Sie eine Funktion mit dem Namen `zeichne_punkt`, die ein Canvas-Objekt und einen Punkt als Argumente erwartet und diesen Punkt auf dem Canvas darstellt.
4. Definieren Sie eine neue Klasse mit dem Namen Kreis und entsprechenden Attributen. Instanziieren Sie einige Kreis-Objekte. Schreiben Sie dann eine Funktion mit dem Namen `zeichne_kreis`, die einen Kreis auf dem Canvas zeichnet.
5. Schreiben Sie ein Programm, das die Nationalflagge von Tschechien zeichnet. Tipp: Polygone können Sie folgendermaßen zeichnen:

   ```
   punkte = [[-150,-100], [150, 100], [150, -100]]
   canvas.polygon(punkte, fill='blue')
   ```

Ich habe ein kleines Programm geschrieben, das die zulässigen Farben auflistet. Die entsprechende Datei aus den Codebeispielen heißt *color_list.py*.

KAPITEL 16
Klassen und Funktionen

Die Codebeispiele für dieses Kapitel finden Sie unter *Zeit1.py*.

Zeit

Als ein weiteres Beispiel für einen benutzerdefinierten Typ erstellen wir eine Klasse mit dem Namen `Zeit`, die die Tageszeit speichert. So sieht die Klassendefinition aus:

```
class Zeit(object):
    """Stellt die Tageszeit dar.

    Attribute: stunde, minute, sekunde
    """
```

Wir erstellen ein neues `Zeit`-Objekt und weisen die Attribute für Stunden, Minuten und Sekunden zu:

```
zeit = Zeit()
zeit.stunde = 11
zeit.minute = 59
zeit.sekunde = 30
```

Das Zustandsdiagramm für das `Zeit`-Objekt sehen Sie in Abbildung 16-1.

Übung 16-1:

Schreiben Sie eine Funktion mit dem Namen `print_zeit`, die ein Zeit-Objekt erwartet und es im Format `stunde:minute:sekunde` ausgibt. Tipp: Die Formatsequenz `'%.2d'` gibt einen Integer mindestens zweistellig aus, bei Bedarf auch mit einer führenden Null.

Übung 16-2:

Schreiben Sie eine Boolesche Funktion mit dem Namen `liegt_nach`, die zwei Zeit-Objekte `t1` und `t2` erwartet und `True` zurückliefert, wenn `t1` chronologisch nach `t2` liegt, und ansonsten `False` zurückgibt. Zusätzliche Herausforderung: Verwenden Sie keine `if`-Anweisung.

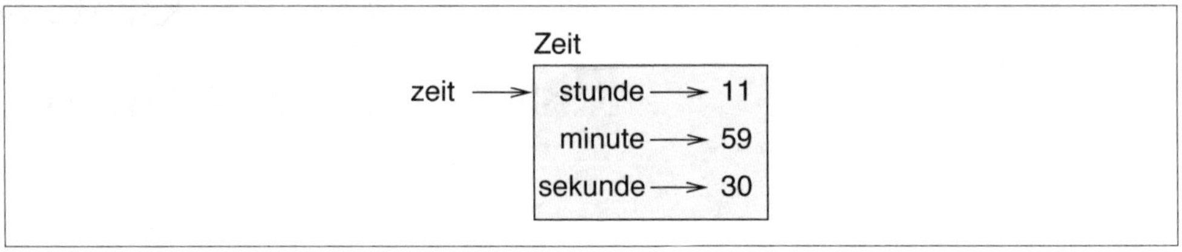

Abbildung 16-1: Zustandsdiagramm

Reine Funktionen

In den nächsten Abschnitten schreiben wir zwei Funktionen, die Zeitwerte addieren. Dabei lernen Sie zwei Arten von Funktionen kennen: reine Funktionen und modifizierende Funktionen. Außerdem lernen Sie einen Entwicklungsplan kennen, den ich **Prototyp und Patch** nenne. Mit seiner Hilfe lösen wir komplizierte Aufgabenstellungen zunächst mit einem einfachen Prototyp und kümmern uns dann nach und nach um die komplizierten Details.

Hier sehen Sie einen einfachen Prototyp für `addiere_zeiten`:

```
def addiere_zeiten(t1, t2):
    summe = Zeit()
    summe.stunde = t1.stunde + t2.stunde
    summe.minute = t1.minute + t2.minute
    summe.sekunde = t1.sekunde + t2.sekunde
    return summe
```

Die Funktion erstellt ein neues `Zeit`-Objekt, initialisiert die Attribute und gibt eine Referenz auf das neue Objekt zurück. Das nennt man eine **reine Funktion**, weil dabei keines der als Argumente übergebenen Objekte verändert wird und die Funktion lediglich einen Wert zurückgibt, aber keinerlei Nebeneffekte hat. Das heißt, sie gibt keine Werte aus, wartet nicht auf Benutzereingaben etc.

Um diese Funktion zu testen, werde ich zwei Zeit-Objekte erstellen: `start` enthält die Anfangszeit eines Films, beispielsweise von *Die Ritter der Kokosnuss*, und `dauer` enthält die Spielzeit des Films, in diesem Fall 1 Stunde und 35 Minuten.

`addiere_zeiten` ermittelt, wann der Film endet:

```
>>> start = Zeit()
>>> start.stunde = 9
>>> start.minute = 45
>>> start.sekunde =  0

>>> dauer = Zeit()
>>> dauer.stunde = 1
>>> dauer.minute = 35
>>> dauer.sekunde = 0
```

```
>>> fertig = addiere_zeiten(start, dauer)
>>> print_zeit(fertig)
10:80:00
```

Das Ergebnis `10:80:00` ist wahrscheinlich nicht das, was Sie sich erhofft haben. Die Funktion berücksichtigt leider jene Fälle nicht, in denen die Summe mehr als 60 Sekunden oder Minuten ergibt. In diesen Fällen müssen wir also die zusätzlichen Sekunden in die Spalte für die Minuten und die zusätzlichen Minuten in die Spalte für die Stunde übertragen.

Hier sehen Sie eine verbesserte Version:

```
def addiere_zeiten(t1, t2):
    summe = Zeit()
    summe.stunde = t1.stunde + t2.stunde
    summe.minute = t1.minute + t2.minute
    summe.sekunde = t1.sekunde + t2.sekunde

    if summe.sekunde >= 60:
        summe.sekunde -= 60
        summe.minute += 1

    if summe.minute >= 60:
        summe.minute -= 60
        summe.stunde += 1

    return summe
```

Diese Funktion ist zwar korrekt, aber etwas umständlich. Wir werden uns bald um eine kürzere Alternative kümmern.

Modifizierende Funktionen

Manchmal ist es durchaus erwünscht, dass eine Funktion die als Parameter übergebenen Objekte modifiziert, die Änderungen also für die aufrufende Funktion sichtbar sind. Solche Funktionen bezeichnet man als **modifizierende Funktionen**.

Die folgende Funktion `inkrement`, die die angegebene Anzahl Sekunden einem `Zeit`-Objekt hinzuaddiert, kann ganz einfach als modifizierende Funktion geschrieben werden. Hier sehen Sie einen groben Entwurf:

```
def inkrement(zeit, sekunden):
    zeit.sekunde += sekunden

    if zeit.sekunde >= 60:
        zeit.sekunde -= 60
        zeit.minute += 1

    if zeit.minute >= 60:
        zeit.minute -= 60
        zeit.stunde += 1
```

In der ersten Zeile wird die grundlegende Berechnung durchgeführt. Der Rest der Funktion kümmert sich um die Sonderfälle, die wir bereits kennen.

Ist diese Funktion korrekt? Was passiert, wenn der Parameter `sekunden` wesentlich größer als 60 ist?

In diesem Fall reicht ein einzelner Übertrag nicht aus. Wir müssen den Schritt so lange wiederholen, bis `zeit.sekunde` kleiner als 60 ist. Eine Möglichkeit besteht darin, die `if`-Anweisungen durch `while`-Anweisungen zu ersetzen. Dadurch wäre die Funktion zwar korrekt, aber immer noch nicht sonderlich effizient.

Übung 16-3:

Schreiben Sie eine korrekte Version von `inkrement` ohne Schleifen.

Alles, was Sie mit modifizierenden Funktionen tun können, geht auch mit reinen Funktionen. In der Tat erlauben manche Programmiersprachen nur reine Funktionen. Es gibt einige Anhaltspunkte dafür, dass sich Programme, die nur reine Funktionen nutzen, schneller entwickeln lassen und weniger fehleranfällig sind. Aber modifizierende Funktionen sind manchmal bequemer, und funktionale Programme sind tendenziell weniger effizient.

Generell empfehle ich Ihnen, überall da reine Funktionen zu schreiben, wo es sinnvoll ist, und nur dann auf modifizierende Funktionen zurückzugreifen, wenn sie einen entscheidenden Vorteil bieten. Diesen Ansatz könnte man als **funktionalen Programmierstil** bezeichnen.

Übung 16-4:

Schreiben Sie eine »reine« Version von `inkrement`, die ein neues Zeit-Objekt erstellt und zurückliefert, anstatt den Parameter zu verändern.

Prototyping kontra Planung

Der Entwicklungsplan, den ich hier vorstelle, heißt »Prototyp und Patch«. Für jede Funktion habe ich zunächst einen Prototyp geschrieben, der die grundlegenden Berechnungen durchführt. Anschließend habe ich die Funktionen getestet und dabei die Fehler behoben.

Dieser Ansatz kann effizient sein, insbesondere wenn Sie die zugrunde liegenden Probleme nicht wirklich verstehen. Aber schrittweise Anpassungen können zu unnötig kompliziertem Code führen, weil Sie sich um viele Sonderfälle kümmern müssen. Außerdem können solche Funktionen unzuverlässig sein, weil Sie nie ganz sicher sind, ob Sie wirklich alle Fehler gefunden haben.

Eine Alternative dazu ist die **geplante Entwicklung**, bei der ein fundiertes Verständnis der Problemstellung die Programmierung wesentlich erleichtern kann. In unserem Fall wäre das die Erkenntnis, dass die Zeit in Wahrheit eine dreistellige Zahl im Sexagesimalsystem (siehe *http://de.wikipedia.org/wiki/Sexagesimalsystem*) ist! Das Attribut `sekunde` ist die »Einer-Spalte«, `minute` die »60er-Spalte« und `stunde` die »3600er-Spalte«.

Bei der Entwicklung von `addiere_zeiten` und `inkrement` haben wir unterm Strich eine Addition im Sexagesimalsystem implementiert, deshalb mussten wir uns um die Überträge von einer Stelle in die nächste kümmern.

Diese Erkenntnis wirft ein völlig neues Licht auf das eigentliche Problem: Wir können Zeit-Objekte in Integer konvertieren und die Tatsache ausnutzen, dass sich der Computer mit der Arithmetik von ganzen Zahlen auskennt.

Hier sehen Sie eine Funktion, die Zeitwerte in Integer umwandelt:

```
def zeit_zu_int(zeit):
    minuten = zeit.stunde * 60 + zeit.minute
    sekunden = minuten * 60 + zeit.sekunde
    return sekunden
```

Und hier kommt die Funktion, die Integer in Zeitwerte konvertiert (erinnern Sie sich daran, dass `divmod` das erste Argument durch das zweite dividiert und anschließend sowohl den Quotienten als auch den Rest als Tupel zurückgibt?).

```
def int_zu_zeit(sekunden):
    zeit = Zeit()
    minuten, zeit.sekunde = divmod(sekunden, 60)
    zeit.stunde, zeit.minute = divmod(minuten, 60)
    return zeit
```

Eventuell müssen Sie ein bisschen nachdenken und einige Testläufe machen, um sich selbst davon zu überzeugen, dass diese Funktionen korrekt arbeiten. Eine Möglichkeit besteht darin, `zeit_zu_int(int_zu_zeit(x)) == x` für möglichst viele Werte von `x` zu testen. Das ist ein Beispiel für eine Konsistenzprüfung.

Sobald Sie davon überzeugt sind, dass die Funktionen korrekt arbeiten, können Sie damit `addiere_zeiten` neu schreiben:

```
def addiere_zeiten(t1, t2):
    sekunden = zeit_zu_int(t1) + zeit_zu_int(t2)
    return int_zu_zeit(sekunden)
```

Diese Version ist kürzer als die ursprüngliche und einfacher zu überprüfen.

Übung 16-5:

Schreiben Sie `inkrement` mit `zeit_zu_int` und `int_zu_zeit` neu.

In mancherlei Hinsicht ist die Konvertierung aus dem Sexagesimalsystem ins Dezimalsystem und umgekehrt komplizierter als das Hantieren mit Zeiten. Die Zahlenkonvertierung ist abstrakter, unsere Intuition für Zeitwerte deutlich besser.

Aber wenn wir auf den Trichter kommen, Zeitwerte als Sexagesimalzahlen zu behandeln, und die erforderliche Zeit in die Konvertierungsfunktionen investieren (`zeit_zu_int` und int_zu_zeit), erhalten wir ein Programm, das kürzer, leichter lesbar, einfacher zu debuggen und zuverlässiger ist.

Außerdem ist es so auch einfacher, später neue Funktionalitäten hinzuzufügen. Denken Sie beispielsweise an die Subtraktion zweier Zeitwerte, um die Zeitspanne dazwischen zu ermitteln. Der naive Ansatz wäre die Subtraktion nach dem Ergänzungsverfahren. Aber wenn wir die beiden Konvertierungsfunktionen verwenden, kommen Sie leichter zu einem Ergebnis, das auch mit größerer Wahrscheinlichkeit korrekt ist.

Ironischerweise können wir also ein Problem vereinfachen, indem wir es komplizierter (oder allgemeiner) formulieren (weil es weniger Sonderfälle und weniger Versteckmöglichkeiten für Fehler gibt).

Debugging

Ein Zeit-Objekt ist dann wohlgeformt, wenn die Werte für minute und sekunde zwischen 0 und 60 liegen (einschließlich 0, aber ohne 60) und stunde positiv ist. Außerdem müssen stunde und minute ganzzahlig sein, für sekunde können wir eventuell Werte mit Nachkommastellen zulassen.

Solche Anforderungen, die immer erfüllt sein müssen, nennt man **Invarianten**. Anders ausgedrückt: Sind diese Bedingungen nicht erfüllt, ist etwas schiefgelaufen.

Wenn Sie Code schreiben, um Ihre Invarianten zu überprüfen, können Sie Fehler aufspüren und die entsprechenden Ursachen finden. Beispielsweise könnten Sie eine Funktion gueltige_zeit schreiben, die ein Zeit-Objekt erwartet und False zurückliefert, wenn eine der Invarianten nicht erfüllt ist:

```
def gueltige_zeit(zeit):
    if zeit.stunde < 0 or zeit.minute < 0 or zeit.sekunde < 0:
        return False
    if zeit.minute >= 60 or zeit.sekunde >= 60:
        return False
    return True
```

Dann können Sie zu Beginn jeder Funktion die Argumente überprüfen, um sicherzustellen, dass sie gültig sind:

```
def addiere_zeiten(t1, t2):
    if not gueltige_zeit(t1) or not gueltige_zeit(t2):
        raise ValueError, 'Ungültiges Zeit-Objekt in addiere_zeiten'
    sekunden = zeit_zu_int(t1) + zeit_zu_int(t2)
    return int_zu_zeit(sekunden)
```

Oder Sie können die assert-Anweisung nutzen, die eine angegebene Invariante überprüft und eine Ausnahme auslöst, falls diese nicht erfüllt ist:

```
def addiere_zeiten(t1, t2):
    assert gueltige_zeit(t1) and gueltige_zeit(t2)
    sekunden = zeit_zu_int(t1) + zeit_zu_int(t2)
    return int_zu_zeit(sekunden)
```

`assert`-Anweisungen sind insofern nützlich, als Sie damit zwischen Bedingungen in normalem Code und Bedingungen in Codezeilen unterscheiden können, die Fehler aufspüren sollen.

Glossar

Prototyp und Patch:
: Entwicklungsplan, bei dem Sie zunächst einen groben Entwurf eines Programms schreiben, dieses testen und eventuelle Fehler dann korrigieren, wenn Sie sie finden

Geplante Entwicklung:
: Entwicklungsplan mit fundierter Kenntnis der Problemstellung. Bei ihm steht die Planung im Vordergrund und nicht die inkrementelle Entwicklung oder Entwicklung von Prototypen.

Reine Funktion:
: Funktion, die keines der als Argumente übergebenen Objekte modifiziert. Die meisten reinen Funktionen liefern einen Rückgabewert.

Modifizierende Funktion:
: Funktion, die eines oder mehrere der als Argumente übergebenen Objekte modifiziert. Die meisten modifizierenden Funktionen liefern keinen Rückgabewert.

Funktionaler Programmierstil:
: Programmierstil, bei dem Sie in erster Linie reine Funktionen schreiben

Invariante:
: Bedingung, die während der Ausführung eines Programms immer erfüllt sein muss

Übungen

Die Codebeispiele für dieses Kapitel finden Sie unter *Zeit1.py*, die Lösungen unter *Zeit1_loesung.py*.

Übung 16-6:

Schreiben Sie eine Funktion mit dem Namen `mul_zeit`, die ein Zeit-Objekt und eine Zahl erwartet und ein neues Zeit-Objekt zurückliefert, das das Produkt der ursprünglichen Zeit und der Zahl enthält.

Schreiben Sie anschließend mit `mul_zeit` eine Funktion, die ein Zeit-Objekt mit der Laufzeit in einem Wettlauf sowie eine Zahl mit der gelaufenen Entfernung erwartet und ein Zeit-Objekt mit der durchschnittlichen Laufgeschwindigkeit (Zeit pro Meile) zurückliefert.

Übung 16-7:

Das Modul `datetime` enthält `date`- und `time`-Objekte, die den Objekten in diesem Kapitel ähnlich sind, aber außerdem eine umfangreiche Sammlung an Methoden und Operatoren zur Verfügung stellen. Lesen Sie die Dokumentation unter *https://docs.python.org/3/library/datetime.html#datetime.date*.

1. Schreiben Sie mit dem Modul `datetime` ein Programm, das das aktuelle Datum abruft und den Wochentag ausgibt.
2. Schreiben Sie ein Programm, das einen Geburtstag als Eingabe erwartet und anschließend das Alter des Benutzers sowie die Tage, Stunden, Minuten und Sekunden bis zum nächsten Geburtstag ausgibt.
3. Für zwei Menschen, die an verschiedenen Tagen geboren sind, gibt es einen Tag, an dem die eine Person doppelt so alt ist wie die andere. Schreiben Sie ein Programm, das die Geburtstage zweier Menschen erwartet und genau diesen Tag berechnet.
4. Schreiben Sie als zusätzlichen Nervenkitzel eine allgemeinere Version dieser Funktion, die den Tag berechnet, an dem eine Person *n*-mal so alt ist wie die andere.

KAPITEL 17

Klassen und Methoden

Die Codebeispiele für dieses Kapitel finden Sie unter *Zeit2.py*.

Objektorientierte Programmierung

Python ist eine **objektorientierte Programmiersprache**. Das bedeutet, dass die Sprache Funktionalitäten bietet, die die objektorientierte Programmierung ermöglichen.

Es ist nicht einfach, die objektorientierte Programmierung zu definieren, aber Sie kennen bereits einige der Merkmale:

- Programme bestehen aus Objekt- und Funktionsdefinitionen. Die meisten Berechnungen werden in Form von Operationen mit Objekten ausgedrückt.
- Jede Objektdefinition entspricht einem Objekt oder Konzept in der realen Welt. Und die Funktionen, die mit diesem Objekt arbeiten, entsprechen der Interaktion von Objekten in der realen Welt.

Die Klasse `Zeit` aus Kapitel 16 entspricht beispielsweise der Art und Weise, wie Menschen die Tageszeit mitverfolgen. Und die Funktionen, die wir definiert haben, entsprechen der Art und Weise, wie Menschen mit Zeit umgehen. Auf ähnliche Weise entsprechen die Klassen `Punkt` und `Rechteck` den mathematischen Konzepten eines Punkts und eines Rechtecks.

Bisher haben wir die Funktionalitäten von Python für die objektorientierte Programmierung noch nicht genutzt. Das ist auch nicht obligatorisch. Meistens geht es lediglich darum, das, was wir bisher gemacht haben, syntaktisch anders zu formulieren. Aber diese andere Syntax ist eben häufig kürzer und wird der Struktur des jeweiligen Programms besser gerecht.

In unserem `Zeit`-Programm gibt es beispielsweise keine offensichtliche Verbindung zwischen der Klassendefinition und den nachfolgenden Funktionsdefinitionen. Bei näherer Betrachtung zeigt sich aber, dass jede dieser Funktionen mindestens ein `Zeit`-Objekt als Argument benötigt.

Diese Erkenntnis bringt uns dazu, stattdessen **Methoden** zu verwenden. Eine Methode ist eine Funktion, die einer bestimmten Klasse zugeordnet ist. Wir kennen bereits Methoden für Strings, Listen, Dictionaries und Tupel. In diesem Kapitel werden wir aber auch eigene Methoden für benutzerdefinierte Typen schreiben.

Methoden sind semantisch gesehen dasselbe wie Funktionen. Es gibt allerdings zwei syntaktische Unterschiede:

- Methoden werden innerhalb einer Klasse definiert, um die Beziehung zwischen Klasse und Methode zu verdeutlichen.
- Die Syntax für den Aufruf einer Methode unterscheidet sich von der Syntax für den Aufruf einer Funktion.

In den folgenden Abschnitten werden wir die Funktionen aus den vorherigen beiden Kapiteln in Methoden umwandeln. Diese Umwandlung ist ein rein mechanischer Vorgang. Dafür brauchen Sie lediglich ein paar Schritte zu absolvieren. Wenn Sie damit vertraut sind, eine Form in die andere umzuwandeln, werden Sie in der Lage sein, in jeder Situation die beste Alternative auszuwählen.

Objekte ausgeben

In Kapitel 16 haben wir eine Klasse mit dem Namen `Zeit` definiert, und in Übung 16-1 haben Sie eine Funktion mit dem Namen `print_zeit` geschrieben:

```
class Zeit(object):
    """Stellt die Tageszeit dar."""

def print_zeit(zeit):
    print('%.2d:%.2d:%.2d' % (zeit.stunde, zeit.minute, zeit.sekunde))
```

Damit Sie diese Funktion aufrufen können, müssen Sie ein `Zeit`-Objekt als Argument übergeben:

```
>>> start = Zeit()
>>> start.stunde = 9
>>> start.minute = 45
>>> start.sekunde = 00
>>> print_zeit(start)
09:45:00
```

Um aus `print_zeit` eine Methode zu machen, müssen wir lediglich die Funktionsdefinition in die Klassendefinition verschieben. Achten Sie auf die Einrückung:

```
class Zeit(object):
    def print_zeit(zeit):
        print('%.2d:%.2d:%.2d' % (zeit.stunde, zeit.minute, zeit.sekunde))
```

Jetzt haben wir zwei Möglichkeiten, `print_zeit` aufzurufen. Die erste (und weniger gebräuchliche) Möglichkeit ist die Funktionssyntax:

```
>>> Zeit.print_zeit(start)
09:45:00
```

Bei dieser Verwendung der Punktschreibweise ist Zeit der Name der Klasse und print_zeit der Name der Methode. start wird als Parameter übergeben.

Die zweite (und prägnantere) Möglichkeit ist die Methodensyntax:

```
>>> start.print_zeit()
09:45:00
```

Bei dieser Verwendung der Punktschreibweise ist print_zeit (wieder) der Name der Methode. Und start ist das Objekt, dessen Methode aufgerufen wird – in diesem Fall nennt man es **Subjekt**. Genau wie das Subjekt in einem Satz angibt, worum es in dem Satz geht, gibt das Subjekt eines Methodenaufrufs an, mit welchem Objekt die Methode arbeitet.

Innerhalb der Methode wird das Subjekt dem ersten Parameter zugewiesen. In diesem Fall wird start also zeit zugewiesen.

Standardmäßig heißt der erste Parameter einer Methode self. Insofern wäre es eher gebräuchlich, print_zeit folgendermaßen zu schreiben:

```
class Zeit(object):
    def print_zeit(self):
        print('%.2d:%.2d:%.2d' % (self.stunde, self.minute, self.sekunde))
```

Der Grund für diese Konvention ist eine implizite Metapher:

- Die Syntax für den Funktionsaufruf print_zeit(start) erweckt den Eindruck, dass die Funktion selbst aktiv wird, nach dem Motto: »Hey, print_zeit! Da ist ein Objekt, das du ausgeben sollst.«
- In der objektorientierten Programmierung sind die Objekte der aktive Part. Ein Methodenaufruf, wie beispielsweise start.print_zeit(), bedeutet daher: »Hey, start! Bitte gib dich auf der Konsole aus.«

Diese veränderte Perspektive mag vielleicht höflicher klingen. Allerdings ist es nicht offensichtlich, inwiefern das auch nützlich sein soll. In den bisherigen Beispielen ist es das wahrscheinlich auch nicht. Aber manchmal können Sie vielseitigere Funktionen schreiben, wenn Sie die Verantwortung von den Funktionen auf die Objekte verlagern. Außerdem lässt sich solche Art Code einfacher pflegen und wiederverwenden.

Übung 17-1:

Schreiben Sie zeit_zu_int (aus dem Abschnitt »Prototyping kontra Planung« auf Seite 202) als Methode. Vermutlich ist es eher unpassend, int_zu_zeit als Methode zu schreiben. Für welches Objekt würden Sie sie aufrufen?

Noch ein Beispiel

Hier sehen Sie eine Version von inkrement (aus dem Abschnitt »Modifizierende Funktionen« auf Seite 201) als Methode:

```
# innerhalb der Klasse Zeit:

    def inkrement(self, sekunden):
        sekunden += self.zeit_zu_int()
        return int_zu_zeit(sekunden)
```

Diese Version geht davon aus, dass zeit_zu_int wie in Übung 17-1 eine Methode ist. Beachten Sie außerdem, dass es sich um eine reine und nicht um eine modifizierende Funktion handelt.

Und so würden Sie inkrement aufrufen:

```
>>> start.print_zeit()
09:45:00
>>> ende = start.inkrement(1337)
>>> ende.print_zeit()
10:07:17
```

Dem Subjekt start wird der erste Parameter self zugewiesen. Das Argument 1337 wird dem zweiten Parameter sekunden zugewiesen.

Dieser Mechanismus mag verwirren, vor allem wenn Sie einen Fehler machen. Wenn Sie beispielsweise inkrement mit zwei Argumenten aufrufen, erhalten Sie Folgendes:

```
>>> ende = start.inkrement(1337, 460)
TypeError: inkrement() takes exactly 2 arguments (3 given)
```

Diese Fehlermeldung ist anfangs verwirrend, weil innerhalb der Klammern nur zwei Argumente stehen. Aber das Subjekt gilt eben auch als Argument, macht also insgesamt drei.

Ein komplizierteres Beispiel

liegt_nach (aus Übung 16-2) ist insofern ein bisschen komplizierter, als die Funktion zwei Zeit-Objekte als Parameter benötigt. In solchen Fällen wird der Konvention folgend der erste Parameter self und der zweite other genannt:

```
# innerhalb der Klasse Zeit:

    def liegt_nach(self, other):
        return self.zeit_zu_int() > other.zeit_zu_int()
```

Um diese Methode zu verwenden, müssen Sie sie für das eine Argument aufrufen und das andere übergeben:

```
>>> ende.liegt_nach(start)
True
```

Ein netter Nebeneffekt dieser Syntax: Sie liest sich fast wie eine menschliche Sprache: »Ende liegt nach Start?«

init-Methode

Die init-Methode (für »Initialisierung«) ist eine spezielle Methode, die bei der Instanziierung eines Objekts aufgerufen wird. Der vollständige Name lautet __init__ (zwei Unterstriche, gefolgt von init und zwei weiteren Unterstrichen). Die init-Methode für die Klasse Zeit könnte folgendermaßen aussehen:

```
# innerhalb der Klasse Zeit:

    def __init__(self, stunde=0, minute=0, sekunde=0):
        self.stunde = stunde
        self.minute = minute
        self.sekunde = sekunde
```

Die Parameter für __init__ haben üblicherweise dieselben Namen wie die Attribute. Die Anweisung

```
        self.stunde = stunde
```

speichert den Wert des Parameters stunde als Attribut von self.

Die Parameter sind optional. Wenn Sie also Zeit ohne Argumente aufrufen, erhalten Sie die Standardwerte:

```
>>> zeit = Zeit()
>>> zeit.print_zeit()
00:00:00
```

Geben Sie nur ein Argument an, überschreiben Sie damit stunde:

```
>>> zeit = Zeit (9)
>>> zeit.print_zeit()
09:00:00
```

Übergeben Sie aber zwei Argumente, werden stunde und minute überschrieben:

```
>>> zeit = Zeit(9, 45)
>>> zeit.print_zeit()
09:45:00
```

Und wenn Sie drei Argumente angeben, werden alle drei Standardwerte überschrieben.

Übung 17-2:

Schreiben Sie eine init-Methode für die Punkt-Klasse, die x und y als optionale Parameter erwartet und den entsprechenden Attributen zuweist.

Methode __str__

__str__ ist genau wie __init__ eine spezielle Methode und soll die String-Repräsentation eines Objekts zurückgeben.

Hier sehen Sie eine mögliche str-Methode für Zeit-Objekte:

```
# innerhalb der Klasse Zeit:

    def __str__(self):
        return '%.2d:%.2d:%.2d' % (self.stunde, self.minute, self.sekunde)
```

Wenn Sie print mit einem Objekt angeben, ruft Python die str-Methode auf:

```
>>> zeit = Zeit(9, 45)
>>> print(zeit)
09:45:00
```

Wenn ich eine neue Klasse schreibe, fange ich fast immer mit __init__ an, weil ich damit leichter Objekte instanziieren kann, und verwende auch __str__, weil diese Methode für das Debugging sehr praktisch ist.

Übung 17-3:

Schreiben Sie eine str-Methode für die Punkt-Klasse. Erstellen Sie ein Punkt-Objekt, und geben Sie es mit print aus.

Operator-Überladung

Indem Sie zusätzliche, spezielle Methoden definieren, können Sie das Verhalten von Operatoren mit benutzerdefinierten Typen bestimmen. Wenn Sie beispielsweise eine Methode mit dem Namen __add__ für die Zeit-Klasse definieren, können Sie den Operator + mit Zeit-Objekten benutzen.

So könnte die Definition aussehen:

```
# innerhalb der Klasse Zeit:

    def __add__(self, other):
        sekunden = self.zeit_zu_int() + other.zeit_zu_int()
        return int_zu_zeit(sekunden)
```

Und so könnten Sie sie verwenden:

```
>>> start = Zeit(9, 45)
>>> dauer = Zeit(1, 35)
>>> print(start + dauer)
11:20:00
```

Wenden Sie den Operator + auf Zeit-Objekte an, ruft Python __add__ auf. Und wenn Sie das Ergebnis mit print ausgeben, ruft Python __str__ auf. Es passiert also eine Menge hinter den Kulissen!

Wenn Sie das Verhalten eines Operators so ändern, dass er mit benutzerdefinierten Typen funktioniert, spricht man von einer **Operator-Überladung**. Für jeden Operator gibt es in Python eine entsprechende spezielle Funktion, wie etwa __add__. Mehr dazu können Sie unter *https://docs.python.org/3/reference/datamodel.html#special-method-names* erfahren.

Übung 17-4:

Schreiben Sie eine add-Methode für die Punkt-Klasse.

Dynamische Bindung

Im vorigen Abschnitt haben wir zwei Zeit-Objekte addiert. Aber vielleicht möchten Sie auch einen Integer zu einem Zeit-Objekt addieren. Es folgt eine Version von `__add__`, die den Typ von `other` überprüft und entsprechend entweder `addiere_zeiten` oder `inkrement` aufruft:

```
# innerhalb der Klasse Zeit:

    def __add__(self, other):
        if isinstance(other, Zeit):
            return self.addiere_zeiten(other)
        else:
            return self.inkrement(other)

    def addiere_zeiten(self, other):
        sekunden = self.zeit_zu_int() + other.zeit_zu_int()
        return int_zu_zeit(sekunden)

    def inkrement(self, sekunden):
        sekunden += self.zeit_zu_int()
        return int_zu_zeit(sekunden)
```

Die eingebaute Funktion `isinstance` erwartet einen Wert und ein Klassen-Objekt als Parameter und liefert `True`, wenn der Wert eine Instanz der Klasse ist.

Ist `other` ein Zeit-Objekt, ruft `__add__` die Methode `addiere_zeiten` auf. Ansonsten wird davon ausgegangen, dass der Parameter eine Zahl ist, und entsprechend wird die Methode `inkrement` aufgerufen. Dieses Verfahren nennt man **dynamische Bindung**, weil die Berechnung je nach Typ des Arguments dynamisch mit verschiedenen Methoden ausgeführt wird.

Hier sehen Sie Beispiele für die Verwendung des Operators + mit verschiedenen Typen:

```
>>> start = Zeit(9, 45)
>>> dauer = Zeit(1, 35)
>>> print(start + dauer)
11:20:00
>>> print(start + 1337)
10:07:17
```

Leider sind die Operanden bei dieser Implementierung der Addition nicht austauschbar. Wenn der erste Operand ein Integer ist, erhalten Sie:

```
>>> print(1337 + start)
TypeError: unsupported operand type(s) for +: 'int' and 'instance'
```

Das Problem besteht darin, dass Python einen Integer dazu auffordert, ein Zeit-Objekt zu addieren, und der Integer nicht weiß, wie das geht. Aber es gibt eine clevere Lösung für dieses Problem: die spezielle Methode `__radd__`, die für »right-side add« steht (rechte Seite addieren). Diese Methode wird aufgerufen, wenn ein Zeit-Objekt auf der rechten Seite des Operators + steht. Hier folgt die entsprechende Definition:

```
# innerhalb der Klasse Zeit:

    def __radd__(self, other):
        return self.__add__(other)
```

Und so wird die Methode verwendet:

```
>>> print(1337 + start)
10:07:17
```

Übung 17-5:

Schreiben Sie eine add-Methode für Punkte, die sowohl mit einem Punkt-Objekt als auch mit einem Tupel funktioniert:

- Wenn der zweite Operand ein Punkt ist, soll die Methode einen neuen Punkt zurückliefern, dessen *x*-Koordinate die Summe der *x*-Koordinaten der Operanden ist. Mit den *y*-Koordinaten soll analog verfahren werden.
- Wenn der zweite Operand ein Tupel ist, soll die Methode das erste Element des Tupels zur *x*-Koordinate und das zweite Element zur *y*-Koordinate addieren und einen neuen Punkt mit dem Ergebnis zurückliefern.

Polymorphismus

Die dynamische Bindung ist nützlich, wenn man sie braucht, aber (glücklicherweise) nicht immer erforderlich. Oft können Sie darauf verzichten, indem Sie Funktionen schreiben, die mit Argumenten verschiedener Typen korrekt zusammenarbeiten.

Viele der Funktionen, die wir für Strings geschrieben haben, funktionieren mit allen Arten von Sequenzen. Im Abschnitt »Dictionary als Menge von Zählern« auf Seite 135 haben wir beispielsweise histogramm verwendet, um zu zählen, wie oft jedes Zeichen in einem Wort vorkommt.

```
def histogramm(s):
    d = dict()
    for c in s:
        if c not in d:
            d[c] = 1
        else:
            d[c] = d[z]+1
    return d
```

Diese Funktion arbeitet auch mit Listen, Tupeln und sogar Dictionaries, solange die Elemente von s hashable sind, damit sie als Schlüssel in d verwendet werden können.

```
>>> t = ['spam', 'ei', 'spam', 'spam', 'speck', 'spam']
>>> histogramm(t)
{'speck': 1, 'ei': 1, 'spam': 4}
```

Funktionen, die mit mehreren Typen funktionieren, nennt man **polymorph**. Polymorphismus kann die Wiederverwendung von Code erleichtern. Die eingebaute Funktion sum kann beispielsweise beliebige Elemente einer Sequenz addieren, solange diese die Addition unterstützen.

Da Zeit-Objekte eine add-Methode zur Verfügung stellen, funktionieren sie auch mit sum:

```
>>> t1 = Zeit(7, 43)
>>> t2 = Zeit(7, 41)
>>> t3 = Zeit(7, 37)
>>> summe = sum([t1, t2, t3])
>>> print(summe)
23:01:00
```

Wenn alle Operationen innerhalb einer Funktion mit einem bestimmten Typ korrekt arbeiten, funktioniert üblicherweise auch die gesamte Funktion mit diesem Typ.

Die besten Fälle von Polymorphismus sind die unbeabsichtigten: wenn Sie plötzlich feststellen, dass eine Funktion, die Sie bereits geschrieben haben, auch mit einem Typ funktioniert, an den Sie dabei gar nicht gedacht hatten.

Debugging

Es ist völlig in Ordnung, an einem beliebigen Punkt in der Ausführung eines Programms Attribute einem Objekt hinzuzufügen. Aber wenn Sie ein Verfechter der Typentheorie sind, finden Sie es eher zweifelhaft, wenn es Objekte desselben Typs mit unterschiedlichen Attributen gibt. Deshalb ist es eine gute Idee, alle Objektattribute in der init-Methode zu initialisieren.

Wenn Sie nicht sicher sind, ob ein Objekt ein bestimmtes Attribut hat, können Sie das mit der eingebauten Funktion hasattr überprüfen (siehe den Abschnitt »Debugging« auf Seite 195).

Eine weitere Möglichkeit, auf die Attribute eines Objekts zuzugreifen, ist das besondere Attribut __dict__ – ein Dictionary, das die Attributnamen (als Strings) den entsprechenden Werten zuordnet:

```
>>> p = Punkt(3, 4)
>>> print(p.__dict__)
{'y': 4, 'x': 3}
```

Die folgende Funktion kann sich beim Debugging als praktisch erweisen:

```
def print_attribute(obj):
    for attr in obj.__dict__:
        print(attr, getattr(obj, attr))
```

print_attribute durchläuft die Elemente im Dictionary des Objekts und gibt alle Attributnamen sowie den entsprechenden Wert aus.

Die eingebaute Funktion getattr erwartet ein Objekt und einen Attributnamen (als String) und liefert den Wert dieses Attributs zurück.

Schnittstelle und Implementierung

Eines der Ziele der objektorientierten Entwicklung besteht darin, Software weniger pflegeintensiv zu machen – damit das Programm auch dann funktioniert, wenn sich andere Teile des Systems ändern, und Sie das Programm an neue Anforderungen anpassen können.

Ein Designprinzip, das dabei hilft, dieses Ziel zu erreichen, sieht vor, die Schnittstellen von der Implementierung zu trennen. Im Fall von Objekten bedeutet das, dass die Methoden einer Klasse nicht davon abhängig sein sollen, wie die Attribute abgebildet werden.

In diesem Kapitel haben wir beispielsweise eine Klasse entwickelt, die die Tageszeit repräsentiert. Zu den Methoden dieser Klasse gehören `zeit_zu_int`, `liegt_nach` und `addiere_zeiten`.

Wir haben mehrere Möglichkeiten, diese Methoden zu implementieren. Im Einzelnen hängt das davon ab, wie wir die Zeit abbilden. In diesem Kapitel hat ein `Zeit`-Objekt die Attribute `stunde`, `minute` und `sekunde`.

Alternativ könnten wir diese Attribute durch einen einzelnen Integer ersetzen, der die Anzahl der Sekunden seit Mitternacht enthält. Durch eine solche Implementierung würden manche Methoden, wie etwa `liegt_nach`, vereinfacht werden, andere dagegen werden komplizierter.

Manchmal finden Sie eine bessere Implementierung, nachdem Sie eine Klasse bereitgestellt haben. Wenn andere Teile eines Programms diese Klasse verwenden, kann es zeitaufwendig und fehleranfällig sein, die Schnittstelle anzupassen.

Wenn Sie aber die Schnittstelle sorgfältig durchdacht haben, können Sie die Implementierung ändern, ohne die Schnittstelle anzupassen. Andere Teile des Programms müssen dann nicht geändert werden.

Um die Schnittstelle von der Implementierung zu trennen, müssen Sie die Attribute verbergen. Code in anderen Teilen des Programms (außerhalb der Klassendefinition) muss entsprechende Methoden verwenden, um den Zustand des Objekts abzurufen und zu verändern. Der direkte Zugriff auf die Attribute darf dabei nicht möglich sein. Dieses Verfahren nennt man **Information Hiding** (siehe *http://en.wikipedia.org/wiki/Information_hiding*) bzw. **Datenkapselung** (siehe *http://de.wikipedia.org/wiki/Datenkapselung_(Programmierung)*).

Übung 17-6:

Den Code für dieses Kapitel finden Sie in der Beispieldatei *Zeit2.py*. Ändern Sie `Zeit` so, dass es nur noch ein Integer-Attribut für die Sekunden seit Mitternacht gibt. Passen Sie anschließend die Methoden (und die Funktion `int_zu_zeit`) an die neue Implementierung an. Den Testcode in `main` sollten Sie nicht anpassen müssen. Wenn Sie damit fertig sind, sollten die Bildschirmausgaben dieselben wie zuvor sein.

Lösung: *Zeit2_loesung.py*

Glossar

Objektorientierte Programmiersprache:
Sprache, die Funktionen bereitstellt, die die objektorientierte Programmierung erleichtern, beispielsweise benutzerdefinierte Klassen und die Methodensyntax

Objektorientierte Programmierung:
Programmierstil, bei dem Daten und die Operationen, die diese Daten manipulieren, in Klassen und Methoden strukturiert sind

Methode:
Funktion, die innerhalb einer Klassendefinition definiert ist und über Instanzen dieser Klasse aufgerufen wird

Subjekt:
Objekt, dessen Methode aufgerufen wird

Operator-Überladung:
Anpassung des Verhaltens eines Operators, beispielsweise +, damit er auch mit einem benutzerdefinierten Typ funktioniert

Dynamische Bindung:
Programmiermuster, bei dem der Typ eines Operanden überprüft wird und entsprechend unterschiedliche Funktionen aufgerufen werden

Polymorph:
»Polymorph« nennt man eine Funktion, die mit mehr als einem Typ funktioniert.

Datenkapselung:
Prinzip, das besagt, dass die Schnittstelle eines Objekts unabhängig von der Implementierung sein soll, insbesondere was die Sichtbarkeit seiner Attribute betrifft

Übungen

Übung 17-7:

Die folgende Übung ist eine alarmierende Geschichte über einen der häufigsten Fehler in Python, der sich zudem nur sehr schwer aufspüren lässt.

Schreiben Sie die Definition einer Klasse mit dem Namen `Kaenguru` und den folgenden Methoden:

1. eine Methode `__init__`, die ein Attribut mit dem Namen `beutel_inhalt` mit einer leeren Liste initialisiert
2. eine Methode mit dem Namen `lege_in_beutel`, die ein beliebiges Objekt erwartet und zu `beutel_inhalt` hinzufügt
3. eine Methode `__str__`, die eine String-Repräsentation des `Kaenguru`-Objekts und seines Beutelinhalts ausgibt

Testen Sie Ihren Code, indem Sie zwei Kaenguru-Objekte erstellen, diese den Variablen kaengu und ru zuweisen und anschließend ru zum Beutelinhalt von kaengu hinzufügen.

Sehen Sie sich die Datei *BoesesKanguru.py* aus den Codebeispielen an. Die Datei zeigt eine Lösung für das oben genannte Problem, allerdings mit einem schwerwiegenden und gemeinen Fehler. Finden und beseitigen Sie den Bug.

Sollten Sie irgendwann nicht mehr weiterkommen, können Sie in der Datei *GutesKaenguru.py* nachsehen. In dieser Datei wird das Problem erklärt und eine Lösung gezeigt.

Übung 17-8:

Visual ist ein Python-Modul für 3-D-Grafiken. Es ist nicht immer in der Python-Installation enthalten, eventuell müssen Sie es aus Ihrem Software-Repository oder von der Website *http://vpython.org* installieren. Beim Erscheinen dieser Auflage war die aktuelle Visual-Version 6 noch nicht unter Python 3 lauffähig. Falls dem noch so ist, wenn Sie dieses Buch lesen, dann empfehlen wir die etwas ältere Version 5.74 für Python 3 zu nehmen.

Das folgende Beispiel erstellt einen dreidimensionalen Raum, der 256 Einheiten breit, lang und hoch ist. Der Punkt *(128,128,128)* wird als Mittelpunkt gewählt, und anschließend wird eine blaue Kugel gezeichnet.

```
from visual import *

scene.range = (256, 256, 256)
scene.center = (128, 128, 128)

farbe = (0.1, 0.1, 0.9)          # vorwiegend blau
sphere(pos=scene.center, radius=128, color=farbe)
```

farbe ist ein RGB-Tupel mit Rot-Grün-Blau-Werten zwischen 0,0 und 1,0 (siehe *http://de.wikipedia.org/wiki/RGB-Farbraum*).

Wenn Sie diesen Code ausführen, sollten Sie ein Fenster mit schwarzem Hintergrund und einer blauen Kugel sehen. Wenn Sie die Maus bei gedrückter mittlerer Taste nach oben und unten ziehen, können Sie den Bildausschnitt vergrößern bzw. verkleinern. (Unter Windows halten Sie dazu die linke und die rechte Maustaste gleichzeitig gedrückt.) Sie können die Ansicht rotieren, indem Sie bei gedrückter rechter Maustaste die Maus ziehen. Aber mit nur einer einzigen Kugel werden Sie kaum einen Unterschied erkennen können.

Die folgende Schleife erstellt einen ganzen Würfel voller Kugeln:

```
t = range(0, 256, 51)
for x in t:
    for y in t:
        for z in t:
            pos = x, y, z
            sphere(pos=pos, radius=10, color=farbe)
```

1. Tippen Sie diesen Code in ein Skript ein, und vergewissern Sie sich, dass er funktioniert.

2. Ändern Sie das Programm so, dass jede Kugel innerhalb des Würfels genau die Farbe hat, die ihrer Position im RGB-Raum entspricht. Beachten Sie, dass die Raumkoordinaten im Bereich 0–255 liegen, die Werte der RGB-Tupel dagegen zwischen 0,0 und 1,0.
3. Verwenden Sie die Funktion `read _colors` aus der Beispieldatei *color_list.py*, um eine Liste der zulässigen Farben auf Ihrem System mit den jeweiligen Namen und RGB-Werten zu erstellen. Zeichnen Sie für jede Farbe in der Liste eine Kugel an der den RGB-Werten entsprechenden Position.

Meine Lösung finden Sie in den Codebeispielen unter dem Namen *farbraum.py*.

KAPITEL 18

Vererbung

In diesem Kapitel stelle ich Ihnen Klassen vor, die Spielkarten, Kartenstapel und die Karten in der Hand des jeweiligen Pokerspielers repräsentieren. Sollten Sie Poker nicht kennen, können Sie mehr darüber unter *http://de.wikipedia.org/wiki/Poker* lesen, zwingend notwendig ist das aber nicht. Ich werde Ihnen erklären, was Sie für die Übungen wissen müssen. Die Codebeispiele für dieses Kapitel finden Sie unter *Karte.py*.

Falls Sie nicht mit dem anglo-amerikanischen Blatt vertraut sind, erfahren Sie unter *http://de.wikipedia.org/wiki/Spielkarte* alles über die verschiedenen Kartenbilder.

Karten-Objekte

Ein Kartenspiel enthält 52 Karten in vier Farben mit jeweils 13 Spielkarten. Die Farben heißen Pik, Herz, Karo und Kreuz (in absteigender Reihenfolge), die Rangfolge der Karten stellt sich so dar: Ass, 2, 3, 4, 5, 6, 7, 8, 9, 10, Bube, Dame und König. Je nach dem Pokertyp, den Sie spielen, kann ein Ass höher als der König oder kleiner als die 2 sein.

Wenn wir ein neues Objekt für eine Spielkarte definieren möchten, ist klar, welche Attribute wir brauchen: `rang` und `farbe`. Nicht ganz so klar ist, welchen Typ diese Attribute haben sollen. Eine Möglichkeit wären Strings mit Wörtern, wie etwa `'Kreuz'` für Farben und `'Dame'` für die Ränge. Ein Problem bei dieser Implementierung besteht aber darin, dass es dann nicht gerade einfach ist, Karten miteinander zu vergleichen und zu bestimmen, welche den höheren Rang oder die höhere Farbe hat.

Eine Alternative besteht darin, Farben und Ränge mit Integern zu **kodieren**. In diesem Kontext bedeutet »kodieren«, dass wir eine Verknüpfung zwischen Zahlen und Farben bzw. Zahlen und Rängen definieren. Mit dieser Art der Kodierung sind aber keine Geheimnisse gemeint (das wäre wiederum »Verschlüsselung«).

Die folgende Tabelle zeigt die Farben und die entsprechenden Integer-Werte:

Pik	⟶	3
Herz	⟶	2
Karo	⟶	1
Kreuz	⟶	0

Durch diesen Code ist es einfach, Karten zu vergleichen. Da höherwertige Farben höheren Zahlen entsprechen, können wir die Farben direkt über den entsprechenden Code miteinander vergleichen.

Die Zuordnung der Ränge erklärt sich von selbst. Die numerischen Karten entsprechen der jeweiligen Zahl, und für Bildkarten gilt:

Bube	⟶	11
Dame	⟶	12
König	⟶	13

Ich verwende hier das Symbol $\mapsto$, um zu verdeutlichen, dass diese Zuordnungen nicht Teil des Python-Programms sind. Sie sind Teil des Programmdesigns, erscheinen aber nicht explizit im Code.

So sieht die Klassendefinition für `Karte` aus:

```
class Karte(object):
    """Repräsentiert eine Spielkarte."""

    def __init__(self, farbe=0, rang=2):
        self.farbe = farbe
        self.rang = rang
```

Wie üblich erwartet die `init`-Methode einen optionalen Parameter für jedes Attribut. Die Standardkarte ist die Kreuz-2.

Um eine Karte zu erstellen, rufen Sie `Karte` mit der Farbe und dem Rang der gewünschten Karte auf:

```
karo_dame = Karte(1, 12)
```

Klassenattribute

Damit wir Karten-Objekte in für Menschen lesbarer Form ausgeben können, brauchen wir eine Zuordnung der Integer-Codes zu den entsprechenden Rängen und Farben. Eine naheliegende Möglichkeit dafür bieten Listen mit Strings. Diese Listen weisen wir **Klassenattributen** zu:

```
# innerhalb der Klasse Karte:

    farb_namen = ['Kreuz', 'Karo', 'Herz', 'Pik']
    rang_namen = [None, 'Ass', '2', '3', '4', '5', '6', '7',
              '8', '9', '10', 'Bube', 'Dame', 'König']

    def __str__(self):
        return Karte.farb_namen[self.farbe] + '-' + Karte.rang_namen[self.rang]
```

Variablen wie beispielsweise `farb_namen` und `rang_namen`, die innerhalb einer Klasse, aber außerhalb einer Methode definiert werden, nennt man Klassenattribute, weil sie mit dem Klassen-Objekt `Karte` assoziiert sind.

Solche Attribute sind von Variablen wie farbe und rang zu unterscheiden, die man als **Instanzattribute** bezeichnet, weil sie mit einer bestimmten Instanz verknüpft sind.

Auf beide Arten von Attributen greifen Sie über die Punktschreibweise zu. Innerhalb von __str__ bezieht sich self auf ein Karten-Objekt und self.rang auf den Rang der Karte. Auf ähnliche Weise ist Karte ein Klassen-Objekt und Karte.rang_namen eine Liste von Strings, die dieser Klasse zugeordnet sind.

Jede Karte hat eine eigene farbe und einen eigenen rang, aber es gibt jeweils nur eine Kopie von farb_namen und rang_namen.

Das alles zusammengenommen, bedeutet der Ausdruck Karte.rang_namen[self.rang]: »Nimm das Attribut rang des Objekts self als Index für die Liste rang_namen aus der Klasse Karte, und wähle den entsprechenden String aus.«

Das erste Element von rang_namen ist None, weil es keine Karte mit dem Rang 0 gibt. Indem wir None als Platzhalter verwenden, erhalten wir ein Mapping mit der praktischen Eigenschaft, dass Index 2 dem String '2' entspricht usw. Auf diesen Trick hätten wir verzichten können, wenn wir statt einer Liste ein Dictionary verwendet hätten.

Mit den Methoden, die wir bisher geschrieben haben, können wir Karten erstellen und ausgeben:

```
>>> karte1 = Karte(2, 11)
>>> print(Karte1)
Herz-Bube
```

Abbildung 18-1 zeigt das Diagramm für das Karten-Klassen-Objekt und eine Karten-Instanz. Karte ist ein Klassen-Objekt, daher hat es den Typ type. Karte1 hat den Typ Karte. (Um Platz zu sparen, habe ich den Inhalt von farb_namen und rang_namen nicht dargestellt.)

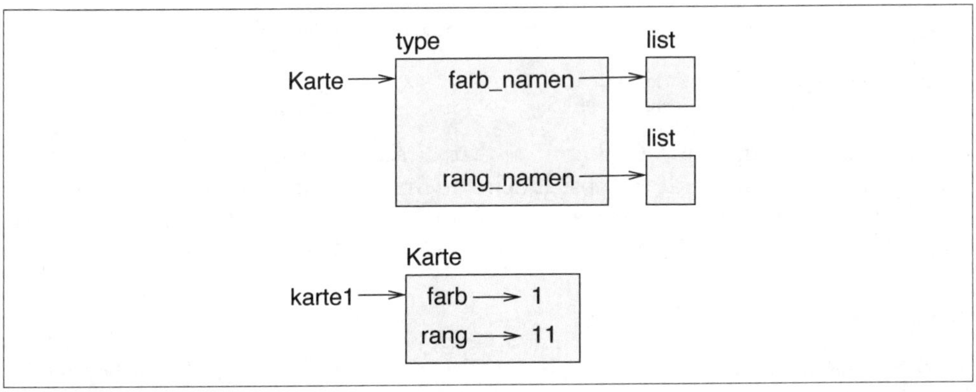

Abbildung 18-1: Objektdiagramm

Karten vergleichen

Für eingebaute Typen gibt es die relationalen Operatoren (<, <=, == usw.), mit denen Sie Werte vergleichen und bestimmen können, ob ein Operand im Vergleich zu einem anderen kleiner, kleiner-gleich oder gleich usw. ist. Bei benutzerdefinierten Typen können wir das Verhalten der eingebauten Operatoren überladen, indem wir Methoden mit den entsprechenden Namen wie `__lt__`, `__le__`, `__eq__` usw. schreiben. In Python 2 kann man das mit nur einer Methode, nämlich `__cmp__` machen.

All diese Methoden erwarten zwei Parameter – `self` und `other` – und geben `True` oder `False` zurück, während in Python 2 die Methode `__cmp__` eine positive Zahl zurückgibt, wenn das erste Objekt größer ist, eine negative Zahl, wenn das zweite Objekt größer ist, und 0, wenn die beiden Objekte gleich sind.

Die korrekte Reihenfolge der Karten ist nicht offensichtlich. Welche Karte ist mehr wert? Die Kreuz-3 oder die Karo-2? Die eine hat einen höheren Rang, die andere eine höhere Farbe. Damit wir Karten vergleichen können, müssen wir entscheiden, ob der Rang oder die Farbe wichtiger ist.

Die Antwort hängt natürlich davon ab, welches Spiel Sie spielen. Der Einfachheit halber treffen wir hier die willkürliche Entscheidung, dass die Farbe wichtiger ist als der Rang, dass also Pik alle Karo-Karten übertrumpft usw.

Dementsprechend können wir nun die Methoden `__lt__` und `__eq__` schreiben, was am prägnantesten mit jeweils einem Tupel-Vergleich geht (nicht implementierte Methoden leitet Python so weit wie möglich ab):

```
# innerhalb der Klasse Karte:

    def __lt__(self, other):
        return (self.farbe, self.rang) < (other.farbe, other.rang)

    def __eq__(self, other):
        return (self.farbe, self.rang) == (other.farbe, other.rang)
```

Die in Python 2 eingebaute Funktion `cmp` hat dieselbe Schnittstelle wie die Methode `__cmp__`. In Python 3 wurde sie absichtlich entfernt, da man eine Sortierung mit dem Schlüsselwortargument `key` bei der eingebauten Funktion `sorted` oder z. B. bei der `sort`-Methode von Listen einfacher und effizienter bewerkstelligen kann.

Übung 18-1:

Schreiben Sie die Methoden `__lt__` und `__eq__` für Zeit-Objekte. Tipp: Dafür können Sie einen Tupel-Vergleich heranziehen oder die Subtraktion von Integer-Werten.

Stapel

Nachdem wir jetzt Karten haben, können wir in einem nächsten Schritt Kartenstapel definieren. Da ein Stapel aus Karten besteht, ist es nur logisch, dass ein Stapel eine Liste mit Karten als Attribut enthält.

Hier sehen Sie eine Klassendefinition für `Stapel`. Die `init`-Methode erstellt das Attribut `karten` und erzeugt ein Standardspiel mit 52 Karten:

```
class Stapel(object):

    def __init__(self):
        self.karten = []
        for farbe in range(4):
            for rang in range(1, 14):
                karte = Karte(farbe, rang)
                self.karten.append(karte)
```

Die einfachste Möglichkeit, den Stapel aufzubauen, ist eine verschachtelte Schleife. Die äußere Schleife durchläuft die Farben von 0 bis 3. Die innere Schleife zählt alle Ränge von 1 bis 13 auf. Bei jeder Iteration wird eine neue Karte mit der aktuellen Farbe und dem aktuellen Rang erstellt und zu `self.karten` hinzugefügt.

Kartenstapel ausgeben

Hier sehen Sie die Methode `__str__` für `Stapel`:

```
# innerhalb der Klasse Stapel:

    def __str__(self):
        res = []
        for karte in self.karten:
            res.append(str(karte))
        return '\n'.join(res)
```

Mit dieser Methode haben Sie eine effiziente Möglichkeit, einen großen String zusammenzusetzen, indem Sie eine Liste mit Strings bilden und anschließend `join` verwenden. Die eingebaute Funktion `str` ruft die Methode `__str__` für jede einzelne Karte auf und liefert die String-Repräsentation.

Da wir `join` mit dem Zeichen für einen Zeilenumbruch aufrufen, werden die einzelnen Karten durch einen Zeilenumbruch voneinander getrennt. So sieht das Ergebnis aus:

```
>>> stapel = Stapel()
>>> print(stapel)
Herz-König
Kreuz-Bube
Karo-Ass
...
Herz-5
Kreuz-2
Herz-Dame
Pik-König
```

Auch wenn das Ergebnis auf 52 Zeilen angezeigt wird, so handelt es sich dennoch um einen langen String – mit Zeilenumbrüchen.

Hinzufügen, entfernen, mischen und sortieren

Um Karten auszuteilen, brauchen wir eine Methode, die eine Karte vom Stapel zieht und zurückliefert. Die Listenmethode pop bietet eine einfache Lösung dafür:

```
# innerhalb der Klasse Stapel:

    def ziehe_karte(self):
        return self.karten.pop()
```

Nachdem pop die letzte Karte aus der Liste entfernt hat, teilen wir die Karten quasi von ganz unten im Stapel aus. Im realen Leben ist das als Falschspiel verpönt, aber in diesem Kontext geht das sicher in Ordnung.

Um eine Karte hinzuzufügen, können wir die Listenmethode append verwenden:

```
# innerhalb der Klasse Stapel:

    def hinzufuegen_karte(self, karte):
        self.karten.append(karte)
```

Eine solche Methode, die eine andere Funktion aufruft, ohne wirklich etwas zu tun, bezeichnet man manchmal als **Veneer** (zu Deutsch »Furnier«). Diese Metapher stammt aus der Holzverarbeitung. Dort spricht man von Furnier, wenn eine dünne Schicht qualitativ hochwertigen Holzes auf ein billiges Stück Holz aufgeklebt wird.

In diesem Fall definieren wir einfach eine »schlanke« Methode, die eine Listenoperation so ausdrückt, dass sie für Kartenstapel geeignet ist.

Als zusätzliches Beispiel können wir eine Stapel-Methode mit dem Namen mischen schreiben, die die Funktion shuffle aus dem Modul random verwendet:

```
# innerhalb der Klasse Stapel:

    def mischen(self):
        random.shuffle(self.karten)
```

Vergessen Sie nicht, random zu importieren.

Übung 18-2:

Schreiben Sie eine Stapel-Methode mit dem Namen sortieren, die mithilfe der Listenmethode sort die Karten in einem Stapel sortiert. sort verwendet für die Reihenfolge der Sortierung die Methoden __lt__, __le__ und __eq__, die wir vorhin geschrieben haben.

Vererbung

Ein Merkmal von Programmiersprachen, das häufig mit der objektorientierten Programmierung in Verbindung gebracht wird, ist die **Vererbung**. Unter Vererbung versteht man die Möglichkeit, eine Klasse als modifizierte Version einer vorhandenen Klasse zu definieren.

Von Vererbung spricht man deshalb, weil die neue Klasse die Methoden der vorhandenen Klasse erbt. Dieser Metapher entsprechend bezeichnet man die Basisklasse manchmal auch als **Elternklasse** und die abgeleitete Klasse als **Kindklasse**.

Gehen wir als Beispiel davon aus, dass wir eine Klasse schreiben möchten, die eine »Hand« repräsentiert, also die Karten, die ein Pokerspieler in der Hand hält. Eine Hand ähnelt einem Stapel: Beide enthalten eine Reihe von Karten, und beide benötigen Methoden zum Hinzufügen und Entfernen von Karten.

Eine Hand unterscheidet sich aber auch von einem Stapel: Für eine Hand brauchen wir Operationen, die für einen Stapel keinen Sinn ergeben. Beispielsweise möchten wir beim Poker die Hand zweier Spieler vergleichen, um zu bestimmen, wer gewonnen hat. Im Skat würden wir wiederum die Punkte für eine Hand berechnen, damit der Spieler reizen kann.

Eine solche Beziehung zwischen Klassen – sie sind ähnlich, aber eben doch unterschiedlich – führt zur Vererbung.

Die Definition einer abgeleiteten Klasse gleicht anderen Klassendefinitionen, allerdings wird der Name der Basisklasse in Klammern angegeben:

```
class Hand(Stapel):
    """Repräsentiert eine Hand mit Spielkarten."""
```

Diese Definition gibt an, dass `Hand` von `Stapel` erbt. Das bedeutet, dass wir Methoden wie `ziehe_karte` und `hinzufuegen_karte` sowohl für `Hand`- als auch für `Stapel`-Objekte verwenden können.

`Hand` erbt auch `__init__` von `Stapel`. Aber diese Methode macht nicht wirklich das, was wir möchten. Anstatt die Hand mit 52 neuen Karten zu füllen, soll die `init`-Methode von `Hand` `karten` mit einer leeren Liste initialisieren.

Wenn wir in der Klasse `Hand` eine `init`-Methode definieren, wird dadurch die Methode der Klasse `Stapel` überschrieben:

```
# innerhalb der Klasse Hand:

    def __init__(self, label=''):
        self.karten = []
        self.label = label
```

Wenn Sie also eine neue Hand erstellen, ruft Python diese `init`-Methode auf:

```
>>> hand = Hand('neue Hand')
>>> print(hand.karten)
[]
```

```
>>> print(hand.label)
neue Hand
```

Aber die anderen Methoden werden weiterhin von Stapel geerbt, deshalb können wir ziehe_karte und hinzufuegen_karte nutzen, um eine Karte auszugeben:

```
>>> stapel = Stapel()
>>> karte = stapel.ziehe_karte()
>>> hand.hinzufuegen_karte(karte)
>>> print(hand)
Karo-Dame
```

Als nächsten Schritt kapseln wir diesen Code in eine Methode mit dem Namen ziehe_karten:

```
# innerhalb der Klasse Stapel:

    def ziehe_karten(self, hand, anz):
        for i in range(anz):
            hand.hinzufuegen_karte(self.ziehe_karte())
```

ziehe_karten erwartet zwei Argumente: ein Hand-Objekt und die Anzahl der zu verteilenden Karten. Die Methode modifiziert self und hand und liefert den Rückgabewert None.

In manchen Spielen werden die Karten von einer Hand zu einer anderen weitergegeben oder von einer Hand zurück auf den Stapel. Sie können ziehe_karten für jede dieser Operationen verwenden: self kann sowohl ein Stapel als auch eine Hand sein, und hand kann entgegen dem Namen auch ein Stapel sein.

Übung 18-3:

Schreiben Sie eine Stapel-Methode mit dem Namen verteile_karten, die zwei Parameter erwartet: die Anzahl der Hände und die Anzahl der Karten pro Hand. Die Methode soll neue Hand-Objekte erstellen, pro Hand die entsprechende Anzahl Karten ausgeben und eine Liste mit Hand-Objekten zurückliefern.

Vererbung ist eine nützliche Sache. Manche Programme, die ohne Vererbung eher repetitiv wären, können damit eleganter geschrieben werden. Vererbung kann auch die Wiederverwendung von Code erleichtern, da Sie das Verhalten der Basisklassen anpassen können, ohne sie zu ändern. In manchen Fällen spiegelt die Vererbungsstruktur auch die natürliche Struktur der Problemstellung wider, wodurch das Programm leichter zu verstehen ist.

Andererseits können Programme durch Vererbung auch schwieriger zu lesen sein. Manchmal ist beim Aufruf einer Methode nicht ganz klar, wo die Definition steht. Der entsprechende Code kann auf mehrere Module verteilt sein. Außerdem können Sie viele Dinge, die sich mit Vererbung lösen lassen, auch genauso gut oder eventuell sogar besser ohne Vererbung lösen.

Klassendiagramme

Bisher haben wir nur Stapeldiagramme gesehen, die den Zustand eines Programms darstellen, sowie Objektdiagramme, die die Attribute eines Objekts und deren Werte zeigen. Diese Diagramme repräsentieren eine Momentaufnahme in der Ausführung eines Programms, die sich entsprechend verändert.

Solche Diagramme sind sehr detailreich, für manche Zwecke sogar zu detailreich. Klassendiagramme sind dagegen eine abstraktere Darstellung der Struktur eines Programms. Anstatt einzelne Objekte darzustellen, werden die Klassen und die entsprechenden Beziehungen zwischen ihnen abgebildet.

Es gibt verschiedene Arten von Beziehungen zwischen Klassen:

- Objekte einer Klasse können Referenzen auf Objekte einer anderen Klasse enthalten. So enthält beispielsweise jedes Rechteck eine Referenz auf einen Punkt, genau wie ein Kartenstapel Referenzen auf viele Karten enthält. Eine solche Beziehung bezeichnet man als **Teil-Ganzes-Beziehung** (oder auch als »Hat-ein-Beziehung«, denn: »Ein Rechteck hat einen Punkt«).
- Eine Klasse kann von einer anderen erben. Eine solche Beziehung bezeichnet man als **Oberbegriff-Beziehung** (oder auch als »Ist-ein-Beziehung«, denn: »Eine Hand ist eine Art von Stapel«).
- Eine Klasse kann insofern von einer anderen abhängen, als Änderungen in der einen Klasse auch Änderungen in der anderen Klasse erfordern.

Ein **Klassendiagramm** stellt solche Beziehungen grafisch dar. Abbildung 18-2 zeigt die Beziehungen zwischen `Karte`, `Stapel` und `Hand`.

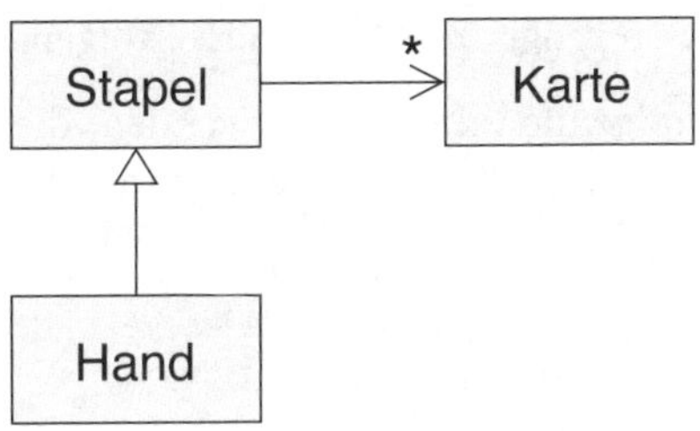

Abbildung 18-2: Klassendiagramm

Pfeile mit einer leeren Spitze stellen eine Oberbegriff-Beziehung dar. In diesem Fall zeigt der Pfeil an, dass `Hand` von `Stapel` erbt.

Die standardmäßige Pfeilspitze kennzeichnet eine Teil-Ganzes-Beziehung. In diesem Fall enthält ein Stapel Referenzen auf Karten-Objekte.

Der Stern (*) bei der Pfeilspitze zu `Karte` symbolisiert eine **Kardinalität**. Diese gibt an, wie viele Karten ein Stapel enthalten darf. Eine Kardinalität kann eine einfache Zahl (wie beispielsweise 52) sein, ein Wertebereich (wie etwa 5..7) oder ein Stern, der bedeutet, dass ein Stapel eine beliebige Anzahl von Karten enthalten darf.

Ein detaillierteres Diagramm könnte auch zeigen, dass ein Stapel eine **Liste** mit Karten enthält. Aber eingebaute Typen wie List und Dict werden üblicherweise nicht in einem Klassendiagramm dargestellt.

Übung 18-4:

Lesen Sie *TurtleWorld.py*, *World.py* und *Gui.py*. Zeichnen Sie anschließend ein Klassendiagramm, das die Beziehungen zwischen den in diesen Dateien definierten Klassen darstellt.

Debugging

Vererbung kann das Debugging zu einer echten Herausforderung machen. Denn wenn Sie die Methode für ein Objekt aufrufen, wissen Sie unter Umständen nicht, welche Methode tatsächlich aufgerufen wird.

Angenommen, Sie schreiben eine Funktion, die mit Hand-Objekten arbeitet. Die Methode soll mit allen möglichen Arten von Hand-Objekten funktionieren, beispielsweise mit PokerHand-, SkatHand-Objekten usw. Wenn Sie eine Methode (wie beispielsweise mischen) aufrufen, kann es die Methode sein, die in Stapel definiert ist. Aber wenn eine der Subklassen diese Methode überschreibt, wird stattdessen diese Version aufgerufen.

Immer wenn Sie sich nicht sicher sind, wie Ihr Programm abläuft, besteht die einfachste Lösung darin, die entsprechenden Methoden mit print-Anweisungen zu versehen. Wenn Stapel.mischen eine Meldung wie Stapel.mischen wird ausgeführt ausgibt, können Sie anhand solcher Ausgaben den Programmablauf mitverfolgen.

Alternativ können Sie die folgende Funktion verwenden, die ein Objekt und einen Methodennamen (als String) erwartet und die Klasse zurückliefert, in der die verwendete Methode definiert ist:

```
def suche_definierende_klasse(obj, methoden_name):
    for ty in type(obj).mro():
        if methoden_name in ty.__dict__:
            return ty
```

Sehen wir uns ein Beispiel an:

```
>>> hand = Hand()
>>> print(suche_definierende_klasse(hand, 'mischen'))
<class '__main__.Stapel'>
```

Die Methode mischen für diese Hand ist also diejenige, die in Stapel definiert wurde.

suche_definierende_klasse verwendet die Methode mro, um die Liste der Klassenobjekte (Typen) abzurufen, in denen nach Methoden gesucht wird. »mro« steht für »Method Resolution Order« (Reihenfolge bei der Auflösung der Methodennamen).

Ein Vorschlag zum Programmdesign: Immer wenn Sie eine Methode überschreiben, sollte die Schnittstelle der neuen Methode genau wie die Schnittstelle der alten Methode sein. Die Methode soll dieselben Parameter erwarten, denselben Typ zurückgeben und dieselben Vorbedingungen und Nachbedingungen stellen. Wenn Sie diese Regel befolgen, werden alle Funktionen, die mit Instanzen einer Superklasse wie beispielsweise `Stapel` funktionieren, auch mit allen Subklassen wie `Hand` oder `PokerHand` funktionieren.

Wenn Sie diese Regel nicht einhalten, wird Ihr Code (leider) wie ein Kartenhaus in sich zusammenfallen.

Datenkapselung

Kapitel 16 und Kapitel 17 folgen einem Entwicklungsplan, den wir als »objektorientiertes Design« bezeichnen könnten. Wir haben die Objekte ermittelt, die wir benötigen – `Zeit`, `Punkt` und `Rechteck` –, und entsprechende Klassen definiert. In jedem Fall gibt es einen offensichtlichen Zusammenhang zwischen den Objekten und den entsprechenden Entitäten in der realen Welt (oder zumindest in der mathematischen Welt).

Aber manchmal ist es weniger offensichtlich, welche Objekte Sie benötigen und wie diese interagieren sollen. In solchen Fällen brauchen Sie einen anderen Entwicklungsplan. Genau so, wie wir Schnittstellen für Funktionen durch Kapselung und Generalisierung gefunden haben, können wir auch Schnittstellen für Klassen durch **Datenkapselung** entwickeln.

Die Markov-Analyse aus dem Abschnitt »Markov-Analyse« auf Seite 167 ist ein gutes Beispiel hierfür. Wenn Sie sich meinen Code in der Beispieldatei *markov.py* ansehen, werden Sie feststellen, dass darin zwei globale Variablen verwendet werden – `suffix_map` und `praefix` –, die von mehreren Funktionen ausgelesen und geschrieben werden.

```
suffix_map = {}
praefix = ()
```

Da diese Variablen global sind, können wir immer nur eine Analyse zur gleichen Zeit durchführen. Wenn wir zwei Texte gleichzeitig analysieren, würden die Präfixe und Suffixe zu denselben Datenstrukturen hinzugefügt (was vielleicht auch zu interessanten Ergebnissen führt).

Wenn wir mehrere Analysen gleichzeitig durchführen und diese voneinander trennen möchten, können wir den Zustand der einzelnen Analysen jeweils in einem Objekt kapseln. Das sieht folgendermaßen aus:

```
class Markov(object):

    def __init__(self):
        self.suffix_map = {}
        self.praefix = ()
```

Als Nächstes wandeln wir die Funktionen in Methoden um. So sieht beispielsweise verarbeite_wort aus:

```
def verarbeite_wort(self, wort, praefix_laenge=2):
    if len(self.praefix) < praefix_laenge:
        self.praefix += (wort,)
        return

    try:
        self.suffix_map[self.praefix].append(wort)
    except KeyError:
        # Eintrag für Präfix erstellen, falls dieser noch nicht existiert
        self.suffix_map[self.praefix] = [wort]

    self.praefix = verschieben(self.praefix, wort)
```

Eine solche Änderung des Programmdesigns ohne Änderung der Funktionalität ist ein weiteres Beispiel für Refactoring (siehe den Abschnitt »Refactoring« auf Seite 47).

Außerdem zeigt dieses Beispiel einen möglichen Entwicklungsplan für das Design von Objekten und Methoden:

1. Beginnen Sie damit, Funktionen zu schreiben, die (soweit nötig) globale Variablen lesen und schreiben.
2. Sobald das Programm funktioniert, suchen Sie die Verbindungen zwischen globalen Variablen und den entsprechenden Funktionen, die diese verwenden.
3. Kapseln Sie entsprechende Variablen als Objektattribute.
4. Wandeln Sie die verknüpften Funktionen in Methoden einer neuen Klasse um.

Übung 18-5:

Öffnen Sie die Beispieldatei aus dem Abschnitt »Markov-Analyse« auf Seite 167 (*markov .py*), und führen Sie die oben beschriebenen Schritte durch, um die globalen Variablen als Attribute einer neuen Klasse mit dem Namen Markov zu kapseln.

Lösung: *Markov_loesung.py*

Glossar

Kodierung:
: Abbildung einer Menge von Werten mit einer anderen Menge von Werten durch eine entsprechende Zuordnung

Klassenattribut:
: Attribut, das mit einem Klassen-Objekt verknüpft ist. Klassenattribute werden innerhalb einer Klassendefinition, aber außerhalb der Methodendefinitionen definiert.

Instanzattribut:
Attribut, das mit einer Instanz einer Klasse verknüpft ist

Veneer-Methode:
Methode, die eine Schnittstelle für eine andere Funktion definiert, ohne selbst Berechnungen durchzuführen

Vererbung:
Möglichkeit, eine neue Klasse zu definieren, die eine modifizierte Version einer zuvor definierten anderen Klasse ist

Basisklasse:
Klasse, von der eine abgeleitete Klasse erbt

Abgeleitete Klasse:
Neue Klasse, die durch Vererbung von einer existierenden Klasse erstellt wird. Wird auch als »Subklasse« bezeichnet.

Oberbegriff-Beziehung:
Beziehung zwischen einer abgeleiteten Klasse und ihrer Basisklasse

Teil-Ganzes-Beziehung:
Beziehung zwischen zwei Klassen, von denen Instanzen der einen Klasse Referenzen auf Instanzen der anderen Klasse enthalten

Klassendiagramm:
Diagramm, das die in einem Programm verwendeten Klassen sowie die Beziehungen zwischen diesen Klassen darstellt

Kardinalität:
Bezeichnung in einem Klassendiagramm, die für eine Teil-Ganzes-Beziehung angibt, wie viele Referenzen es zu Instanzen einer anderen Klasse gibt

Übungen

Übung 18-6:

Hier sehen Sie die möglichen Kartenkombinationen im Poker in der Wertigkeit aufsteigend sortiert (und entsprechend in der Wahrscheinlichkeit absteigend sortiert):

Paar:
Zwei Karten mit demselben Rang

Zwei Paare:
Zwei Paare von Karten mit demselben Rang

Drilling:
Drei Karten mit demselben Rang

Straße:
: Fünf aufeinanderfolgende Karten verschiedener Farben (Asse können dabei die niedrigste oder höchste Karte sein: `Ass-2-3-4-5` ist eine Straße, genauso wie `10-Bube-Dame-König-Ass`, nicht aber `Dame-König-Ass-2-3`.)

Flush:
: Fünf Karten derselben Farbe

Full House:
: Kombination aus Drilling und einem Paar

Vierling:
: Vier Karten mit demselben Rang

Straight Flush:
: Fünf aufeinanderfolgende Karten (wie Straße) in derselben Farbe

Das Ziel dieser Übungen ist es, die Wahrscheinlichkeit dieser verschiedenen Hände zu schätzen.

1. Dafür brauchen Sie die folgenden Beispieldateien:

   Karte.py
   : Eine vollständige Implementierung der Klassen `Karte`, `Stapel` und `Hand` aus diesem Kapitel

   PokerHand.py
   : Eine unvollständige Implementierung einer Poker-Hand sowie ein bisschen Code zum Testen

2. Wenn Sie *PokerHand.py* ausführen, werden sieben Poker-Hände mit jeweils sieben Karten ausgegeben, und es wird geprüft, ob die jeweilige Hand einen Flush enthält. Lesen Sie diesen Code sorgfältig durch, bevor Sie weitermachen.
3. Erweitern Sie *PokerHand.py* um Methoden mit den Namen `hat_paar`, `hat_zweipaare` usw., die `True` oder `False` zurückliefern, je nachdem, ob die jeweilige Hand die entsprechenden Kriterien erfüllt. Ihr Code soll für »Hände« mit einer beliebigen Anzahl Karten funktionieren (obwohl es meistens 5 oder 7 sind).
4. Schreiben Sie eine Methode mit dem Namen `auswerten`, die das Blatt mit dem höchsten Wert für eine Hand ermittelt und das Attribut `label` entsprechend festlegt. Eine Hand mit 7 Karten kann beispielsweise einen Flush und ein Paar enthalten. In diesem Fall sollte diese Hand das Label »Flush« erhalten.
5. Wenn Sie davon überzeugt sind, dass Ihre Auswertungsmethoden funktionieren, können Sie in einem nächsten Schritt die Wahrscheinlichkeiten der jeweiligen Blätter schätzen. Schreiben Sie eine Funktion in `PokerHand.py`, die einen Stapel Karten mischt, mehrere Poker-Hände ausgibt, diese auswertet und dabei zählt, wie oft das jeweilige Blatt vorkommt.

6. Geben Sie eine Tabelle der Blätter und der entsprechenden Wahrscheinlichkeiten aus. Lassen Sie das Programm mit einer immer größeren Anzahl von Poker-Händen laufen, bis die Ausgabewerte einen angemessenen Genauigkeitsgrad erreichen. Vergleichen Sie ihre Ergebnisse mit *http://de.wikipedia.org/wiki/Hand_(Poker)*.

Lösung: *PokerHandLoesung.py*.

Übung 18-7:

Für diese Übung brauchen Sie `TurtleWorld` aus Kapitel 4. Sie werden Code schreiben, der unsere Schildkröten Fangen spielen lässt. Falls Sie dieses Spiel nicht kennen, schauen Sie in *http://de.wikipedia.org/wiki/Fangen*.

1. Führen Sie die Datei *Wobbler.py* aus den Codebeispielen aus. Sie sollten eine TurtleWorld mit drei Turtles sehen. Wenn Sie auf den Button »Run« klicken, marschieren die Schildkröten willkürlich drauflos.
2. Lesen Sie den Code, und vergewissern Sie sich, dass Sie verstehen, wie er funktioniert. Die Klasse `Wobbler` erbt von `Turtle`, entsprechend stehen die `Turtle`-Methoden wie z. B. `lt`, `rt`, `fd` und `bk` auch für `Wobbler` zur Verfügung.

   Die Methode `step` wird von `TurtleWorld` aufgerufen. In dieser Methode rufen wir wiederum `steuern` auf, die die Schildkröte in die gewünschte Richtung dreht, `wobbeln`, die zufällige Drehungen in Abhängigkeit von der Tollpatschigkeit der Schildkröte macht, und `bewegen`, die die Schildkröte in Abhängigkeit von der jeweiligen Geschwindigkeit einige Pixel vorwärts bewegt.
3. Erstellen Sie eine Datei mit dem Namen *Faenger.py*. Importieren Sie alles aus *Wobbler.py*, und definieren Sie anschließend eine Klasse mit dem Namen `Faenger`, die von `Wobbler` erbt. Rufen Sie `erstelle_welt` auf, und übergeben Sie das Klassenobjekt `Faenger` als Argument.
4. Fügen Sie eine Methode `steuern` in `Faenger` ein, um die Methode in `Wobbler` zu überschreiben. Schreiben Sie zunächst eine Version, bei der die Schildkröte immer zum Ursprung zeigt. Tipp: Verwenden Sie die `math`-Funktion `atan2` und die Turtle-Attribute `x`, `y` und `heading`.
5. Passen Sie `steuern` so an, dass die Turtles auf der Bildfläche bleiben. Zum Debugging können Sie den Button »Step« nutzen, der für jede Schildkröte einmal die Methode `step` aufruft.
6. Passen Sie `steuern` so an, dass jede Schildkröte zum jeweils nächsten Nachbarn schaut. Tipp: Turtles haben ein Attribut `world`, das auf die TurtleWorld referenziert, in der sie leben. Und `TurtleWorld` hat wiederum das Attribut `animals`, das eine Liste aller Turtles in dieser Welt enthält.
7. Passen Sie `steuern` so an, dass die Turtles Fangen spielen. Sie können `Faenger` um Methoden erweitern und auch `steuern` und `__init__` überschreiben. Aber Sie dürfen nicht `step`, `wobbeln` oder `bewegen` anpassen bzw. überschreiben. Außerdem dürfen Sie zwar in `steuern` das Heading der Turtles ändern, aber nicht deren Position.

Passen Sie die Regeln in Ihrer Methode `steuern` so an, dass das Spiel Spaß macht. Beispielsweise sollte es auch für eine langsame Schildkröte möglich sein, irgendwann eine schnellere Schildkröte zu fangen.

Lösung: *Faenger.py*

KAPITEL 19

Fallstudie: Tkinter

GUI

Die meisten Programme, die wir bisher gesehen haben, waren textbasiert. Aber viele Programme benutzen eine **grafische Benutzeroberfläche** (auch **GUI** ür »Graphical User Interface«).

Python bietet mehrere Möglichkeiten für das Schreiben von GUI-basierten Programmen. Dazu gehören *wxPython*, *Tkinter* und *Qt*. Jede dieser Möglichkeiten hat ihre Vor- und Nachteile, deshalb hat sich Python nie auf einen Standard festgelegt.

In diesem Kapitel werde ich auf Tkinter eingehen, weil es meiner Meinung nach für den Einstieg die einfachste Lösung ist. Die meisten in diesem Kapitel vorgestellten Konzepte gelten natürlich auch für andere GUI-Module.

Es gibt viele Bücher und Webseiten über Tkinter. Eine der besten Online-Ressourcen ist *An Introduction to Tkinter* von Fredrik Lundh.

Ich habe ein Modul mit dem Namen `Gui.py` geschrieben, das in Swampy enthalten ist. Es bietet eine vereinfachte Schnittstelle für die Funktionen und Klassen in Tkinter. Die Beispiele in diesem Kapitel basieren auf diesem Modul.

Hier sehen Sie ein einfaches Beispiel für eine GUI. Um eine GUI zu erstellen, müssen Sie zunächst `Gui` importieren und ein `Gui`-Objekt instanziieren:

```
from Gui import *

g = Gui()
g.title('Gui')
g.mainloop()
```

Wenn Sie diesen Code ausführen, sollte ein Fenster mit einem leeren grauen Quadrat und dem Titel »Gui« angezeigt werden. `mainloop` ruft die **Event-Schleife** auf, die darauf wartet, dass der Benutzer etwas macht, und darauf entsprechend reagiert. Es handelt sich dabei um eine Endlosschleife, die ausgeführt wird, bis der Benutzer das Fenster schließt, Strg-C drückt oder etwas tut, wodurch das Programm beendet wird.

Diese GUI macht nicht allzu viel, weil sie keine **Widgets** enthält. Widgets sind jene Elemente, die eine GUI ausmachen. Folgende gehören dazu:

Button:
: Widget, das Text oder ein Bild enthält und eine Aktion durchführt, wenn man darauf klickt

Canvas:
: Bereich, der Linien, Rechtecke, Kreise und andere Formen anzeigen kann

Entry-Widget:
: Bereich, in den der Benutzer Text eingeben kann

Scrollbar:
: Widget, das den sichtbaren Bereich eines anderen Widgets steuert

Frame:
: Container (meistens sichtbar), der andere Widgets enthält

Das leere graue Quadrat, das Sie sehen, wenn Sie eine GUI erstellen, ist ein Frame. Wenn Sie ein neues Widget erstellen, wird es diesem Frame hinzugefügt.

Buttons und Callbacks

Die Methode `bu` erstellt ein Button-Widget:

```
button = g.bu(text='Drück mich.')
```

Der Rückgabewert von `bu` ist ein Button-Objekt, und der im Frame angezeigte Button ist eine grafische Darstellung dieses Objekts. Sie können den Button steuern, indem Sie entsprechende Methoden dafür aufrufen.

`bu` erwartet bis zu 32 Parameter, über die Sie das Aussehen und die Funktionalität des Buttons steuern können. Diese Parameter nennt man **Optionen**. Anstatt Werte für alle 32 Optionen zu übergeben, können Sie Schlüsselwortargumente (wie etwa `text='Drück mich.'`) angeben, um nur die gewünschten Optionen festzulegen. Für die übrigen Optionen werden die Standardwerte verwendet.

Wenn Sie ein Widget dem Frame hinzufügen, schrumpft der Frame auf die Größe des Buttons. Fügen Sie weitere Widgets hinzu, wächst der Frame wieder, um diese aufzunehmen.

Mit der Methode `la` können Sie ein Label-Widget erstellen:

```
label = g.la(text='Drücken Sie den Button.')
```

Standardmäßig stapelt Tkinter die Widgets von oben nach unten und zentriert sie. Wir werden uns aber bald ansehen, wie wir dieses Verhalten ändern können.

Wenn Sie auf den Button klicken, werden Sie feststellen, dass er nicht viel macht. Das liegt daran, dass Sie ihn noch nicht »verkabelt« haben, ihm also noch nicht gesagt haben, was er tun soll!

Die Option, die das Verhalten eines Buttons steuert, heißt `command`. Als Wert für `command` können Sie eine Funktion angeben, die ausgeführt werden soll, wenn der Button gedrückt wird. In unserem Beispiel verwenden wir eine Funktion, die ein neues Label erstellt:

```
def erstelle_label():
    g.la(text='Danke!')
```

Nun können wir einen Button erstellen, dem wir diese Funktion übergeben:

```
button2 = g.bu(text='Nein, drück mich!', command=erstelle_label)
```

Wenn Sie auf diesen Button klicken, sollte `erstelle_label` ausgeführt und ein neues Label angezeigt werden.

Der Wert für die Option `command` ist ein Funktionsobjekt, das man als **Callback** bezeichnet. Der Name rührt daher, dass Sie `bu` aufrufen, um den Button zu erstellen, und das Programm Sie dann wiederum »zurückruft«, wenn der Benutzer auf den Button klickt.

Eine solche Ablauflogik bezeichnet man als **Event-orientierte Programmierung**. Benutzerinteraktionen, wie etwa Klicks auf einen Button oder Tastenanschläge, bezeichnet man als **Events**. Bei der Event-orientierten Programmierung wird der Programmablauf also eher durch Benutzerinteraktionen bestimmt als durch den Programmierer.

Die Herausforderung bei der Event-orientierten Programmierung besteht darin, eine Reihe von Widgets und Callbacks zu konstruieren, die für eine beliebige Reihenfolge von Benutzeraktionen funktioniert (oder wenigstens eine entsprechende Fehlermeldung ausgibt).

Übung 19-1:

Schreiben Sie ein Programm, das eine GUI mit einem einzigen Button erstellt. Wenn der Button gedrückt wird, soll ein zweiter Button erstellt werden. Und wenn dann **dieser** Button angeklickt wird, soll ein Label mit dem Text »Gut gemacht!« erscheinen.

Was passiert, wenn Sie die Buttons mehr als einmal klicken?

Lösung: *button_demo.py*

Canvas-Widgets

Eines der vielseitigsten Widgets ist *Canvas*, das einen Bereich zum Zeichnen von Linien, Kreisen und anderen Formen anlegt. Wenn Sie Übung 15-4 durchgearbeitet haben, sind Sie bereits mit Canvas vertraut.

Die Methode `ca` erstellt ein neues Canvas:

```
canvas = g.ca(width=500, height=500)
```

`width` und `height` sind die Maße des Canvas in Pixeln.

Auch nachdem Sie ein Widget erstellt haben, können Sie die Optionen mit der Methode `config` anpassen. Die Option `bg` ändert beispielsweise die Hintergrundfarbe:

```
canvas.config(bg='white')
```

Der Wert von `bg` ist dabei ein String mit dem Namen einer Farbe. Die zulässigen Farbnamen variieren je nach Python-Implementierung, aber alle Implementierungen bieten mindestens die folgenden Optionen:

```
white   black
red     green    blue
cyan    yellow   magenta
```

Formen auf dem Canvas heißen **Items**. Die Canvas-Methode `circle` zeichnet beispielsweise (wie Sie sicher bereits vermutet haben) einen Kreis:

```
item = canvas.circle([0,0], 100, fill='red')
```

Das erste Argument ist ein Koordinatenpaar für den Mittelpunkt des Kreises. Das zweite Argument bestimmt den Radius.

Gui.py bietet ein standardmäßiges kartesisches Koordinatensystem mit dem Ursprung im Mittelpunkt des Canvas. Der positive Teil der *y*-Achse zeigt nach oben. Bei manchen anderen Grafiksystemen befindet sich der Ursprung dagegen in der oberen linken Ecke und die *y*-Achse verläuft nach unten.

Die Option `fill` bestimmt, dass der Kreis rot gefüllt werden soll.

Der Rückgabewert von `kreis` ist ein Item-Objekt mit Methoden zum Verändern des Elements auf dem Canvas. So können Sie beispielsweise mit `config` eine beliebige Kreisoption ändern:

```
item.config(fill='yellow', outline='orange', width=10)
```

`width` gibt die Dicke der Randlinie in Pixeln an, `outline` definiert die Farbe.

Übung 19-2:

Schreiben Sie ein Programm, das ein Canvas und einen Button erstellt. Wenn der Benutzer auf den Button klickt, soll das Programm einen Kreis auf das Canvas zeichnen.

Koordinatensequenzen

Die Methode `rectangle` erwartet eine Sequenz von Koordinaten, die die gegenüberliegenden Ecken des Rechtecks definieren. Das folgende Beispiel zeichnet ein grünes Rechteck mit der unteren linken Ecke im Ursprung und der oberen rechten Ecke im Punkt *(200,100)*:

```
canvas.rectangle([[0, 0], [200, 100]],
                 fill='blue', outline='orange', width=10)
```

Die Definition solcher Eckpunkte bezeichnet man als **Bounding Box**, als Begrenzungsrahmen, weil die beiden Punkte das Rechteck begrenzen.

`oval` erwartet ebenfalls einen solchen Begrenzungsrahmen und zeichnet innerhalb des angegebenen Rechtecks ein Oval:

```
canvas.oval([[0, 0], [200, 100]], outline='orange', width=10)
```

`line` erwartet eine Sequenz von Koordinaten und zeichnet Linien, die diese Punkte verbinden. Das folgende Beispiel zeichnet die beiden Schenkel eines Dreiecks:

```
canvas.line([[0, 100], [100, 200], [200, 100]], width=10)
```

`polygon` erwartet dieselben Argumente, zeichnet aber (falls nötig) auch den letzten Schenkel des Polygons und füllt dieses:

```
canvas.polygon([[0, 100], [100, 200], [200, 100]],
               fill='red', outline='orange', width=10)
```

Weitere Widgets

Tkinter stellt zwei Widgets zur Verfügung, in die die Benutzer Text eingeben können: Entry mit einer einzigen Zeile und ein Text-Widget mit mehreren Zeilen.

`en` erstellt ein neues Entry-Widget:

```
entry = g.en(text='Standardtext.')
```

Mit der Option text können Sie beim Erstellen des Items Text in das Widget schreiben. Die get-Methode liefert den Inhalt des Widgets zurück (der eventuell vom Benutzer geändert wurde):

```
>>> entry.get()
'Standardtext.'
```

`te` erstellt ein Text-Widget:

```
text = g.te(width=100, height=5)
```

`width` und `height` bestimmen die Maße des Widgets in Zeichen und Zeilen.

`insert` schreibt Text in das Text-Widget:

```
text.insert(END, 'eine Zeile Text.')
```

`END` ist dabei ein spezieller Index, der sich auf das letzte Zeichen im Text-Widget bezieht.

Sie können auch ein bestimmtes Zeichen über einen Index angeben, zum Beispiel `1.1`. Vor dem Punkt steht die Zeilennummer, nach dem Punkt die Spaltennummer. Das folgende Beispiel fügt die Zeichen `'Noch'` vor dem ersten Zeichen in der ersten Zeile ein.

```
>>> text.insert(1.0, 'Noch')
```

Die get-Methode liest den Text aus dem Widget aus. Auch hier können Sie einen Start- und einen Endindex als Argumente angeben. Das folgende Beispiel liefert den gesamten Text aus dem Widget, einschließlich des Zeilenvorschubs:

```
>>> text.get(0.0, END)
'Noch eine Zeile Text.\n'
```

Die Methode delete entfernt Text aus dem Widget. So löschen Sie beispielsweise alles außer den ersten vier Buchstaben:

```
>>> text.delete(1.4, END)
>>> text.get(0.0, END)
'Noch\n'
```

Übung 19-3:

Ändern Sie Ihre Lösung aus Übung 19-2, indem Sie ein Entry-Widget und einen zweiten Button einfügen. Wenn der Benutzer auf den zweiten Button klickt, soll ein Farbname aus dem Entry-Widget gelesen und als Füllfarbe für den Kreis verwendet werden. Passen Sie den vorhandenen Kreis mit config an. Erstellen Sie keinen neuen.

Ihr Programm soll zum einen den Fall berücksichtigen, dass der Benutzer die Farbe eines Kreises zu ändern versucht, der noch nicht erstellt wurde, und zum anderen den Fall, dass der angegebene Farbname ungültig ist.

Meine Lösung finden Sie in der Datei *kreis_demo.py*.

Widgets packen

Bisher haben wir Widgets nur in einer einzigen Spalte gestapelt. Aber die Layouts der meisten Benutzeroberflächen sind komplizierter. Abbildung 19-1 zeigt als Beispiel eine vereinfachte Version von TurtleWorld (siehe Kapitel 4).

In diesem Abschnitt stelle ich den Code, der diese GUI erstellt, Schritt für Schritt vor. Das vollständige Beispiel finden Sie in der Datei *EinfacheTurtleWorld.py*.

Auf der obersten Ebene enthält die GUI zwei Widgets, die in einer Reihe angeordnet sind – ein Canvas und einen Frame. In einem ersten Schritt müssen wir also diese Reihe erstellen.

```
class EinfacheTurtleWorld(TurtleWorld):
    """Diese Klasse ist identisch mit TurtleWorld. Um den
    Code für das Layout der GUI zu erklären, wurde dieser
    allerdings vereinfacht."""

    def setup(self):
        self.row()
        ...
```

setup ist die Funktion, die die Widgets erstellt und anordnet. Die Anordnung von Widgets in einer GUI bezeichnet man als **Packing**.

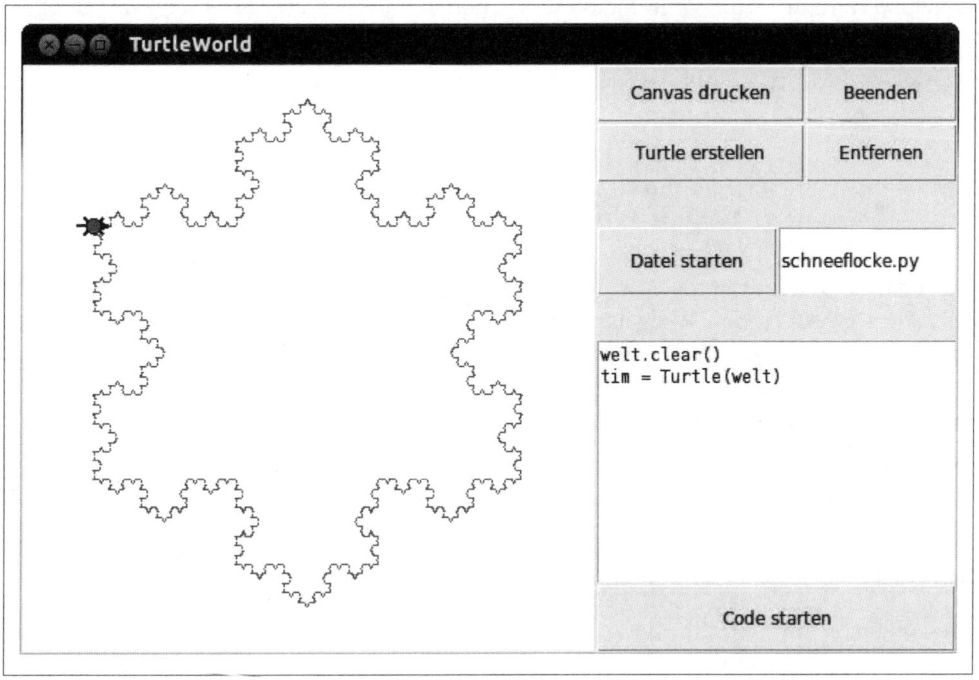

Abbildung 19-1: Vereinfachte Version von TurtleWorld

`row` erstellt einen Zeilen-Frame und macht diesen zum aktuellen Frame. Bis dieser Frame geschlossen oder ein anderer Frame erstellt wird, werden alle nachfolgenden Widgets in diese Reihe gepackt.

Hier sehen Sie den Code, der das Canvas und den Spalten-Frame für die anderen Widgets erstellt:

```
self.canvas = self.ca(width=400, height=400, bg='white')
self.col()
```

Das erste Widget in der Spalte ist ein Grid Frame mit zwei Buttons, die in Zweiergruppen angeordnet sind:

```
self.gr(cols=2)
self.bu(text='Canvas drucken', command=self.canvas.dump)
self.bu(text='Beenden', command=self.quit)
self.bu(text='Turtle erstellen', command=self.make_turtle)
self.bu(text='Entfernen', command=self.clear)
self.endgr()
```

`gr` erstellt das Raster. Das Argument gibt die Anzahl der Spalten an. Die Widgets im Grid werden von links nach rechts und von oben nach unten angeordnet.

Der erste Button verwendet `self.canvas.dump` als Callback, der zweite `self.quit`. Dabei handelt es sich um **gebundene Methoden**, d.h. um Methoden, die mit einem bestimmten

Objekt verknüpft sind. Wenn Sie diese Methoden aufrufen, werden sie für das entsprechende Objekt aufgerufen.

Das nächste Widget in der Spalte ist ein Reihen-Frame mit einem Button und einem Entry-Widget:

```
self.row([0,1], pady=30)
self.bu(text='Datei ausführen', command=self.run_file)
self.en_file = self.en(text='koch.py', width=5)
self.endrow()
```

Das erste Argument für row ist eine Liste mit Gewichtungen, die bestimmt, wie zusätzlicher Platz zwischen den Widgets aufgeteilt werden soll. Die Liste [0,1] bestimmt, dass sämtlicher zusätzlicher Platz dem zweiten Widget, also dem Entry-Widget, zugewiesen werden soll. Wenn Sie diesen Code ausführen und die Größe des Fensters ändern, werden Sie feststellen, dass das Entry-Widget mitwächst, der Button dagegen nicht.

Die Option pady verpasst dieser Reihe ein Padding in *y*-Richtung – 30 Pixel Platz nach oben und unten.

endrow schließt die Reihe der Widgets ab. Alle nachfolgenden Widgets werden also in den Spalten-Frame gepackt. *Gui.py* stapelt die Frames:

- Wenn Sie mit row, col oder gr einen Frame erstellen, wandert er oben auf den Stapel und wird zum aktuellen Frame.
- Wenn Sie mit endrow, endcol oder endgr einen Frame abschließen, wird er vom Stapel entfernt, und der Frame darunter wird zum aktuellen Frame.

Die Methode run_file liest den Inhalt des Entry-Widgets, verwendet diesen als Dateinamen, liest den Inhalt der Datei aus und übergibt diesen an run_code. self.inter ist ein Interpreter-Objekt, das einen String erwartet und diesen als Python-Code ausführt:

```
def run_file(self):
    filename = self.en_file.get()
    fp = open(filename)
    source = fp.read()
    self.inter.run_code(source, filename)
```

Die letzten beiden Widgets sind ein Text-Widget und ein Button:

```
self.te_code = self.te(width=25, height=10)
self.te_code.insert(END, 'world.clear()\n')
self.te_code.insert(END, 'tim = Turtle(world)\n')

self.bu(text='Code starten', command=self.run_text)
```

run_text ist ähnlich wie run_file, liest den Code allerdings nicht aus einer Datei, sondern aus dem Text-Widget:

```
def run_text(self):
    source = self.te_code.get(1.0, END)
    self.inter.run_code(source, '<user-provided code>')
```

Leider unterscheiden sich die Details beim Widget-Layout in den verschiedenen Sprachen und Python-Modulen. Allein Tkinter bietet bereits drei verschiedene Mechanismen für die Anordnung von Widgets. Diese Mechanismen heißen **Geometry Managers**. Der Manager, den ich in diesem Abschnitt vorgestellt habe, ist der Geometry Manager »grid«. Die anderen heißen »pack« und »place«.

Glücklicherweise gelten die meisten in diesem Abschnitt vorgestellten Konzepte auch für andere GUI-Module und Sprachen.

Menüs und Callables

Ein **Menubutton** ist ein Widget, das wie ein Button aussieht, aber ein Menü öffnet, wenn man darauf klickt. Nachdem der Benutzer ein Element ausgewählt hat, wird das Menü wieder ausgeblendet.

Hier sehen Sie den Code, der einen Menubutton für die Farbauswahl erstellt (siehe *menubutton_demo.py*):

```
g = Gui()
g.la('Wählen Sie eine Farbe:')
farben = ['red', 'green', 'blue']
mb = g.mb(text=farben[0])
```

`mb` erstellt einen Menubutton. Anfangs entspricht der Text im Button dem Namen der Standardfarbe. Die folgende Schleife erstellt jeweils ein Menüelement für jede Farbe:

```
for farbe in farben:
    g.mi(mb, text=farbe, command=Callable(waehle_farbe, farbe))
```

Das erste Argument von `mi` ist der Menubutton, dem diese Elemente zugeordnet werden.

Die Option `command` ist ein Callable-Objekt – das ist etwas Neues. Bisher kennen wir Funktionen und gebundene Methoden als Callbacks, was wunderbar funktioniert, wenn Sie der jeweiligen Funktion keine Argumente übergeben müssen. Ansonsten müssen Sie ein Callable-Objekt konstruieren, das eine Funktion wie etwa `waehle_farbe` und die entsprechenden Argumente enthält, beispielsweise `farbe`.

Das Callable-Objekt speichert eine Referenz auf die Funktion und die Argumente als Attribute. Wenn der Benutzer anschließend auf ein Menüelement klickt, ruft der Callback die entsprechende Funktion auf und übergibt die gespeicherten Argumente.

Und so könnte `waehle_farbe` aussehen:

```
def waehle_farbe(farbe):
    print(farbe)
    mb.config(text=farbe)
```

Wenn der Benutzer ein Menüelement auswählt und `waehle_farbe` aufgerufen wird, konfiguriert die Funktion den Menubutton so, dass die neu ausgewählte Farbe angezeigt und ausgegeben wird. Beim Nachvollziehen dieses Beispiels können Sie sehen, dass `waeh-`

le_farbe aufgerufen wird, wenn Sie ein Element auswählen (und *nicht* aufgerufen wird, wenn Sie das Callable-Objekt erstellen).

Bindung

Eine **Bindung** ist eine Verknüpfung zwischen einem Widget, einem Event und einem Callback: Wenn ein Event (beispielsweise der Klick auf einen Button) in einem Widget ausgelöst wird, wird der Callback aufgerufen.

In vielen Widgets gibt es Standardbindungen. Wenn Sie beispielsweise auf einen Button klicken, wird durch eine Standardbindung der Button gedrückt dargestellt. Lassen Sie den Button wieder los, wird das ursprüngliche Aussehen des Buttons durch eine Standardbindung wiederhergestellt und der mit der Option command angegebene Callback aufgerufen.

Mit der Methode bind können Sie diese Standardbindungen überschreiben oder neue hinzufügen. Der folgende Code erstellt beispielsweise eine Bindung für ein Canvas (den Code für diesen Abschnitt finden Sie in *draggable_demo.py*):

```
ca.bind('<ButtonPress-2>', erstelle_kreis)
```

Das erste Argument ist ein Event-String für das Event, das ausgelöst wird, wenn der Benutzer die rechte Maustaste drückt. Es gibt natürlich noch andere Maus-Events, wie etwa ButtonMotion, ButtonRelease und Double-Button.

Das zweite Argument ist ein Event-Handler. Ein Event-Handler ist eine Funktion oder eine gebundene Methode, wie beispielsweise ein Callback. Der entscheidende Unterschied besteht allerdings darin, dass ein Event-Handler ein Event-Objekt als Parameter erwartet. Hier sehen Sie ein Beispiel:

```
def erstelle_kreis(event):
    pos = ca.canvas_coords([event.x, event.y])
    item = ca.circle(pos, 5, fill='red')
```

Das Event-Objekt enthält Informationen über die Art des Events sowie Details, beispielsweise die Koordinaten des Mauszeigers. In diesem Beispiel brauchen wir die Position des Mauszeigers. Die entsprechenden Werte sind Pixelkoordinaten, die durch das zugrunde liegende Grafiksystem vorgegeben sind. Die Methode canvas_coords übersetzt diese Werte in »Canvas-Koordinaten«, die mit Canvas-Methoden wie etwa circle kompatibel sind.

Bei Entry-Widgets wird üblicherweise das Event <Return> gebunden, das ausgelöst wird, wenn der Benutzer die Eingabetaste drückt. Der folgende Code erstellt einen Button und ein Entry-Widget:

```
bu = g.bu('Textelement erstellen:', erstelle_text)
en = g.en()
en.bind('<Return>', erstelle_text)
```

erstelle_text wird aufgerufen, wenn auf den Button geklickt wird oder wenn der Benutzer die Eingabetaste drückt, während er Text im Entry-Widget eingibt. Damit das funktioniert, brauchen wir eine Funktion, die als Befehl (ohne Argumente) oder als Event-Handler (mit einem Event als Argument) aufgerufen werden kann:

```
def erstelle_text(event=None):
    text = en.get()
    item = ca.text([0,0], text)
```

`erstelle_text` liest den Inhalt aus dem Entry-Widget und zeigt ihn als Textelement auf dem Canvas an.

Außerdem können Sie Bindungen für Canvas-Elemente erstellen. Es folgt eine Klassendefinition von `Draggable`. Das ist eine von `Item` abgeleitete Klasse, die Bindungen für die Implementierung von Drag-and-Drop bietet:

```
class Draggable(Item):
    def __init__(self, item):
        self.canvas = item.canvas
        self.tag = item.tag
        self.bind('<ButtonPress-1>', self.auswaehlen)
        self.bind('<B1-Motion>', self.drag)
        self.bind('<ButtonRelease-1>', self.drop)
```

Die `init`-Methode erwartet ein Item als Parameter. Anschließend werden die Attribute des Items kopiert und die Bindungen für drei Events erstellt: für das Drücken der linken Maustaste, für das Ziehen mit gedrückter linker Maustaste und für das Loslassen der linken Taste.

Der Event-Handler `auswaehlen` speichert die Koordinaten des aktuellen Events und die ursprüngliche Farbe des Elements und färbt das Textelement anschließend orange:

```
    def auswaehlen(self, event):
        self.dragx = event.x
        self.dragy = event.y

        self.fill = self.cget('fill')
        self.config(fill='orange')
```

cget steht für »get configuration«. Die Methode erwartet den Namen einer Option als String und liefert den aktuellen Wert dieser Option zurück.

`drag` ermittelt, wie weit das Objekt relativ zur Ausgangsposition gezogen wurde, aktualisiert die gespeicherten Koordinaten entsprechend und verschiebt das Element.

```
    def drag(self, event):
        dx = event.x - self.dragx
        dy = event.y - self.dragy

        self.dragx = event.x
        self.dragy = event.y

        self.move(dx, dy)
```

Diese Berechnung erfolgt bereits in Pixelkoordinaten. Eine Konvertierung in Canvas-Koordinaten ist nicht erforderlich.

Zu guter Letzt stellt drop die ursprüngliche Farbe des Elements wieder her:

```
def drop(self, event):
    self.config(fill=self.fill)
```

Über die Draggable-Klasse können Sie ein vorhandenes Element um die Drag-and-Drop-Funktionalitäten erweitern. Hier sehen Sie beispielsweise eine erweiterte Version von erstelle_kreis, die ein Element mit circle erzeugt und es mit Draggable Drag-and-Drop-tauglich macht:

```
def erstelle_kreis(event):
    pos = ca.canvas_coords([event.x, event.y])
    item = ca.circle(pos, 5, fill='red')
    item = Draggable(item)
```

Dieses Beispiel zeigt einen der Vorteile der Vererbung: Sie können die Funktionalität einer Basisklasse ändern, ohne die zugrunde liegende Definition anzupassen. Das ist besonders nützlich, wenn Sie das Verhalten eines Moduls ändern möchten, das Sie nicht selbst geschrieben haben.

Debugging

Eine der Herausforderungen bei der GUI-Programmierung besteht darin, alle Ereignisse im Auge zu behalten, die beim Aufbau der GUI sowie später als Reaktion auf Benutzer-Events geschehen.

Wenn Sie beispielsweise einen Callback einrichten, wird häufig der Fehler gemacht, die Funktion selbst aufzurufen, anstatt eine Referenz darauf zu übergeben:

```
def der_Callback():
    print('Called.')

g.bu(text='Das ist FALSCH!', command=der_Callback())
```

Wenn Sie diesen Code ausführen, werden Sie sehen, dass der_Callback sofort aufgerufen wird und erst dann der Button erstellt wird. Wenn Sie anschließend auf den Button drücken, passiert nichts, weil der_Callback den Rückgabewert None liefert. Üblicherweise möchten Sie keinen Callback aufrufen, während Sie die GUI einrichten. Diese Funktion soll erst später als Reaktion auf einen Benutzer-Event aufgerufen werden.

Eine weitere Herausforderung der GUI-Programmierung besteht darin, dass Sie keinen Einfluss auf den Programmablauf haben. Welche Teile des Programms ausgeführt werden und in welcher Reihenfolge dies geschieht, wird durch die Benutzeraktionen bestimmt. Das bedeutet, dass Sie Ihr Programm so entwickeln müssen, dass es mit einer beliebigen Abfolge aller möglichen Events funktioniert.

Die GUI in Übung 19-3 hat zwei Widgets: Eines erstellt ein Kreiselement, und das andere ändert die Farbe des Kreises. Wenn der Benutzer erst den Kreis erstellt und dann die Farbe ändert, gibt es kein Problem. Aber was passiert, wenn der Benutzer die Farbe eines Kreises ändern möchte, der noch gar nicht existiert? Oder wenn er mehr als einen Kreis erstellt?

Mit zunehmender Anzahl der Widgets wird es immer schwieriger, sich alle möglichen Folgen von Events auszumalen. Eine Möglichkeit, mit dieser Komplexität umzugehen, besteht darin, die Zustände des Systems in einem Objekt zu kapseln und Folgendes zu berücksichtigen:

- Welche Zustände sind möglich? In unserem Beispiel mit dem Kreis müssen wir zwei Zustände berücksichtigen: bevor und nachdem der Benutzer den ersten Kreis erstellt hat.
- Welche Events können im jeweiligen Zustand ausgelöst werden? In unserem Beispiel können die Benutzer einen der beiden Buttons drücken oder das Programm verlassen.
- Was ist das gewünschte Ergebnis für das jeweilige Zustand-Event-Paar? Da es zwei Zustände und zwei Buttons gibt, müssen wir insgesamt vier Zustand-Event-Paare berücksichtigen.
- Was kann zum Übergang von einem Zustand zum anderen führen? In diesem Fall kommt es zu einem Übergang, wenn der Benutzer den ersten Kreis erstellt.

Es kann auch nützlich sein, Invarianten zu definieren und zu überprüfen, die unabhängig von der Abfolge der Events eingehalten werden müssen.

Dieser Ansatz für die GUI-Programmierung kann Ihnen helfen, korrekten Code zu schreiben, ohne alle möglichen Kombinationen von Benutzer-Events testen zu müssen!

Glossar

GUI:
: Grafische Benutzerschnittstelle

Widget:
: Eines der Elemente, aus dem eine GUI aufgebaut wird: Buttons, Menüs, Texteingabefelder usw.

Option:
: Wert, der das Aussehen oder die Funktion eines Widgets steuert

Schlüsselwortargument:
: Argument, das den Parameternamen als Teil des Funktionsaufrufs angibt

Callback:
: Funktion, die einem Widget zugeordnet ist und aufgerufen wird, wenn der Benutzer eine Aktion durchführt

Gebundene Methode:
: Methode, die einer bestimmten Instanz zugewiesen ist

Event-orientierte Programmierung:
: Programmierstil, bei dem der Programmablauf durch Aktionen der Benutzer bestimmt wird

Event:
Benutzeraktion, wie etwa ein Mausklick oder das Drücken einer Taste, die eine Reaktion der GUI auslöst

Event-Schleife:
Endlosschleife, die auf Benutzeraktionen wartet und darauf reagiert

Item:
Grafisches Element auf einem Canvas-Widget

Begrenzungsrechteck:
Rechteck, das eine Gruppe von Elementen umfasst, üblicherweise durch zwei gegenüberliegende Ecken definiert

Packing:
Elemente einer GUI anordnen und anzeigen

Geometry Manager:
System zum Packen von Widgets

Bindung:
Verknüpfung zwischen einem Widget, einem Event und einem Event-Handler. Der Event-Handler wird aufgerufen, wenn das Event im Widget ausgelöst wird.

Übungen

Übung 19-4:

Für diese Übungen werden Sie einen Bildbetrachter schreiben. Hier sehen Sie ein einfaches Beispiel:

```
g = Gui()
canvas = g.ca(width=300)
photo = PhotoImage(file='danger.gif')
canvas.image([0,0], image=photo)
g.mainloop()
```

`PhotoImage` liest eine Datei und liefert ein `PhotoImage`-Objekt zurück, das Tkinter anzeigen kann. `canvas.image` zeigt das Bild auf dem Canvas mit den angegebenen Koordinaten als Mittelpunkt an. Sie können es auch auf Labels, Buttons und einigen anderen Widgets darstellen:

```
g.la(image=photo)
g.bu(image=photo)
```

`PhotoImage` kann nur einige wenige Bildformate verarbeiten, beispielsweise GIF und PPM. Aber wir können die »Python Imaging Library« (PIL) verwenden, um andere Dateien zu lesen.

Der Name des Moduls PIL lautet Image, aber Tkinter definiert ein Objekt mit demselben Namen. Um diesen Konflikt zu vermeiden, können Sie import...as verwenden:

```
from PIL import Image as PIL
from PIL import ImageTk
```

In der ersten Zeile wird Image mit dem lokalen Namen PIL importiert. Die zweite Zeile importiert schließlich ImageTk, das ein PIL-Bild in ein Tkinter-PhotoImage konvertieren kann. Hier sehen Sie ein Beispiel:

```
image = PIL.open('allen.png')
photo2 = ImageTk.PhotoImage(image)
g.la(image=photo2)
```

1. Für diese Übung brauchen Sie *bild_demo.py*, *danger.gif* und *allen.png* aus dem Beispielcode. Führen Sie *bild_demo.py* aus. Unter Umständen müssen Sie PIL und ImageTk installieren. Diese Pakete finden Sie wahrscheinlich in Ihrem Software-Repository, ansonsten können Sie sie unter *http://pythonware.com/products/pil/* herunterladen.
2. Ändern Sie in *bild_demo.py* den Namen des zweiten PhotoImage von photo2 in photo, und führen Sie das Programm erneut aus. Nun sollten Sie das zweite PhotoImage sehen, aber nicht das erste.

   Wenn Sie photo erneut zuweisen, wird dadurch die Referenz auf das erste PhotoImage überschrieben, das daraufhin verschwindet. Dasselbe passiert, wenn Sie ein PhotoImage einer lokalen Variablen zuweisen. Es verschwindet, sobald die Funktion beendet wird.

   Um dieses Problem zu umgehen, müssen Sie eine Referenz auf jedes PhotoImage speichern, das Sie behalten möchten. Dafür können Sie entweder eine globale Variable verwenden oder die PhotoImages in einer Datenstruktur bzw. als Attribut eines Objekts speichern.

   Dieses Verhalten kann frustrierend sein, ich möchte Sie daher davor warnen (deshalb steht in einem der Beispielbilder auch »Danger!«).
3. Schreiben Sie von diesem Beispiel ausgehend ein Programm, das den Namen eines Verzeichnisses erwartet, alle Dateien durchläuft und dann alle Dateien anzeigt, die PIL als Bild erkennt. Sie können eine try-Anweisung verwenden, um die Dateien abzufangen, die PIL nicht erkennt.

   Wenn der Benutzer auf das Bild klickt, soll das Programm das nächste anzeigen.
4. PIL bietet eine Vielzahl von Methoden für die Manipulation von Bildern. Mehr darüber erfahren Sie unter *http://pythonware.com/library/pil/handbook*. Als Herausforderung können Sie sich einige dieser Methoden aussuchen und eine GUI entwickeln, um diese Funktionen auf die Bilder anzuwenden.

Lösung: *BildBrowser.py*.

Übung 19-5:

Ein Vektorgrafikeditor ist ein Programm, mit dem Benutzer Formen auf dem Bildschirm zeichnen und bearbeiten sowie Dateien in Vektorgrafikformaten wie PostScript und SVG ausgeben können.

Schreiben Sie einen einfachen Vektorgrafikeditor mit Tkinter. Die Benutzer sollen damit zumindest Linien, Kreise und Rechtecke zeichnen sowie mit `Canvas.dump` eine PostScript-Beschreibung des Canvas-Inhalts erzeugen können.

Als zusätzliche Herausforderung können Sie den Benutzern die Möglichkeit bieten, die Elemente auf dem Canvas auszuwählen und deren Größe zu ändern.

Übung 19-6:

Schreiben Sie mit Tkinter einen einfachen Webbrowser. Er soll ein Text-Widget enthalten, in das die Benutzer eine URL eingeben können, sowie ein Canvas für die Anzeige der Seiteninhalte.

Die HTML-Dateien können Sie mit dem Modul `urllib` herunterladen (siehe Übung 14-6), und die HTML-Tags können Sie mit dem Modul `HTMLParser` parsen (siehe *https://docs.python.org/3/library/html.parser.html*).

Ihr Browser soll zumindest reinen Text und Hyperlinks unterscheiden. Als zusätzliche Herausforderung können Sie Hintergrundfarben, Tags für die Formatierung von Text sowie Bilder berücksichtigen.

ANHANG A

Debugging

In einem Programm können verschiedene Arten von Fehlern auftauchen. Daher ist es nützlich, zwischen diesen Arten zu unterscheiden, um sie schneller zu finden:

- Syntaxfehler treten auf, wenn Python den Quellcode in Bytecode übersetzt. Üblicherweise deuten solche Fehler darauf hin, dass etwas an der Syntax des Programms falsch ist. Beispiel: Wenn Sie den Doppelpunkt am Ende einer `def`-Anweisung weglassen, erhalten Sie die etwas redundante Fehlermeldung `SyntaxError: invalid syntax`.
- Laufzeitfehler werden vom Interpreter gemeldet, wenn etwas bei der Ausführung des Programms schiefläuft. Die meisten Meldungen bei Laufzeitfehlern enthalten Informationen darüber, wo der Fehler aufgetreten ist und welche Funktionen dabei ausgeführt wurden. Beispiel: Eine endlose Rekursion erzeugt üblicherweise den Laufzeitfehler `maximum recursion depth exceeded`.
- Für semantische Fehler werden keine Fehlermeldungen angezeigt, jedoch liefert das Programm nicht das gewünschte Resultat. Beispiel: Ein Ausdruck wird nicht in der von Ihnen erwarteten Reihenfolge ausgewertet und kommt deshalb zu einem falschen Ergebnis.

In einem ersten Schritt sollten Sie beim Debugging herausfinden, um welche Art von Fehler es sich handelt. Die folgenden Abschnitte teilen sich in die entsprechenden Fehlertypen auf, manche Techniken sind aber in mehr als nur einer Situation hilfreich.

Syntaxfehler

Syntaxfehler sind üblicherweise leicht zu beheben, sobald Sie sie gefunden haben. Leider sind die Fehlermeldungen oft nicht sehr hilfreich. Die häufigsten Meldungen lauten `SyntaxError: invalid syntax` und `SyntaxError: invalid token`. Keine von beiden ist sonderlich aussagekräftig.

Andererseits können Sie in der Meldung erkennen, an welcher Stelle im Programm das Problem aufgetreten ist. Genau genommen sagt Ihnen die Meldung, an welcher Stelle Python ein Problem erkannt hat. Das muss allerdings nicht zwingend die Stelle sein, an der sich der Fehler auch tatsächlich versteckt. Manchmal liegt der Fehler vor der in der Fehlermeldung genannten Stelle, häufig in der Zeile davor.

Wenn Sie Ihr Programm inkrementell programmieren, sollten Sie eine ziemlich gute Vorstellung davon haben, wo der Fehler liegt – im Zweifel in der letzten Zeile, die Sie gerade geschrieben haben.

Beim Abtippen des Codes aus einem Buch sollten Sie Ihren Code mit dem Code im Buch sehr sorgfältig vergleichen. Prüfen Sie jedes einzelne Zeichen. Bedenken Sie außerdem, dass auch das Buch fehlerhaft sein kann. Wenn Sie also etwas entdecken, das wie ein Syntaxfehler aussieht, kann es auch durchaus einer sein.

So können Sie die am häufigsten vorkommenden Syntaxfehler vermeiden:

1. Vergewissern Sie sich, dass Sie kein Python-Schlüsselwort als Variablenname verwenden.
2. Überprüfen Sie, ob Sie ans Ende der Header aller Verbundanweisungen einen Doppelpunkt geschrieben haben, einschließlich aller `for`-, `while`-, `if`- und `def`-Anweisungen.
3. Stellen Sie sicher, dass alle Strings in entsprechenden Anführungszeichen stehen.
4. Überprüfen Sie bei mehrzeiligen Strings mit drei Anführungszeichen (einzeln oder doppelt), ob Sie den jeweiligen String auch korrekt abgeschlossen haben. Wenn Sie einen String nicht korrekt beenden, kann das zu einem `invalid token`-Fehler am Ende Ihres Programms führen. Oder aber der folgende Teil des Programms wird bis zum nächsten String als ein einziger langer String aufgefasst. In diesem Fall wird unter Umständen überhaupt keine Fehlermeldung angezeigt!
5. Bei öffnenden Operatoren, die nicht geschlossen werden, wie `(`, `{` oder `[`, macht Python mit der nächsten Zeile als Teil der aktuellen Anweisung weiter. Meistens wird für die unmittelbar darauf folgende Zeile ein Fehler gemeldet.
6. Suchen Sie nach dem Klassiker: einem `=` anstatt dem `==` in Bedingungen.
7. Überprüfen Sie die Einrückung der Codezeilen. Python kommt mit Leerzeichen und Tabs klar. Aber wenn Sie diese beiden Zeichen miteinander mischen, kann das zu Problemen führen. Am besten verwenden Sie einen Texteditor, der mit Python umgehen kann und für eine konsistente Einrückung sorgt.

Sollte Ihr Programm nun immer noch nicht funktionieren, lesen Sie den nächsten Abschnitt ...

Ich nehme immer wieder Änderungen vor, sehe aber keinen Unterschied

Wenn der Interpreter sagt, dass es einen Fehler gibt, und Sie ihn einfach nicht finden, kann das daran liegen, dass der Interpreter und Sie nicht denselben Code verwenden. Überprüfen Sie Ihre Programmierumgebung, um sicherzustellen, dass Sie dasselbe Programm bearbeiten, das der Python-Interpreter ausführt.

Sollten Sie sich nicht sicher sein, können Sie absichtlich Syntaxfehler am Anfang des Programms einfügen. Führen Sie es erneut aus. Wenn der Interpreter die neuen Fehler nicht findet, arbeiten Sie an einer anderen Datei.

Es gibt einige typische Verdächtige:

- Sie haben die Datei bearbeitet, aber vergessen, die Änderungen vor der Ausführung zu speichern. Manche Programmierumgebungen tun dies automatisch, andere nicht.
- Sie haben den Namen der Datei geändert, rufen aber immer noch denselben Dateinamen auf.
- Ihre Entwicklungsumgebung ist nicht korrekt konfiguriert.
- Falls Sie ein Modul schreiben und mit `import` importieren, sollten Sie sich vergewissern, dass Sie Ihrem Modul nicht den Namen eines der Standardmodule von Python gegeben haben.
- Wenn Sie mit `import` ein Modul einlesen, sollten Sie daran denken, den Interpreter neu zu starten oder veränderte Dateien mit `reload` erneut zu lesen. Wenn Sie das Modul einfach nur erneut importieren, ändert sich dadurch nichts.

Sollten Sie aber einfach nicht weiterkommen und nicht herausfinden können, was schiefläuft, können Sie auch ein neues Programm schreiben. Beginnen Sie beispielsweise mit »Hallo, Welt!«, um sicherzugehen, dass Sie wenigstens Code zum Laufen bekommen, den Sie bereits kennen. Fügen Sie anschließend stückweise das ursprüngliche Programm in das neue ein.

Laufzeitfehler

Sobald Ihr Programm syntaktisch korrekt ist, kann Python es kompilieren und zumindest damit beginnen, es auszuführen. Was kann jetzt noch schiefgehen?

Mein Programm macht absolut gar nichts

Dieses Problem kommt häufig vor, wenn Ihre Datei nur aus Klassen und Funktionen besteht, aber an keiner Stelle etwas ausgeführt wird. Wenn Sie vorhaben, dieses Modul mit entsprechenden Klassen und Funktionen zu importieren, ist das ja auch in Ordnung.

War das aber nicht Ihre Absicht, müssen Sie eine Funktion aufrufen, um mit der Programmausführung zu beginnen. Oder Sie führen eine entsprechende Funktion über die Kommandozeile aus. Lesen Sie dazu auch den Abschnitt »Programmablauf« weiter unten.

Mein Programm hängt

Wenn ein Programm stoppt und anscheinend nichts macht, »hängt« es. Oft wird das durch eine Endlosschleife oder eine endlose Rekursion verursacht.

- Wenn Sie eine bestimmte Schleife in Verdacht haben, fügen Sie unmittelbar vor der Schleife eine `print`-Anweisung mit dem Text »Anfang Schleife« und direkt danach eine weitere Anweisung mit dem Text »Ende Schleife« ein.

Führen Sie das Programm aus. Wenn Sie die erste Meldung sehen, aber nicht die zweite, haben Sie es mit einer Endlosschleife zu tun. Lesen Sie dann weiter unten den Abschnitt »Endlosschleifen«.

- Meistens führt eine endlose Rekursion dazu, dass Ihr Programm eine Weile ausgeführt wird, bis Sie den Fehler `RuntimeError: Maximum recursion depth exceeded` erhalten. Lesen Sie in diesem Fall weiter unten den Abschnitt »Endlose Rekursion«.

  Wenn Sie diesen Fehler nicht erhalten, aber der Meinung sind, dass es ein Problem mit einer rekursiven Methode oder Funktion gibt, können Sie auch die unter »Endlose Rekursion« aufgeführten Techniken anwenden.
- Hilft keiner dieser Schritte, testen Sie andere Schleifen und andere rekursive Funktionen und Methoden.
- Falls auch das nicht hilft, kann es sein, dass Sie den Ablauf Ihres Programms nicht ganz richtig verstehen. Lesen Sie in diesem Fall den Abschnitt »Programmablauf« weiter unten.

Endlosschleifen

Wenn Sie glauben, dass Sie eine Endlosschleife haben, und nicht wissen, welche Schleife das ist, fügen Sie am Ende jeder Schleife eine `print`-Anweisung ein, die die Werte der Variablen in der Bedingung und den Wert der Bedingung ausgibt.

Beispiel:

```
while x > 0 and y < 0 :
    # mach etwas mit x
    # mach etwas mit y

    print("x: ", x)
    print("y: ", y)
    print("Bedingung: ", (x > 0 and y < 0))
```

Wenn Sie anschließend das Programm ausführen, erhalten Sie für jeden Schleifendurchlauf die entsprechende Bildschirmausgabe. Bei der letzten Iteration sollte die Bedingung `false` sein. Falls die Schleife weiter durchlaufen wird, können Sie die Werte von `x` und `y` mitverfolgen und herausfinden, warum diese nicht korrekt aktualisiert werden.

Endlose Rekursion

In den meisten Fällen führt eine endlose Rekursion dazu, dass das Programm einige Zeit ausgeführt wird und anschließend den Fehler `Maximum recursion depth exceeded` meldet.

Wenn Sie den Verdacht haben, dass eine Funktion oder Methode zu einer endlosen Rekursion führt, sollten Sie in einem ersten Schritt überprüfen, ob es einen Basisfall gibt. Es muss irgendeine Bedingung geben, die dazu führt, dass die Funktion oder Methode ohne einen rekursiven Aufruf verlassen wird. Falls nicht, müssen Sie Ihren Algorithmus noch mal überdenken und einen Basisfall herausarbeiten.

Falls es einen Basisfall gibt, das Programm diesen aber nicht erreicht, fügen Sie am Anfang der Funktion bzw. Methode eine `print`-Anweisung ein, die die Parameter ausgibt. Wenn Sie anschließend das Programm ausführen, erhalten Sie für jeden Aufruf der Funktion oder Methode eine entsprechende Bildschirmausgabe. Sollten sich die Parameter nicht zum Basisfall hinbewegen, können Sie so herausfinden, woran das liegt.

Programmablauf

Sind Sie sich über den Ablauf Ihres Programms nicht sicher, fügen Sie einfach am Anfang jeder Funktion eine `print`-Anweisung ein, die beispielsweise »Funktion `foo`« ausgibt, wobei `foo` der Name der Funktion ist.

Wenn Sie anschließend das Programm ausführen, können Sie den Aufruf der jeweiligen Funktion mitverfolgen.

Ich erhalte eine Ausnahme, wenn ich das Programm ausführe

Wenn während der Laufzeit irgendetwas schiefgeht, gibt Python eine Meldung mit dem Namen der Ausnahme, der Programmzeile, in der das Problem aufgetreten ist, sowie einen Traceback aus.

Im Traceback können Sie die Funktion erkennen, die zuletzt ausgeführt wurde, die Funktion, von der die aktuelle Funktion aufgerufen wurde, die Funktion, von der *diese* Funktion wiederum aufgerufen wurde usw. Anders ausgedrückt, Sie erhalten die Abfolge der Funktionsaufrufe, die Sie dahin geführt haben, wo Sie gelandet sind. Außerdem wird die Zeilennummer des jeweiligen Aufrufs in Ihrer Datei angezeigt.

In einem ersten Schritt sollten Sie die entsprechende Stelle im Programm prüfen und versuchen, herauszufinden, was passiert ist. Hier sehen Sie eine Liste der am häufigsten vorkommenden Laufzeitfehler:

NameError:
: Sie versuchen, eine Variable zu verwenden, die in der aktuellen Umgebung nicht existiert. Denken Sie daran, dass lokale Variablen auch wirklich lokal sind. Außerhalb der definierenden Funktion können Sie sich nicht darauf beziehen.

TypeError:
: Für diesen Fehler gibt es mehrere mögliche Ursachen:

- Sie versuchen, einen Wert in nicht zulässiger Weise zu verwenden. Beispiel: Indizierung eines Strings, einer Liste oder eines Tupels mit etwas anderem als einem ganzzahligen Wert.
- Die Elemente in einem Format-String und die für die Konvertierung übergebenen Elemente passen nicht zueinander. Das kann passieren, wenn entweder die Anzahl der Elemente nicht übereinstimmt oder dafür eine unzulässige Konvertierung erforderlich wäre.

- Sie übergeben die falsche Anzahl von Argumenten an eine Funktion oder Methode. Werfen Sie bei Methoden einen Blick auf die Definition, und überprüfen Sie, ob der erste Parameter `self` lautet. Sehen Sie sich dann den Methodenaufruf an: Vergewissern Sie sich, dass Sie die Methode für ein Objekt des richtigen Typs aufrufen und die Argumente korrekt übergeben.

KeyError:
: Sie versuchen, auf ein Element eines Dictionarys mit einem Schlüssel zuzugreifen, der im Dictionary nicht enthalten ist.

AttributeError:
: Sie versuchen, auf ein nicht vorhandenes Attribut oder eine nicht existierende Methode zuzugreifen. Überprüfen Sie Ihre Schreibweise! Mit `dir` können Sie die vorhandenen Attribute auflisten.

Wenn ein AttributeError darauf hinweist, dass ein Objekt den `NoneType` hat, bedeutet das, dass es `None` ist. Häufig liegt die Ursache darin, dass Sie vergessen haben, von einer Funktion einen Wert zurückzugeben. Wenn Sie das Ende einer Funktion erreichen, ohne eine `return`-Anweisung auszuführen, ist der Rückgabewert `None`. Eventuell verwenden Sie aber auch das Ergebnis einer Listenmethode wie beispielsweise `sort`, die den Rückgabewert `None` liefert.

IndexError:
: Der Index, mit dem Sie auf eine Liste, einen String oder ein Tupel zugreifen, ist größer als seine Länge minus 1. Fügen Sie unmittelbar vor der fehlerhaften Stelle eine `print`-Anweisung ein, um den Wert des Index und die Länge des Arrays anzuzeigen. Hat das Array die korrekte Größe? Hat der Index den richtigen Wert?

Der Python-Debugger (`pdb`) ist nützlich, um Ausnahmen aufzuspüren, weil Sie damit den Zustand eines Programms unmittelbar vor dem Fehler untersuchen können. Mehr über `pdb` können Sie unter *https://docs.python.org/3/library/pdb.html* erfahren.

Ich habe so viele print-Anweisungen eingefügt, dass mich die Ausgaben überfordern

`print`-Anweisungen können beim Debugging problematisch werden, wenn die Ausgaben überhand nehmen. Dann haben Sie zwei Möglichkeiten: Sie können die Ausgaben vereinfachen oder das Programm vereinfachen.

Um die Bildschirmausgaben zu vereinfachen, können Sie unnötige `print`-Anweisungen entfernen, auskommentieren, miteinander kombinieren oder die Ausgaben so formatieren, dass sie besser zu erfassen sind.

Es gibt mehrere Möglichkeiten, das Programm zu vereinfachen. In einem ersten Schritt können Sie die Problemstellung vereinfachen. Wenn Sie beispielsweise eine Liste durchsuchen, durchsuchen Sie einfach eine **kleinere** Liste. Wenn das Programm Benutzereingaben erwartet, testen Sie es mit möglichst einfachen Eingaben, um den Fehler zu reproduzieren.

Räumen Sie in einem zweiten Schritt das Programm auf. Entfernen Sie Code, der nie ausgeführt wird, und versuchen Sie, das Programm so zu strukturieren, dass es möglichst einfach lesbar ist. Wenn Sie beispielsweise den Verdacht haben, dass der Fehler in einem tief verschachtelten Teil des Programms liegt, versuchen Sie, diesen Teil mit einer einfachen Struktur neu zu schreiben. Falls Sie den Fehler in einer großen Funktion vermuten, versuchen Sie, diese in kleinere Funktionen aufzuteilen und einzeln zu testen.

Häufig finden Sie bei der Suche nach dem minimalen Testfall auch den Fehler. Wenn Sie herausfinden, dass Ihr Programm in einem Fall funktioniert, in einem anderen dagegen nicht, erhalten Sie dadurch Hinweise, was tatsächlich geschieht.

Manchmal können Sie auch subtilere Bugs aufspüren, indem Sie einen bestimmten Codeteil neu schreiben. Wenn Sie eine Änderung vornehmen, die sich eigentlich nicht auf das Ergebnis auswirken sollte, aber trotzdem Wirkung zeigt, kann auch das ein Anhaltspunkt sein.

Semantische Fehler

In gewisser Weise sind semantische Fehler am schwierigsten aufzuspüren, weil der Interpreter keinerlei Informationen dazu liefert, was schiefläuft. Nur Sie können wissen, was das Programm machen soll.

In einem ersten Schritt sollten Sie eine Verbindung zwischen dem Programmcode und dem beobachteten Verhalten herstellen. Sie brauchen eine Hypothese darüber, was das Programm tatsächlich macht. Eine der größten Schwierigkeiten dabei ist, dass Computer so schnell arbeiten.

Häufig werden Sie sich wünschen, das Programm auf menschliche Geschwindigkeit herunterbremsen zu können. Mit manchen Debuggern können Sie das auch. Aber der Zeitaufwand für ein paar gut platzierte `print`-Anweisungen ist oft geringer, als wenn Sie den Debugger einrichten, Haltepunkte einfügen und entfernen und das Programm bis zur fehlerhaften Stelle schrittweise ausführen.

Mein Programm funktioniert nicht

Stellen Sie sich die folgenden Fragen:

- Gibt es eine gewünschte Funktionalität, die das Programm nicht durchführt? Finden Sie den zuständigen Codeabschnitt, und prüfen Sie, ob dieser Teil so ausgeführt wird, wie Sie sich das vorstellen.
- Geschieht etwas, das nicht geplant war? Finden Sie den entsprechenden Code im Programm, und überprüfen Sie, ob er auch in Fällen ausgeführt wird, in denen das nicht so sein sollte.

- Führt ein Codeteil nicht zum gewünschten Effekt? Vergewissern Sie sich, dass Sie den fraglichen Code verstehen, vor allem wenn dabei Funktionen oder Methoden aus anderen Python-Modulen aufgerufen werden. Lesen Sie die Dokumentation für diese Funktionen. Testen Sie sie mit einfachen Testfällen, und überprüfen Sie die Ergebnisse.

Damit Sie erfolgreich programmieren können, brauchen Sie ein Denkmodell dazu, wie das Programm funktionieren soll. Wenn Sie ein Programm schreiben, das nicht das tut, was Sie erwarten, liegt der Fehler häufig nicht im Programm, sondern in Ihrem Modell.

Die beste Möglichkeit, Ihr Denkmodell zu korrigieren, besteht darin, das Programm in seine Komponenten aufzuteilen (normalerweise die Funktionen und Methoden). Dann können Sie die Komponenten einzeln testen. Sobald Sie die Diskrepanz zwischen Ihrem Modell und der Realität aufgespürt haben, können Sie das Problem auch lösen.

Natürlich sollten Sie die Komponenten während der Entwicklung des Programms erstellen und testen. Wenn Sie dabei auf ein Problem stoßen, kann der Fehler immer nur in einem kleinen Teil des Codes liegen.

Ich habe einen großen und haarigen Ausdruck, der nicht macht, was er soll

Komplizierte Ausdrücke sind völlig in Ordnung, solange sie lesbar bleiben. Allerdings können sie das Debugging entsprechend erschweren. Deshalb ist es häufig am besten, komplizierte Ausdrücke in eine Reihe von Zuweisungen mit temporären Variablen zu zerlegen:

```
self.haende[i].karte_hinzufuegen(self.haende[self.findeNachbar(i)].popKarte())
```

Diesen Ausdruck können Sie auch so schreiben:

```
nachbar = self.findeNachbar(i)
gezogeneKarte = self.haende[nachbar].popKarte()
self.haende[i].karte_hinzufuegen(gezogeneKarte)
```

Die ausführlichere Version ist einfacher zu lesen, weil die Variablennamen den Vorgang zusätzlich dokumentieren. Außerdem ist diese Fassung einfacher zu debuggen, weil Sie die Typen und Werte der temporären Variablen ausgeben können.

Ein weiteres Problem mit langen Ausdrücken besteht darin, dass die Reihenfolge der Auswertung anders ausfallen kann, als Sie es erwarten. Wenn Sie beispielsweise den Ausdruck $\frac{x}{2\pi}$ in Python übersetzen, würden Sie vielleicht schreiben:

```
y = x / 2 * math.pi
```

Diese Lösung ist nicht korrekt, weil Multiplikation und Division dieselbe Rangfolge haben und daher von links nach rechts ausgewertet werden. Dieser Ausdruck berechnet dementsprechend $x\pi/2$.

Am besten setzen Sie beim Debugging von Ausdrücken Klammern, um die Reihenfolge der Auswertung explizit festzulegen:

```
y = x / (2 * math.pi)
```

Sobald Sie sich nicht hunderprozentig sicher sind, in welcher Reihenfolge ein Ausdruck ausgewertet wird, sollten Sie Klammern verwenden. Auf diese Weise funktioniert das Programm nicht nur korrekt (macht also das, was Sie wollen), sondern ist auch für andere besser lesbar, die die Regeln der Reihenfolge ebenfalls nicht besser kennen.

Eine Funktion oder Methode liefert nicht den erwarteten Rückgabewert

Bei `return`-Anweisungen mit komplizierten Ausdrücken können Sie den Rückgabewert nicht ausgeben, bevor Sie ihn zurückliefern. Auch hier können Sie wieder eine temporäre Variable einsetzen. Anstelle von

```
return self.haende[i].entferneTreffer()
```

können Sie auch Folgendes schreiben:

```
zaehler = self.haende[i].entferneTreffer()
return zaehler
```

Nun haben Sie die Gelegenheit, den Wert von `zaehler` anzuzeigen, bevor Sie ihn zurückgeben.

Ich komme wirklich nicht weiter und brauche Hilfe

Als Erstes sollten Sie sich für ein paar Minuten vom Computer wegbewegen. Computer senden Wellen aus, die das Gehirn beeinflussen und folgende Symptome verursachen:

- Frustration und Wut
- Aberglauben (»Der Computer hasst mich.«) und magisches Denken (»Das Programm funktioniert nur, wenn ich meinen Hut rückwärts aufsetze.«).
- Irrfahrtsprogrammierung (der Versuch, alle nur erdenklichen Programme zu schreiben und dasjenige auszuwählen, das zum richtigen Ergebnis führt)

Wenn Sie bei sich eines dieser Symptome beobachten, sollten Sie aufstehen und um den Block gehen. Sobald Sie sich wieder beruhigt haben, denken Sie nochmals über das Programm nach. Was genau macht es? Was könnten die Gründe für dieses Verhalten sein? Wann hat das Programm zuletzt korrekt funktioniert, und was haben Sie danach geändert?

Manchmal dauert es einige Zeit, bis Sie einen Bug finden. Ich finde die Fehler häufig, wenn ich gar nicht am Computer sitze und meine Gedanken einfach schweifen lasse. Die besten Orte, um Bugs zu finden, sind Züge, die Dusche und das Bett, unmittelbar bevor Sie einschlafen.

Nein, ich brauche wirklich Hilfe

Das kann vorkommen. Selbst die besten Programmierer kommen gelegentlich nicht weiter. Manchmal arbeiten sie so lange an einem Programm, dass sie den Fehler einfach nicht mehr sehen können. Dann hilft nur ein frisches Paar Augen.

Bevor Sie jemand anderen ins Boot holen, sollten Sie gut vorbereitet sein. Ihr Programm sollte so einfach wie möglich sein, und Sie sollten mit der kleinstmöglichen Datenmenge arbeiten, die den Fehler verursacht. An den entsprechenden Stellen sollten geeignete `print`-Anweisungen stehen (die die Ausgaben in einem verständlichen Format anzeigen). Und Sie sollten das Problem gut genug verstehen, damit Sie es präzise beschreiben können.

Wenn Sie jemanden um Hilfe bitten, sollten Sie diese Person auch mit den nötigen Informationen versorgen können:

- Gibt es eine Fehlermeldung? Wie lautet sie, und auf welchen Programmteil deutet sie hin?
- Was haben Sie als Letztes getan, bevor dieser Fehler aufgetreten ist? Welche Codezeilen haben Sie als Letztes geschrieben? Wie lautet der neue Testfall, der fehlschlägt?
- Was haben Sie bisher versucht, und was haben Sie dabei herausgefunden?

Wenn Sie den Fehler gefunden haben, nehmen Sie sich eine Sekunde lang Zeit, darüber nachzudenken, wie Sie den Fehler schneller hätten finden können. Wenn Sie das nächste Mal etwas Ähnliches sehen, werden Sie den Bug schneller finden.

Vergessen Sie nicht: Das Ziel besteht nicht darin, das Programm zum Laufen zu bringen. Das Ziel besteht darin, zu lernen, wie Sie das Programm zum Laufen bringen.

ANHANG B
Algorithmenanalyse

Dieser Anhang ist ein überarbeiteter Auszug aus dem Buch *Think Complexity* von Allen B. Downey, das ebenfalls bei O'Reilly Media erschienen ist (2011). Vielleicht möchten Sie dieses Buch ja als Nächstes lesen.

Algorithmenanalyse ist eine der Hauptaufgaben der Informatik. Dabei wird die Leistung von Algorithmen untersucht, insbesondere hinsichtlich ihrer Laufzeit und ihres Speicherbedarfs (siehe *http://de.wikipedia.org/wiki/Algorithmus#Algorithmenanalyse*).

Das praktische Ziel der Algorithmenanalyse besteht darin, die Leistung verschiedener Algorithmen zu prognostizieren, um entsprechende Designentscheidungen zu treffen.

Während des Wahlkampfs für die Präsidentschaftswahlen der Vereinigten Staaten im Jahr 2008 wurde der Kandidat Barack Obama bei einem Besuch bei Google um eine spontane Analyse gebeten. Firmenchef Eric Schmidt fragte ihn aus Spaß nach der »effizientesten Methode, eine Million 32-Bit-Integer zu sortieren«. Offensichtlich hatte Obama einen Tipp erhalten, weil er schnell antwortete: »Ich glaube, Bubblesort wäre keine gute Entscheidung.« (*http://www.youtube.com/watch?v=k4RRi_ntQc8*)

Aber es stimmt: Bubblesort ist vom Konzept her einfach, aber für viele Elemente zu langsam. Die Antwort, die Schmidt hören wollte, war wahrscheinlich »Radixsort« (*http://de.wikipedia.org/wiki/Radixsort*).[1]

Das Ziel der Algorithmenanalyse besteht darin, aussagekräftige Vergleiche zwischen Algorithmen anzustellen. Aber dabei gibt es einige Probleme:

- Die relative Leistung der Algorithmen kann von Hardwarefaktoren abhängen. Deshalb kann ein Algorithmus auf Rechner A schneller sein, ein anderer dagegen auf Rechner B. Generell wird bei einer solchen Problemstellung ein **Rechnermodell**

1 Sollten Sie jemals eine solche Frage in einem Interview gestellt bekommen, wäre meiner Meinung nach die bessere Antwort: »Die schnellste Möglichkeit, eine Million Integer zu sortieren, ist die Sortierfunktion der jeweiligen Programmiersprache. Die Leistung sollte für die meisten Anwendungen ausreichen. Sollte ich feststellen, dass meine Anwendung zu langsam ist, würde ich einen Profiler verwenden, um herauszufinden, wofür die meiste Zeit verwendet wird. Sollte sich dabei herausstellen, dass ein schnellerer Sortieralgorithmus einen signifikanten Leistungsvorteil bringt, würde ich mich nach einer guten Implementierung von Radixsort umsehen.«

erstellt und die Anzahl der Schritte bzw. Operationen analysiert, die für einen Algorithmus mit dem entsprechenden Modell erforderlich sind.

- Die relative Leistung kann auch von Eigenschaften der verwendeten Daten abhängen. Manche Sortieralgorithmen arbeiten beispielsweise schneller, wenn die Daten bereits teilweise sortiert wurden. Andere Algorithmen sind in diesem Fall dagegen langsamer. Um solche Probleme zu umgehen, wird häufig das **Worst Case**-Szenario analysiert. Manchmal ist es nützlich, die durchschnittliche Leistung zu analysieren. Aber üblicherweise ist das schwieriger. Außerdem ist es manchmal nicht offensichtlich, welche Fälle für den **Average Case** heranzuziehen sind.
- Die relative Leistung hängt auch von der Größenordnung ab. Ein Sortieralgorithmus, der mit kleinen Listen schnell arbeitet, kann für lange Listen lange brauchen. Üblicherweise lässt sich die Lösung für dieses Problem finden, indem Sie die Laufzeit (oder die Anzahl der Operationen) als Funktion der Größenordnung ausdrücken und die Funktionen mit zunehmender Größe **asymptotisch** vergleichen.

Das Gute an einem solchen Vergleich ist, dass er zu einer einfachen Klassifizierung für Algorithmen führt. Wenn ich beispielsweise weiß, dass die Laufzeit von Algorithmus A tendenziell proportional zur Größe der Eingangsdaten n ist und Algorithmus B tendenziell proportional zu n^2 ist, gehe ich davon aus, dass A für große Werte von n schneller als B ist.

Solche Analysen sind manchmal mit Vorsicht zu genießen, aber darauf kommen wir später noch zu sprechen.

Wachstumsordnung

Angenommen, Sie haben zwei Algorithmen analysiert und ihre Laufzeiten hinsichtlich der Größe der Eingangsdaten ausgedrückt. Algorithmus A braucht $100n+1$ Schritte, um ein Problem der Größe n zu lösen. Algorithmus B benötigt $n^2 + n + 1$ Schritte.

Die folgende Tabelle zeigt die Laufzeiten dieser beiden Algorithmen für unterschiedliche Problemgrößen:

Input Größe	Laufzeit mit Algorithmus A	Laufzeit mit Algorithmus B
10	1 001	111
100	10 001	10 101
1 000	100 001	1 001 001
10 000	1 000 001	$>10^{10}$

Für $n=10$ schneidet Algorithmus A ziemlich schlecht ab. Er braucht fast zehnmal so lange wie Algorithmus B. Aber für $n=100$ sind die Laufzeiten ungefähr gleich, und bei größeren Werten schneidet Algorithmus A deutlich besser ab.

Der entscheidende Grund besteht darin, dass bei großen Werten für *n* jede Funktion mit n^2 schneller wächst als eine Funktion, deren Leitterm *n* ist. Der **Leitterm** ist der Term mit dem höchsten Exponenten.

Der Leitterm von Algorithmus A hat einen großen Koeffizienten (100), deshalb ist Algorithmus B für kleine Werte von *n* besser geeignet. Aber unabhängig von den Koeffizienten gibt es immer einen Wert für *n*, bei dem $an^2 > bn$.

Dasselbe gilt auch für die anderen Terme. Selbst wenn Algorithmus A eine Laufzeit von *n+1.000.000* hätte, wäre er für entsprechend große Werte von *n* immer noch schneller als Algorithmus B.

Üblicherweise gehen wir davon aus, dass ein Algorithmus mit einem kleineren Leitterm für große Probleme besser geeignet ist. Bei kleineren Problemen kann es aber einen **Kreuzungspunkt** geben, ab dem ein anderer Algorithmus besser funktioniert. Wo dieser Punkt liegt, hängt von den Einzelheiten der Algorithmen, den Eingangsdaten und der Hardware ab. Daher wird der Kreuzungspunkt üblicherweise bei der Algorithmenanalyse ignoriert. Das bedeutet aber nicht, dass Sie ihn vergessen sollen.

Wenn zwei Algorithmen denselben Leitterm haben, ist es schwierig zu sagen, welcher davon leistungsfähiger ist. Auch hier hängt die Antwort wieder von den jeweiligen Details ab. Bei der Algorithmenanalyse werden Funktionen mit demselben Leitterm als äquivalent betrachtet, selbst wenn sie unterschiedliche Koeffizienten haben.

Eine **Wachstumsordnung** ist eine Klasse von Funktionen, deren asymptotisches Wachstumsverhalten als äquivalent betrachtet wird. So gehören beispielsweise *2n*, *100n* und *n+1* zur selben Wachstumsordnung, die in der **landauschen O()-Notation** als *O(n)* geschrieben werden. Man spricht dabei von **linearem Wachstum**, weil jede Funktion dieser Menge für Werte von *n* linear wächst.

Alle Funktionen mit dem Leitterm n^2 gehören zur Wachstumsordnung $O(n^2)$ mit **quadratischem Wachstum** (»quadratisch« ist einfach ein schickes Wort für Funktionen mit dem Leitterm n^2).

Die folgende Tabelle zeigt einige der häufigsten Wachstumsordnungen der Algorithmenanalyse in aufsteigender Reihenfolge ihrer Bösartigkeit.

Wachstumsordnung	Wachstum
$O(1)$	konstant
$O(\log_b n)$	logarithmisch (für beliebige Werte von *b*)
(n)	linear
$O(n \log_b n)$	superlineares Wachstum
$O(n^2)$	quadratisch
$O(n^3)$	kubisch
$O(c^n)$	exponentiell (für beliebige Werte von *c*)

Bei logarithmischen Termen spielt die Basis des Logarithmus keine Rolle. Wenn Sie die Basis ändern, entspricht das der Multiplikation mit einer Konstanten, was ebenfalls keinen Einfluss auf die Wachstumsordnung hat. Auf ähnliche Weise gehören alle exponentiellen Funktionen unabhängig von der Basis des Exponenten zur selben Wachstumsordnung. Exponentielle Funktionen wachsen sehr schnell und sind daher nur für sehr kleine Eingangsvariablen geeignet.

Übung B-1:

Lesen Sie die Wikipedia-Seiten über die landausche O()-Notation unter *http://de.wikipedia.org/wiki/Landau-Symbole* und über Laufzeiten unter *http://de.wikipedia.org/wiki/Laufzeit_(Informatik)*. Beantworten Sie dann die folgenden Fragen:

1. Was ist die Wachstumsordnung von $n^3 + n^2$? Von $1000000n^3 + n^2$? Von $n^3 + 1000000n^2$?
2. Was ist die Wachstumsordnung von $(n^2 + n) \cdot (n + 1)$? Bevor Sie mit dem Multiplizieren anfangen, sollten Sie nicht vergessen: Es kommt nur auf den Leitterm an.
3. Wenn f Element von $O(g)$ für eine nicht näher bestimmte Funktion g ist, was können wir dann über $af+b$ sagen?
4. Wenn f_1 und f_2 in $O(g)$ enthalten sind, was gilt dann für $f_1 + f_2$?
5. Wenn f_1 Element von $O(g)$ und f_2 Element von $O(h)$ ist, was können wir dann über $f_1 + f_2$ sagen?
6. Wenn f_1 Element von $O(g)$ und f_2 Element von $O(h)$ ist, was gilt dann für $f_1 \cdot f_2$?

Für Programmierer, denen es auf die Leistung ankommt, sind solche Analysen oft schwer verdaulich. Und sie haben nicht ganz unrecht: Manchmal machen die Koeffizienten und die untergeordneten Terme einen Unterschied. Manchmal ergeben sich durch die Hardware, die Programmiersprache und Besonderheiten der Eingangsdaten große Unterschiede. Und bei kleineren Datenmengen ist das asymptotische Verhalten irrelevant.

Aber wenn Sie diese Warnungen im Hinterkopf behalten, ist die Algorithmenanalyse ein nützliches Werkzeug. Zumindest bei größeren Problemstellungen ist der »bessere« Algorithmus üblicherweise besser und manchmal sogar **viel** besser. Der Unterschied zwischen zwei Algorithmen derselben Wachstumsordnung ist üblicherweise ein konstanter Faktor. Der Unterschied zwischen einem guten Algorithmus und einem schlechten Algorithmus ist dagegen grenzenlos!

Analyse grundlegender Python-Operationen

Die meisten arithmetischen Operationen sind zeitlich konstant. Eine Multiplikation dauert üblicherweise länger als eine Addition und eine Subtraktion, und die Division braucht sogar noch länger. Aber diese Laufzeiten hängen nicht von der Größe der Operanden ab. Besonders große Integer bilden die Ausnahme: In diesem Fall steigt die Laufzeit mit der Anzahl der Stellen.

Indexoperationen – also das Lesen oder Schreiben von Elementen in einer Sequenz oder einem Dictionary – legen ebenfalls ein konstantes Wachstum an den Tag, unabhängig von der Größe der Datenstruktur.

Eine `for`-Schleife, die eine Sequenz oder ein Dictionary durchläuft, unterliegt üblicherweise einem linearen Wachstum, solange alle Operationen im Body der Schleife zu einer konstanten Wachstumsordnung gehören. Die Addition der Elemente einer Liste ist beispielsweise linear:

```
summe = 0
for x in t:
    summe += x
```

Die eingebaute Funktion `sum` ist ebenfalls linear, weil sie dasselbe macht, ist aber tendenziell schneller, weil die Implementierung effizienter ist. In der Sprache der Algorithmenanalyse ausgedrückt, hat diese Funktion einen kleineren Leitkoeffizienten.

Wenn Sie mit derselben Schleife eine Liste von Strings »addieren«, wächst die Laufzeit quadratisch, weil die Konkatenation von Strings linear ist.

Die String-Methode `join` ist üblicherweise schneller, weil sie für die Gesamtlänge der Strings linear ist.

Als Faustregel gilt: Wenn der Body einer Schleife die Wachstumsordnung $O(n^a)$ hat, gehört die gesamte Schleife zu $O(n^{a+1})$. Eine Ausnahme ist nur dann gegeben, wenn Sie zeigen können, dass die Schleife nach einer konstanten Anzahl von Iterationen verlassen wird. Wenn eine Schleife unabhängig von n genau k-mal ausgeführt wird, gehört die Schleife zur Wachstumsordnung $O(n^a)$, selbst bei großen Werten für k.

Durch die Multiplikation mit k ändert sich die Wachstumsordnung nicht, genauso wenig wie durch Division. Wenn der Body einer Schleife also zur Wachstumsordnung $O(n^a)$ gehört und n/k-mal ausgeführt wird, gehört die Schleife in $O(n^{a+1})$, selbst bei großen Werten für k.

Die meisten String- und Tupel-Operationen sind linear, Ausnahmen sind Indexoperationen und `len`, die beide konstant sind. Die eingebauten Funktionen `min` und `max` sind linear. Die Laufzeit einer Slice-Operation ist proportional zur Länge der Ausgabe, aber unabhängig von der Größe der Eingangsdaten.

Alle String-Methoden sind linear. Wenn die Länge des Strings allerdings durch eine Konstante begrenzt ist – das gilt beispielsweise für Operationen mit einzelnen Zeichen –, sind auch diese konstant.

Die meisten Listenmethoden sind linear. Allerdings gibt es einige Ausnahmen:

- Das Hinzufügen eines Elements am Ende einer Liste ist normalerweise linear. Wenn dabei der Speicherplatz ausgeht, wird die Liste an einen anderen Speicherort kopiert. Aber die Gesamtzeit für n Operationen beträgt $O(n)$, daher sprechen wir davon, dass die »amortisierte« Zeit für eine Operation $O(1)$ beträgt.

- Das Entfernen eines Elements am Ende einer Liste ist konstant.
- Die Wachstumsordnung für Sortierung lautet $O(n \log n)$.

Die Laufzeit für die meisten Dictionary-Operationen ist konstant. Aber auch hier gibt es einige Ausnahmen:

- Die Laufzeit von `copy` ist proportional zur Anzahl der Elemente, aber nicht zur Größe der Elemente. (Es werden Referenzen kopiert, nicht die Elemente selbst.)
- Die Laufzeit von `update` ist proportional zur Größe des als Parameter übergebenen Dictionarys, aber nicht zur Größe des Dictionarys, das aktualisiert wird.
- `keys`, `values` und `items` sind linear, weil sie neue Listen zurückgeben. `itervalues` und `iteritems` sind konstant, weil sie Iteratoren zurückliefern. Wenn Sie dagegen die Iteratoren mit einer Schleife durchlaufen, nimmt die Laufzeit dieser Schleife linear zu. Die »iter«-Funktionen sparen einen gewissen Overhead, haben aber keinen Einfluss auf die Wachstumsordnung, außer wenn die Anzahl der Elemente begrenzt ist.

Die Leistung von Dictionaries ist ein kleines Wunder der Informatik. Im Abschnitt »Hashtabellen« auf Seite 269 werden wir uns ansehen, wie sie funktionieren.

Übung B-2:

Lesen Sie die Wikipedia-Seite über Sortierverfahren unter *http://de.wikipedia.org/wiki/Sortierverfahren*, und beantworten Sie die folgenden Fragen:

1. Was ist »vergleichsbasiertes Sortieren«? Was ist die beste Worst-Case-Wachstumsordnung für vergleichsbasiertes Sortieren? Was ist die beste Worst-Case-Wachstumsordnung für Sortierverfahren allgemein?
2. Was ist die Wachstumsordnung von Bubblesort, und warum glaubt Barack Obama, dass das »keine gute Entscheidung« sei?
3. Was ist die Wachstumsordnung von Radixsort? Welche Vorbedingungen müssen dafür erfüllt sein?
4. Was ist ein stabiles Sortierverfahren, und welche Rolle spielt das in der Praxis?
5. Welcher ist der schlechteste Sortieralgorithmus (der einen Namen hat)?
6. Welchen Sortieralgorithmus verwendet die C-Bibliothek? Welchen Sortieralgorithmus verwendet Python? Sind diese Algorithmen stabil? Eventuell müssen Sie Google bemühen, um diese Antworten zu finden.
7. Viele nicht vergleichsbasierte Sortierverfahren sind linear. Warum verwendet Python ein vergleichsbasiertes Sortierverfahren der Menge $O(n \log n)$?

Analyse von Suchalgorithmen

Eine **Suche** ist ein Algorithmus, der eine Sammlung sowie ein Zielelement benötigt und ermittelt, ob das Ziel in der Sammlung enthalten ist. Häufig liefert er auch den Index des Zielelements zurück.

Der einfachste Suchalgorithmus ist eine »lineare Suche«, bei der die Elemente der Sammlung der Reihenfolge nach durchlaufen werden und die Suche beendet wird, wenn das Ziel gefunden ist. Im schlimmsten Fall muss die gesamte Sammlung durchlaufen werden, daher nimmt die Laufzeit linear zu.

Der Operator `in` für Sequenzen verwendet die lineare Suche, ebenso wie die String-Methoden `find` und `count`.

Wenn die Elemente einer Sequenz eine bestimmte Reihenfolge einhalten, können Sie die **Bisektion** einsetzen, die zur Wachstumsordnung $O(\log n)$ gehört. Die Bisektion gleicht dem Algorithmus, nach dem Sie ein Wort in einem Dictionary suchen (in einem echten Wörterbuch, nicht in der Datenstruktur). Anstatt ganz vorne anzufangen und jedes einzelne Element der Reihe nach zu überprüfen, fangen Sie mit einem Element in der Mitte an. Wenn das gesuchte Wort davor stehen muss, suchen Sie in der ersten Hälfte der Sequenz. Ansonsten durchsuchen Sie die zweite Hälfte. In beiden Richtungen halbieren Sie auf diese Weise die Anzahl der zu durchsuchenden Elemente.

Wenn eine Sequenz 1.000.000 Elemente enthält, sind ungefähr 20 Schritte erforderlich, um das Wort zu finden oder zum Schluss zu kommen, dass es nicht in der Sammlung enthalten ist. Das ist ungefähr 50.000-mal schneller als eine lineare Suche.

Übung B-3:

Schreiben Sie eine Funktion mit dem Namen `bisektion`, die eine sortierte Liste und einen Zielwert erwartet. Falls der Wert in der Liste enthalten ist, soll der Rückgabewert der Index des Werts sein, ansonsten `None`.

Oder Sie lesen die Dokumentation des Moduls `bisect` und verwenden das Modul!

Die Suche nach dem Bisektionsverfahren kann wesentlich schneller als eine lineare Suche sein, setzt aber voraus, dass die Sequenz sortiert ist, was unter Umständen zusätzlichen Aufwand bedeutet.

Es gibt eine andere Datenstruktur, die **Hashtabelle**, die sogar noch schneller ist. Die Laufzeit dieser Suchfunktion ist konstant, und die Elemente müssen auch nicht sortiert sein. Python-Dictionaries sind mit Hashtabellen implementiert. Deshalb ist die Laufzeit der meisten Dictionary-Operationen konstant, einschließlich des `in`-Operators.

Hashtabellen

Um zu erklären, wie Hashtabellen funktionieren und warum sie eine so gute Leistung erbringen, fange ich mit einer einfachen Implementierung einer Map an und verbessere sie schrittweise, bis wir eine Hashtabelle erhalten.

Ich verwende Python, um diese Implementierungen zu erklären. In der Praxis würden Sie solchen Code aber nicht in Python schreiben. Sie würden einfach ein Dictionary verwenden. Stellen Sie sich also für den Rest dieses Kapitels einfach vor, dass es keine

Dictionaries gibt und Sie eine Datenstruktur implementieren möchten, die Schlüsseln Werte zuweist. Folgende Operationen müssen implementiert werden:

`hinzufuegen(s, w)`:
: Erstellt ein neues Element, das einem Schlüssel `s` den Wert `w` zuweist. Bei einem Python-Dictionary `d` wird diese Operation als `d[s] = w` geschrieben.

`hole(ziel)`:
: Sucht den Wert, der dem Schlüssel `ziel` entspricht, und liefert diesen zurück. Für das Python-Dictionary `d` würden Sie diese Operation als `d[ziel]` oder `d.get(ziel)` schreiben.

Für den Moment gehe ich davon aus, dass jeder Schlüssel nur einmal vorkommt. Die einfachste Implementierung dieser Schnittstelle verwendet eine Liste mit Tupeln, wobei jedes Tupel ein Schlüssel/Wert-Paar ist.

```
class LineareMap(object):

    def __init__(self):
        self.elemente = []

    def hinzufuegen(self, s, w):
        self.elemente.append((s, w))

    def hole(self, s):
        for schluessel, wert in self.elemente:
            if schluessel == s:
                return wert
        raise KeyError
```

`hinzufuegen` fügt ein Schlüssel/Wert-Tupel der Liste der Elemente hinzu. Diese Operation ist zeitlich konstant.

`hole` verwendet eine `for`-Schleife, um die Liste zu durchsuchen. Wird der Zielschlüssel gefunden, liefert die Methode den entsprechenden Wert zurück. Andernfalls wird ein `KeyError` erzeugt. `get` ist also linear.

Eine Alternative besteht darin, die Liste anhand der Schlüssel zu sortieren. Dann könnte `hole` nach dem Bisektionsverfahren suchen, was zur Wachstumsordnung $O(\log n)$ gehört. Das Einfügen eines neuen Elements in der Mitte einer Liste ist allerdings linear. Daher ist das nicht die beste Möglichkeit. Es gibt andere Datenstrukturen (siehe *http://de.wikipedia.org/wiki/Rot-Schwarz-Baum*), die `hinzufuegen` und `hole` in logarithmischer Laufzeit implementieren können, aber das ist immer noch nicht so gut wie eine konstante Laufzeit. Machen wir also weiter.

Eine Möglichkeit, `LineareMap` zu verbessern, besteht darin, die Liste der Schlüssel/Wert-Paare in kleinere Listen aufzuteilen. Hier sehen Sie eine Implementierung mit dem Namen `BessereMap`, die aus einer Liste von 100 `LineareMap`-Objekten besteht. Wie Sie gleich sehen werden, ist die Wachstumsordnung für `hole` dann immer noch linear, aber `BessereMap` ist den Hashtabellen immerhin schon einen Schritt näher:

```
class BessereMap(object):

    def __init__(self, n=100):
        self.maps = []
        for i in range(n):
            self.maps.append(LineareMap())

    def suche_map(self, s):
        index = hash(s) % len(self.maps)
        return self.maps[index]

    def hinzufuegen(self, s, w):
        m = self.suche_map(s)
        m.hinzufuegen(s, w)

    def hole(self, s):
        m = self.suche_map(s)
        return m.hole(s)
```

`__init__` erstellt eine Liste mit `n` `LineareMap`-Objekten.

`suche_map` wird von `hinzufuegen` und `hole` verwendet, um zu ermitteln, in welcher Map gesucht bzw. ein neues Element abgelegt werden soll.

`suche_map` verwendet die eingebaute Funktion `hash`, die für beinahe jedes Python-Objekt einen Integer zurückliefert. Eine Grenze dieser Implementierung besteht darin, dass sie nur mit Schlüsseln funktioniert, die hashable sind. Veränderbare Typen wie Listen und Dictionaries sind leider nicht hashable.

Es wird davon ausgegangen, dass Objekte, die hashable sind, immer denselben Hashwert zurückliefern. Aber die Umkehrung ist nicht notwendigerweise zutreffend: Auch für zwei unterschiedliche Objekte kann derselbe Hash zurückgeliefert werden.

`suche_map` verwendet den Modulos-Operator, um die Hashwerte im Bereich von 0 bis `len(self.maps)` abzubilden, damit das Ergebnis einen zulässigen Index für die Liste ergibt. Das bedeutet natürlich, dass viele verschiedene Hashwerte demselben Index zugeordnet werden. Aber wenn die Hashfunktion alles schön gleichmäßig verteilt (und dafür sind Hashfunktionen entwickelt worden), können wir von *n/100* Elementen pro `LineareMap` ausgehen.

Da die Laufzeit von `LineareMap.hole` proportional zur Anzahl der Elemente ist, gehen wir davon aus, dass `BessereMap` ungefähr 100-mal schneller als `LineareMap` ist. Die Wachstumsordnung ist immer noch linear, aber der Leitkoeffizient ist kleiner. Das ist nett, aber immer noch nicht so gut wie eine Hashtabelle.

Und hier kommt (endlich) der entscheidende Gedanke, der Hashtabellen schnell macht: Wenn Sie die maximale Länge von `LineareMap` begrenzen, hat `LineareMap.hole` eine konstante Laufzeit. Dann müssen Sie lediglich die Anzahl der Elemente im Auge behalten. Wenn die Anzahl der Elemente pro `LineareMap` eine bestimmte Schwelle erreicht, vergrößern Sie die Hashtabelle um zusätzliche `LineareMaps`.

Hier sehen Sie eine Implementierung einer Hashtabelle:

```
class HashMap(object):

    def __init__(self):
        self.maps = BessereMap(2)
        self.anz = 0

    def hole(self, s):
        return self.maps.hole(s)

    def hinzufuegen(self, s, w):
        if self.anz == len(self.maps.maps):
            self.vergroessern()

        self.maps.hinzufuegen(s, w)
        self.anz += 1

    def vergroessern(self):
        neue_maps = BessereMap(self.anz * 2)

        for m in self.maps.maps:
            for s, w in m.elemente:
                neue_maps.hinzufuegen(s, w)

        self.maps = neue_maps
```

Jede `HashMap` enthält eine `BessereMap`. `__init__` fängt mit zwei `LineareMap`-Objekten an und initialisiert `anz`, das die Anzahl der Elemente mitverfolgt.

`hole` reicht die Aufrufe einfach an `BessereMap` durch. Die eigentliche Arbeit geschieht in `hinzufuegen`, wo die Anzahl der Elemente und die Größe von `BessereMap` überprüft werden. Wenn beide Zahlen gleich sind, ist die durchschnittliche Anzahl von Elementen pro `LineareMap` gleich 1, entsprechend wird `vergroessern` aufgerufen.

`vergroessern` erstellt eine neue `BessereMap`, die zweimal so groß wie die vorherige ist, und »hasht« die Elemente von der alten auf die neue Map um.

Das »Rehashing« ist erforderlich, weil sich durch die veränderte Anzahl der `LineareMap`-Objekte auch der Nenner für den Modulos-Operator in `suche_map` ändert. Das bedeutet, dass einige Objekte, die bisher in dieselbe `LineareMap` gepackt wurden, jetzt aufgeteilt werden (das wollten wir doch, oder?).

Rehashing ist linear, entsprechend ist auch `vergroessern` linear. Das erscheint auf den ersten Blick zwar ungünstig, da ich ja versprochen hatte, dass `hinzufuegen` konstant sein würde. Aber wir müssen `vergroessern` ja nicht jedes Mal aufrufen. Daher hat `hinzufuegen` normalerweise eine konstante Laufzeit und nur gelegentlich eine lineare. Der gesamte Aufwand, `hinzufuegen` n-mal aufzurufen, ist proportional zu n. Entsprechend ist die durchschnittliche Laufzeit für jedes `hinzufuegen` konstant!

Um zu verstehen, wie das funktioniert, stellen Sie sich einfach vor, dass wir mit einer leeren Hashtabelle beginnen und eine Folge von Elementen hinzufügen. Wir beginnen mit 2 `LineareMap`s. Das Hinzufügen der ersten beiden Elemente ist schnell (keine Vergrößerung erforderlich). Nehmen wir einmal an, dass sie eine Arbeitseinheit in Anspruch nehmen. Beim Hinzufügen des nächsten Elements ist eine Vergrößerung erforderlich, also müssen wir die ersten beiden Elemente erneut hashen (berechnen wir dafür einmal 2 weitere Arbeitseinheiten) und das dritte Element hinzufügen (noch 1 Einheit). Das Hinzufügen des nächsten Elements kostet uns 1 Einheit. Also brauchen wir bisher 6 Einheiten für 4 Elemente.

Der nächste Aufruf von `hinzufuegen` kostet 5 Einheiten, aber die nächsten drei Elemente nur jeweils 1. Für die ersten 8 Elemente brauchen wir also insgesamt 14 Einheiten.

Das nächste `hinzufuegen` kostet 9 Einheiten. Dafür können wir 7 weitere Elemente vor der nächsten Vergrößerung hinzufügen. Also beträgt die Summe 30 Einheiten für die ersten 16 Elemente.

Nach 32 Elementen beträgt die Summe 62 Einheiten. Ich hoffe, Sie beginnen, ein Muster zu erkennen. Nach dem Hinzufügen von n Elementen, wobei n eine Potenz von 2 ist, betragen die Kosten $2n-2$ Einheiten. Der durchschnittliche Aufwand für das Hinzufügen pro Element beträgt demnach weniger als 2 Einheiten. Natürlich ist es der beste Fall, wenn n eine Potenz von 2 ist. Für andere Werte von n ist der durchschnittliche Aufwand ein bisschen höher, aber das ist nicht wichtig. Der wichtige Punkt ist, dass wir die Wachstumsordnung $O(1)$ haben.

Abbildung B-1 zeigt grafisch, wie das funktioniert. Jeder Block steht für eine Arbeitseinheit. Die Spalten zeigen die Kosten insgesamt für jedes Hinzufügen von links nach rechts: Die ersten beiden Aufrufe von `hinzufuegen` kosten je 1 Einheit, der dritte 3 Einheiten usw.

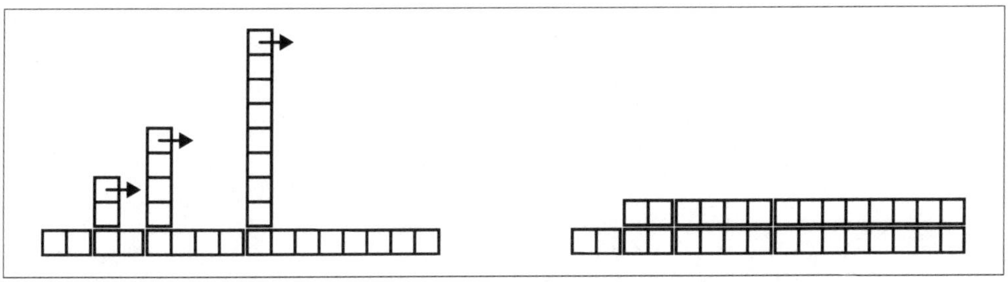

Abbildung B-1: Kosten für das Hinzufügen eines Elements zu einer Hashtabelle

Der zusätzliche Aufwand für das Rehashing erscheint als Sequenz zunehmend größerer Türme mit zunehmendem Abstand dazwischen. Wenn Sie nun die Türme umstürzen, um die Kosten für das Vergrößern für alle Hinzufügungen insgesamt zu amortisieren, können Sie in der Grafik sehen, dass die Gesamtkosten nach n-mal `hinzufuegen` gleich $2n - 2$ sind.

Ein wichtiges Merkmal dieses Algorithmus besteht darin, dass die Hashtabelle geometrisch wächst, wenn wir sie vergrößern. Wir multiplizieren die Größe mit einer Konstanten. Wenn Sie die Größe arithmetisch erhöhen – jedes Mal also eine feststehende Anzahl hinzufügen –, ist die durchschnittliche Laufzeit pro `hinzufuegen` linear.

Meine Implementierung der `HashMap` finden Sie unter dem Namen *Map.py* in den Codebeispielen. Bedenken Sie aber, dass es keinen Grund gibt, sie zu verwenden. Wenn Sie eine Map brauchen, verwenden Sie einfach ein Python-Dictionary!

ANHANG C
Lumpy

In diesem Buch habe ich immer wieder Diagramme verwendet, um den Zustand laufender Programme darzustellen.

Im Abschnitt »Variablen« auf Seite 14 haben wir in einem Zustandsdiagramm die Namen und Werte von Variablen dargestellt. Im Abschnitt »Stapeldiagramme« auf Seite 32 habe ich ein Stapeldiagramm vorgestellt, das für jeden Funktionsaufruf einen Frame zeigt. Jeder Frame zeigt dabei die Parameter und lokalen Variablen der Funktion oder Methode. Stapeldiagramme für rekursive Funktionen haben wir in Abschnitt »Stapeldiagramme für rekursive Funktionen« auf Seite 58 und Abschnitt »Mehr Rekursion« auf Seite 70 kennengelernt.

Der Abschnitt »Listen können geändert werden« auf Seite 114 zeigt, wie eine Liste in einem Zustandsdiagramm aussieht, der Abschnitt »Dictionaries und Listen« auf Seite 138 zeigt ein Dictionary, und der Abschnitt »Dictionaries und Tupel« auf Seite 153 zeigt zwei Möglichkeiten, Tupel darzustellen.

Im Abschnitt »Attribute« auf Seite 190 werden Objektdiagramme eingeführt, die den Zustand der Attribute eines Objekts sowie deren Attribute usw. dargestellen. Der Abschnitt »Rechtecke« auf Seite 191 zeigt Objektdiagramme für Rechtecke und ihre eingebetteten Punkte. Der Abschnitt »Zeit« auf Seite 199 zeigt den Zustand eines Zeit-Objekts. Der Abschnitt »Klassenattribute« auf Seite 222 enthält ein Diagramm mit einem Klassenobjekt und einer Instanz, jeweils mit den entsprechenden Attributen.

Und zu guter Letzt zeigt der Abschnitt »Klassendiagramme« auf Seite 229 Klassendiagramme, die die Klassen eines Programms und die entsprechenden Beziehungen veranschaulichen.

All diese Diagramme basieren auf UML (Unified Modeling Language), einer standardisierten grafischen Sprache, mit der Software-Ingenieure über Programmdesign kommunizieren, insbesondere für objektorientierte Programme.

UML ist eine umfangreiche Sprache mit vielen Arten von Diagrammen, die die verschiedenartigen Beziehungen zwischen Objekten und Klassen abbilden. Was ich in diesem Buch vorgestellt habe, ist nur ein kleiner Ausschnitt aus der Sprache – aber der Ausschnitt, der in der Praxis am häufigsten verwendet wird.

Das Ziel dieses Anhangs ist, die in den bisherigen Kapiteln vorgestellten Diagramme noch einmal zu besprechen und Lumpy vorzustellen: Lumpy steht für »UML in Python«, wobei ich einige Buchstaben umgestellt habe. Lumpy ist ein Teil von Swampy, das Sie bereits installiert haben, wenn Sie an der Fallstudie in Kapitel 4 oder Kapitel 19 gearbeitet oder Übung 15-4 nachvollzogen haben.

Lumpy verwendet das Python-Modul `inspect`, um den Zustand eines laufenden Programms zu analysieren und Objektdiagramme (einschließlich Stapeldiagrammen) und Klassendiagramme zu erzeugen.

Zustandsdiagramm

Hier sehen Sie, wie Sie mit Lumpy ein Zustandsdiagramm erstellen können:

```
from swampy.Lumpy import Lumpy

lumpy = Lumpy()
lumpy.make_reference()

meldung = 'Und jetzt etwas ganz anderes'
n = 17
pi = 3.1415926535897932

lumpy.object_diagram()
```

Die erste Zeile importiert die Klasse Lumpy aus `swampy.Lumpy`. Sollten Sie Swampy nicht als Paket installiert haben, vergewissern Sie sich, dass die Swampy-Dateien in Pythons Suchpfad enthalten sind, und verwenden Sie stattdessen die folgende `import`-Anweisung:

```
from Lumpy import Lumpy
```

In der nächsten Zeile erstellen wir ein `Lumpy`-Objekt und einen »Referenzpunkt«. Das bedeutet, dass Lumpy die Objekte aufzeichnet, die bis dahin definiert wurden.

Als Nächstes definieren wir neue Variablen und rufen `object_diagram` auf, wodurch die Objekte gezeichnet werden, die seit dem Referenzpunkt definiert wurden. In diesem Fall sind das `meldung`, `n` und `pi`.

Abbildung C-1 zeigt das Ergebnis. Die Grafik unterscheidet sich stilistisch von dem, was ich bisher gezeigt habe. Beispielsweise wird jede Referenz durch einen Kreis neben dem Variablennamen sowie durch eine Linie und einen Wert dargestellt. Alle langen Strings werden abgeschnitten. Aber die im Diagramm abgebildeten Informationen sind dieselben.

Die Variablennamen befinden sich in einem Frame mit der Bezeichnung `<module>`, die anzeigt, dass diese Variablen auf Modulebene definiert wurden, also globale Variablen sind.

Dieses Beispiel finden Sie in den Codebeispielen unter dem Namen *lumpy_demo1.py*. Versuchen Sie, einige zusätzliche Zuweisungen einzufügen, und sehen Sie sich das Diagramm dann noch mal an.

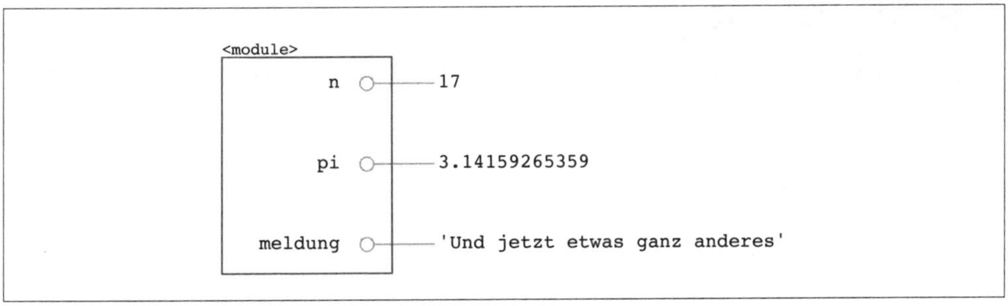

Abbildung C-1: Von Lumpy erzeugtes Zustandsdiagramm

Stapeldiagramm

Hier sehen Sie ein Beispiel für ein Stapeldiagramm mit Lumpy. Die entsprechende Datei aus den Codebeispielen heißt *lumpy_demo2.py*.

```
from swampy.Lumpy import Lumpy

def countdown(n):
    if n <= 0:
        print('Bumm!')
        lumpy.object_diagram()
    else:
        print(n)
        countdown(n-1)

lumpy = Lumpy()
lumpy.make_reference()
countdown(3)
```

Abbildung C-2 zeigt das Ergebnis. Jeder Frame wird durch einen Kasten mit dem Funktionsnamen und den Variablen dargestellt, die in der Funktion enthalten sind. Da die Funktion rekursiv ist, wird für jede Rekursion ein Frame gezeigt.

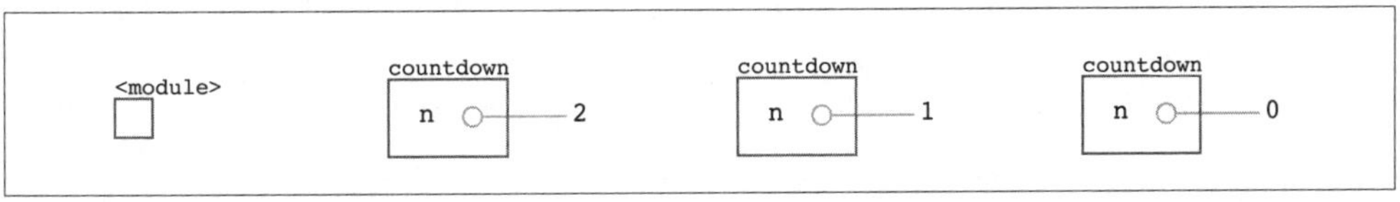

Abbildung C-2: Stapeldiagramm

Bedenken Sie, dass ein Stapeldiagramm den Zustand des Programms an einem bestimmten Punkt der Ausführung darstellt. Damit Sie das gewünschte Diagramm erhalten, müssen Sie `object_diagram` an der entsprechenden Stelle aufrufen.

In diesem Fall rufe ich `object_diagram` nach der Ausführung des Basisfalls der Rekursion auf. Auf diese Weise zeigt das Stapeldiagramm jede einzelne Rekursion. Natürlich können Sie `object_diagram` auch mehr als einmal aufrufen, um eine Reihe von Schnappschüssen zur Programmausführung zu erhalten.

Objektdiagramme

Dieses Beispiel erzeugt ein Objektdiagramm für die Listen aus dem Abschnitt »Eine Liste ist eine Sequenz« auf Seite 113. Die entsprechende Datei finden Sie unter dem Namen *lumpy_demo3.py* in den Beispieldateien.

```
from swampy.Lumpy import Lumpy

lumpy = Lumpy()
lumpy.make_reference()

kaesesorten = ['Cheddar', 'Edamer', 'Gouda']
zahlen = [17, 123]
leer = []

lumpy.object_diagram()
```

Abbildung C-3 zeigt das Ergebnis. Listen werden durch einen Kasten dargestellt, der die Indizes und die entsprechenden Elemente zeigt. Diese Darstellung ist leicht irreführend, da die Indizes ja nicht wirklich Teil der Liste sind. Aber meiner Meinung nach ist das Diagramm so einfacher zu lesen. Die leere Liste wird durch einen leeren Kasten dargestellt.

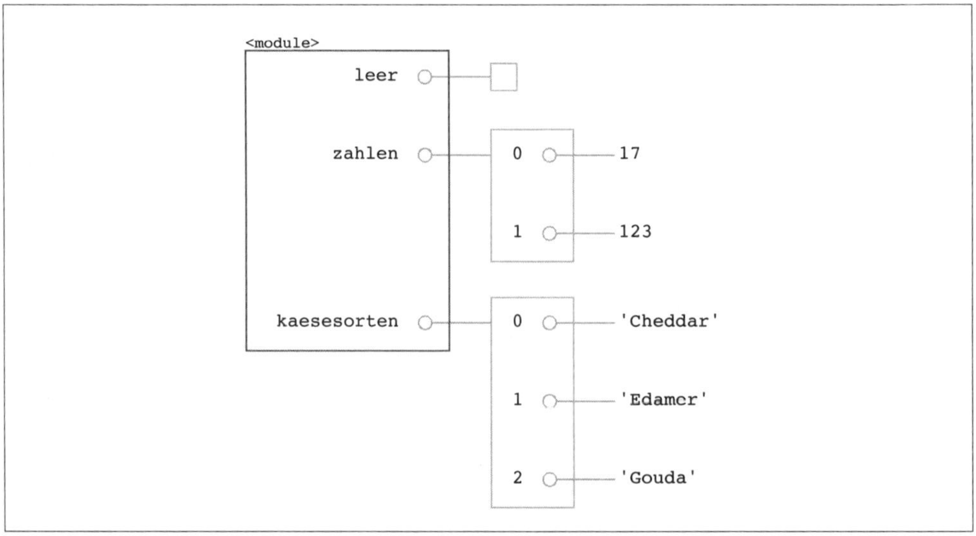

Abbildung C-3: Objektdiagramm

Und hier ist das Beispiel mit den Dictionaries aus dem Abschnitt »Dictionaries und Listen« auf Seite 138. Die entsprechende Datei finden Sie unter dem Namen *lumpy_demo4.py* in den Beispieldateien.

```
from swampy.Lumpy import Lumpy

lumpy = Lumpy()
lumpy.make_reference()
```

```
hist = histogramm('papagei')
invers = invertiere_dict(hist)

lumpy.object_diagram()
```

Abbildung C-4 zeigt das Ergebnis. `hist` ist ein Dictionary, das Zeichen (Strings mit nur einem Zeichen) auf Integer abbildet. `invers` bildet dagegen Integer auf Listen mit Strings ab.

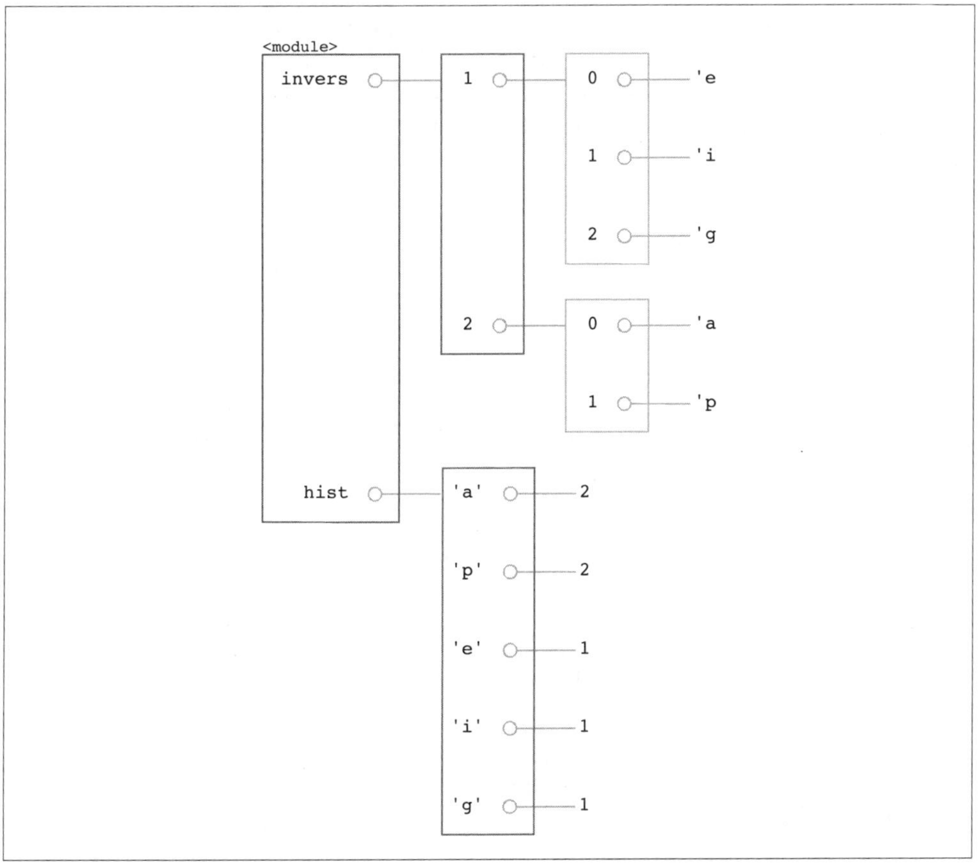

Abbildung C-4: Objektdiagramm

Das folgende Beispiel erzeugt ein Objektdiagramm für Punkt- und Rechteck-Objekte (siehe den Abschnitt »Kopieren« auf Seite 194). Die entsprechende Datei aus den Codebeispielen heißt *lumpy_demo5.py*.

```
import copy
from swampy.Lumpy import Lumpy

lumpy = Lumpy()
lumpy.make_reference()

box = Rechteck()
```

```
box.breite = 100.0
box.hoehe = 200.0
box.ecke = Punkt()
box.ecke.x = 0.0
box.ecke.y = 0.0

box2 = copy.copy(box)

lumpy.object_diagram()
```

Abbildung C-5 zeigt das Ergebnis. `copy.copy` erstellt eine flache Kopie, deshalb haben `box` und `box2` jeweils eine eigene `breite` und `hoehe`, teilen sich aber das eingebettete Punkt-Objekt. Eine solche gemeinsame Nutzung funktioniert wunderbar mit unveränderbaren Objekten. Bei veränderbaren Objekten wäre dies allerdings höchst fehleranfällig.

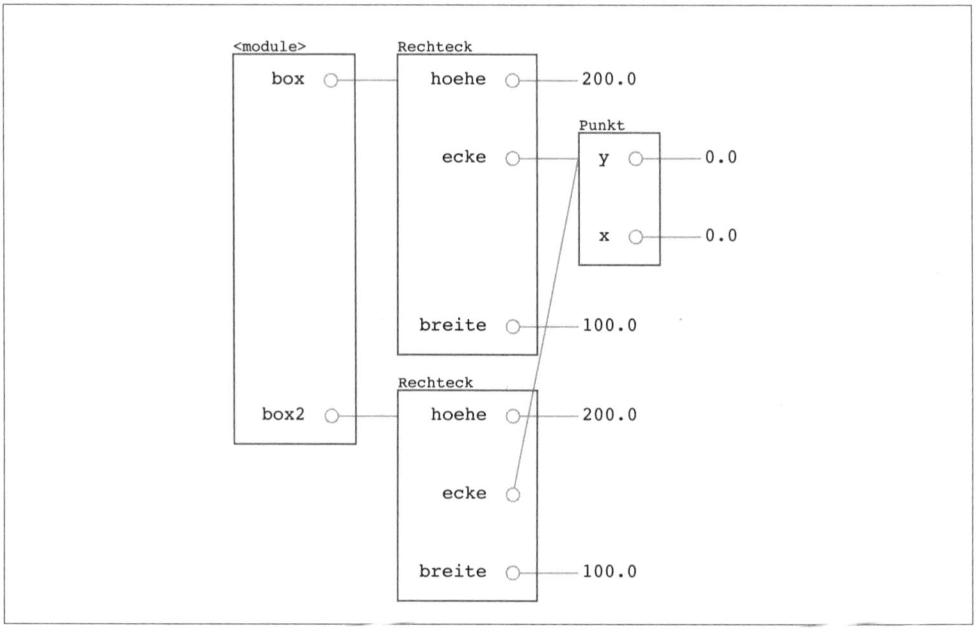

Abbildung C-5: Objektdiagramm

Funktions- und Klassenobjekte

Wenn ich mit Lumpy Objektdiagramme erstelle, definiere ich üblicherweise die Funktionen und Klassen, bevor ich den Referenzpunkt anlege. Auf diese Weise erscheinen die Funktions- und Klassenobjekte nicht im Diagramm.

Aber wenn Sie Funktionen und Klassen als Parameter übergeben, möchten Sie diese vielleicht doch anzeigen. Das folgende Beispiel zeigt, wie das aussieht. Die entsprechende Datei aus den Codebeispielen heißt *lumpy_demo6.py*.

```
import copy
from swampy.Lumpy import Lumpy

lumpy = Lumpy()
lumpy.make_reference()

class Punkt(object):
    """Bildet einen Punkt im zweidimensionalen Raum ab."""

class Rechteck(object):
    """Bildet ein Rechteck ab.    """

def instanziieren(constructor):
    """Instanziiert ein neues Objekt."""
    obj = constructor()
    lumpy.object_diagram()
    return obj

punkt = instanziieren(Punkt)
```

Abbildung C-6 zeigt das Ergebnis. Da wir `object_diagram` innerhalb einer Funktion aufrufen, erhalten wir ein Stapeldiagramm mit einem Frame für die Variablen der Modulebene und für den Aufruf von `instanziieren`.

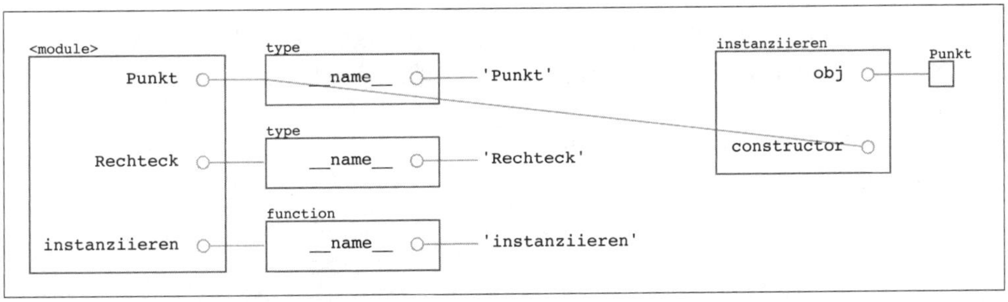

Abbildung C-6: Objektdiagramm

Auf der Modulebene beziehen sich `Punkt` und `Rechteck` auf Klassenobjekte (mit dem Typ `type`). `instanziieren` bezieht sich auf ein Funktionsobjekt.

Dieses Diagramm stellt vermutlich zwei verwirrende Punkte klar: zum einen den Unterschied zwischen dem Klassenobjekt `Punkt` und der Punkt-Instanz `obj`, zum anderen den Unterschied zwischen dem Funktionsobjekt, das bei der Definition von `instanziieren` erstellt wird, und dem Frame, der angelegt wird, wenn die Funktion aufgerufen wird.

Klassendiagramme

Obwohl ich zwischen Zustands-, Stapel- und Objektdiagrammen unterscheide, sind sie in erster Linie dasselbe: Sie zeigen den Zustand eines laufenden Programms zu einem bestimmten Zeitpunkt.

Klassendiagramme sind dagegen etwas anderes: Sie zeigen die Klassen, aus denen ein Programm besteht, sowie die entsprechenden Beziehungen zwischen den Klassen. Klassendiagramme sind insofern zeitunabhängig, als sie das Programm insgesamt beschreiben und nicht nur zu einem bestimmten Zeitpunkt. Wenn beispielsweise eine Instanz von Klasse A generell eine Referenz auf eine Instanz von Klasse B enthält, besteht eine Teil-Ganzes-Beziehung zwischen diesen Klassen.

Hier sehen Sie ein Beispiel für eine Teil-Ganzes-Beziehung. Die entsprechende Datei aus den Codebeispielen heißt *lumpy_demo7.py*.

```
from swampy.Lumpy import Lumpy

lumpy = Lumpy()
lumpy.make_reference()

box = Rechteck()
box.breite = 100.0
box.hoehe = 200.0
box.ecke = Punkt()
box.ecke.x = 0.0
box.ecke.y = 0.0

lumpy.class_diagram()
```

Abbildung C-7 zeigt das Ergebnis. Jede Klasse wird durch einen Kasten dargestellt, der den Namen der Klasse sowie alle enthaltenen Methoden, Klassenvariablen und Instanzvariablen enthält. In diesem Beispiel enthalten `Rechteck` und `Punkt` Instanzvariablen, aber keine Methoden oder Klassenvariablen.

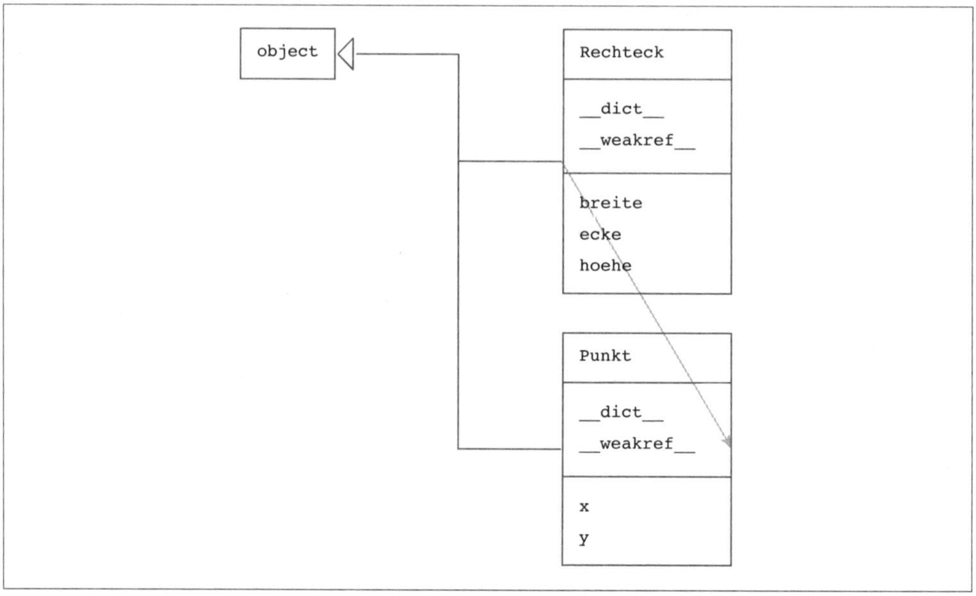

Abbildung C-7: Klassendiagramm

Der Pfeil von Rechteck zu Punkt bedeutet, dass Rechtecke einen eingebetteten Punkt enthalten können. Außerdem erben Rechteck und Punkt beide von object, was im Diagramm an der dreieckigen Pfeilspitze zu erkennen ist.

Hier sehen Sie ein komplizierteres Beispiel mit meiner Lösung für Übung 18-6. Den Code finden Sie in der Beispieldatei *lumpy_demo8.py*, außerdem brauchen Sie *PokerHand.py*.

```
from swampy.Lumpy import Lumpy

from PokerHand import *

lumpy = Lumpy()
lumpy.make_reference()

stapel = Stapel()
hand = PokerHand()
stapel.ziehe_karten(hand, 7)

lumpy.class_diagram()
```

Abbildung C-8 zeigt das Ergebnis. PokerHand erbt von Hand, die wiederum von Stapel erbt. Sowohl Stapel als auch PokerHand enthalten Karten.

Dieses Diagramm zeigt nicht, dass Hand ebenfalls Karten enthält, weil es in diesem Programm keine Instanzen von Hand gibt. Das Beispiel weist auf eine Grenze von Lumpy hin. Das Modul kennt nur die Attribute und Teil-Ganzes-Beziehungen von Objekten, die instanziiert wurden.

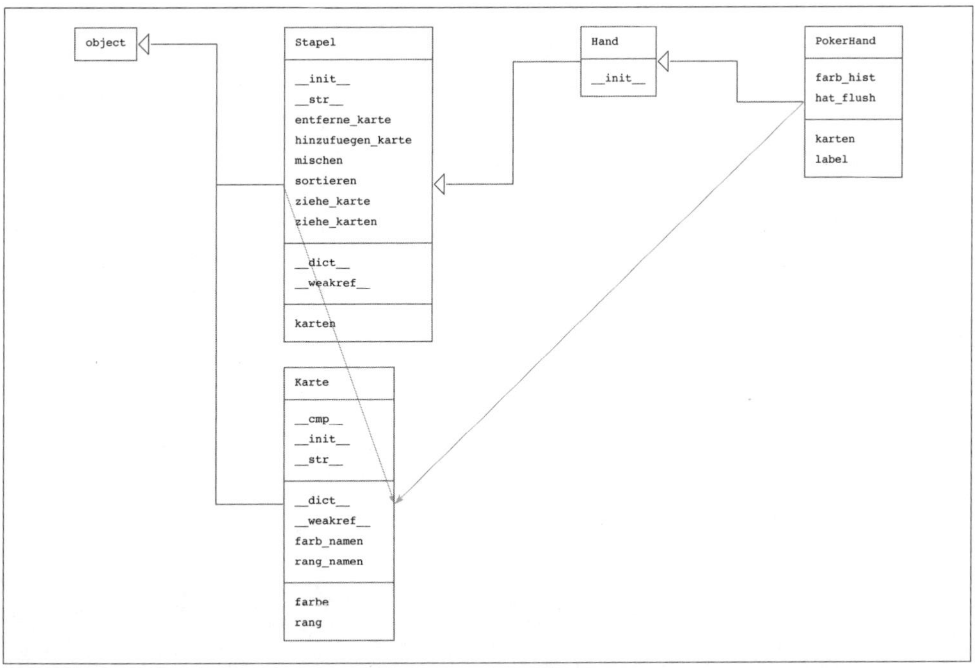

Abbildung C-8: Klassendiagramm

Index

B

C

D

E

F

G

H

I

J

K

L

N

O

S

T

U

V

W

Z

Über die Autoren und Übersetzer

Allen B. Downey ist Professor für Informatik am Franklin W. Olin College of Engineering. Er hat bereits am Wellesley College, am Colby College sowie an der University of California, Berkeley unterrichtet. Er hat seinen Ph.D. in Informatik an der University of California, Berkeley und seinen Master und Bachelor am Massachusetts Institute of Technology gemacht.

Stefan Fröhlich ist freier Übersetzer für IT-Fachliteratur und Software-Entwickler. Schon vor dem ersten Flaum im Gesicht sprach er fließend Assembler und bastelte und lötete an seinem Computer herum, was das Zeug hielt. Und das lange, bevor man etwas von grafischen Benutzeroberflächen gehört hatte. Stefan hat bereits einige Bücher für O'Reilly übersetzt, darunter *HTML5 & CSS3*, *JavaScript von Kopf bis Fuß*, *JavaScript: Missing Manual* und *iPhone- & iPad-Spiele entwickeln*. Wenn er mal gerade nicht am Rechner sitzt, geht er mit Begeisterung einer weiteren großen Leidenschaft nach: seinen musikalischen Projekten als Gitarrist.

Dinu C. Gherman arbeitet als Software-Entwickler und IT-Consultant vorwiegend in der boomenden Startup-Szene Berlins. Neben früheren Themen wie Web- und dokumentzentrierten Anwendungssystemen auf Basis von PDF-, XML- und SVG-Technologien rücken die Bereiche Virtualisierung und Cloud-Computing zunehmend in seine Tätigkeitsfelder vor. Ansonsten pflegt er auch gern die Weiterentwicklung der lokalen und internationalen Python-Community, für die er auch die Konferenz EuroPython 2014 in Berlin mitorganisierte. Und wenn er mal nicht mit seiner Lieblingsprogrammiersprache Python arbeitet, dann liegt das meist daran, dass seine Familie und vor allem sein kleiner Sohn nichts davon wissen wollen.

Kolophon

Das Tier auf dem Einband von *Programmieren lernen mit Python* ist der Karolinasittich (*Conuropsis carolinensis*). Diese Papageienart bewohnte die südöstlichen USA und war damit die einzige kontinentale Papageienart mit einem Lebensraum nördlich von Mexiko. Es gab eine Zeit, in der der Karolinasittich sogar in New York und im Gebiet der Großen Seen lebte, auch wenn er in erster Linie von Florida bis zu den Carolinas zu finden war.

Der Karolinasittich war vorwiegend grün mit einem gelben Kopf und einer orangefarbenen Färbung, die mit der Geschlechtsreife auf Stirn und Wangen zu sehen war. Der Sittich war durchschnittlich 31 bis 33 cm groß. Er hatte einen lauten, harschen Ruf und plapperte beim Fressen unablässig. Der Vogel bewohnte hohle Baumstämme in Sümpfen und an Flussufern. Der Karolinasittich war ein sehr geselliges Tier und lebte in kleinen Gruppen, die sich beim Fressen zu Hunderten versammelten.

Häufig waren die Futterplätze die Felder von Farmern, die die Vögel abschossen, um sie von der Ernte fernzuhalten. Die soziale Ader der Vögel führte dazu, dass sie ihren verwundeten Artgenossen zu Hilfe kamen, wodurch die Farmer ganze Schwärme auf einmal abschießen konnten. Außerdem zierten ihre Federn die Hüte der Damenwelt, und manche Papageien wurden als Haustiere gehalten. Die Kombination dieser Faktoren führte dazu, dass der Karolinasittich Ende des 19. Jahrhunderts selten geworden war. Auch eine Geflügelseuche kann zu den schwindenden Zahlen beigetragen haben. In den Zwanzigerjahren des 20. Jahrhunderts war die Art ausgestorben.

Heutzutage werden weltweit mehr als 700 ausgestopfte Karolinasittiche in Museen aufbewahrt.

Die Umschlagabbildung stammt aus *Johnson's Natural History*. Die Schriftart auf dem Einband ist Adobe ITC Garamond. Die Schriftart für den Text ist Linotype Birka. Die Schrift für die Überschriften heißt Adobe Myriad Condensed, und als Schriftart für den Code haben wir TheSans Mono Condensed von LucasFont verwendet.